제28집

그리기와 지우기

(사)창작수필문인회

그리기와 지우기

1판 1쇄 인쇄/ 2025년 12월 1일
1판 1쇄 발행/ 2025년 12월 4일

지은이 / 신윤선 외
펴낸이 / 우희정
펴낸곳 / 도서출판 소소리

등록 / 제300-2007-21호
주소 03073 서울 종로구 성균관로5길 39-16
전화 / 765-5663, 010-4265-5663
e-mail: sosori39@hanmail.net
www. sosori.net

값 16,000 원

*잘못된 책은 바꿔드립니다.

ISBN 979-11-5891-224-6   03810

그리기와 지우기

발간사

　스물여덟 번째 출간하는 동인지 『그리기와 지우기』입니다.
　무덥고 긴 여름이었음에도 많은 회원께서 좋은 작품을 보내주어 꼭 소장하고픈 동인지를 출간하게 되었습니다.
　이번 동인지 출간은 문학의 큰 별이신 오창익 교수님이 영면에 드셔서 왠지 마음이 미어져 오는 벅찬 슬픔을 안고 준비했습니다. 그러나 희망의 빛을 보여주시는 회원님들 덕분에 출간할 수 있음에 감사드립니다.
　수필은 시작과 끝의 눈 맞춤이 중요하고 전화위복이 가미된, 서정의 맛이 배어야 한다는 오 교수님의 가르침을 생각했습니다. 유난히 무덥고 지루한 긴긴 여름에 아껴두신 옥고를 보내주신 분들께 감사드립니다.
　글마다 인생을 논하고, 속내를 드러낸 솔직하고 담백한 내용에 가슴이 뜨겁게 벅차올라 눈가에 이슬이 맺히기도 했고, 미소를 머금기도 했습니다. 지루했던 여름에 친구처럼 만난 글들을 모아주고 출간을 위해 애써주신 사무총장, 재무국장과 편집을 위해 모여주신 여러 선생님께 감사드립니다.

2025년 12월
사단법인 창작수필문인회 회장 신윤선

▷ 차 례
▷ 발간사 ── · 신윤선

추모특집 ‖ 오창익 교수님

고별사 ‖ 신윤선 · 오창익 교수님 영전에 ── · 12
수필 ‖ 故 오창익 북창(北窓) ── · 13
해바라기 ── · 17

1. 별 하나 지다

이지유	근육, 손끝에서 피어나다 · 22
오병섭	리사이클링 속의 성숙 · 26
공대천	그리기와 지우기 · 29
홍만식	돌거북이 · 32
오경자	분단의 아픈 별 하나 지다 · 35
장병선	울대는 울고 싶다 · 39
신영숙	느티나무와 아이 · 41
윤연옥	커튼의 그림자 · 44
전병훈	종족보존 욕구의 변천사 · 47
정정근	랑, 랑 · 52
김미자	영춘화 보러 갈까나 · 54
허열웅	영혼이 있는 나무 · 58
정윤수	은산마을이 준 선물 · 62
김희구자	하느님 거기 계시나요? · 68

2. 낯선 휴식

윤임덕	딸기고추장 · 74	
김영구	침(針)의 효능	78
남복희	비 오는 날의 낯선 휴식 · 82	
박헌명	전우여, 영원히 고맙다 · 86	
김정의	소리로 더듬는 향수(鄉愁) · 90	
박춘자	나이가 문제라니 · 94	
박연화	구절초 언덕에는 · 97	
심봉구	파고다 공원 · 100	
신형식	나의 미국연수생활기 · 105	
이정희	화엽불상견(花葉不想見) · 108	
신윤선	사랑의 빙점 · 111	
김경란	메타세쿼이아처럼 · 113	
임병미	이몽(異夢) · 116	
우희정	현재에 행복하기 · 120	

3. 멈춰야 보이는

서혜경	바야흐로 AI로봇 시대	· 124
문정순	오빠가 왔다	· 128
배정화	격암유록	· 132
안영자	종가(宗家)의 설 풍경	· 136
양금애	한마디의 말	· 140
조동란	그날, 거기서	· 143
한정희	업	· 147
권예자	기적소리 너머의 시간	· 151
정정연	화덕	· 154
조한금	하느님의 윙크	· 157
임양자	고마운 산야	· 161
박연숙	내 인생의 슈룹	· 163
남상태	내 고향 덕천리(德川里)	· 167
이여진	아시아인의 정서를 엿볼 수 있는 식문화	· 171

4. 연잎처럼

임영희	'오포산'의 박하를 통해서 · 178	
문남선	가시 둥지 · 181	
황덕중	사과와 애플 · 184	
조순배	사제 화가 사진전에서 · 189	
박정미	두 번째 인연 · 192	
이명지	따뜻한 훔쳐보기 · 195	
이원환	흔들림과 비움 · 199	
한정순	펠리컨의 기도 · 202	
김영방	나의 할아버지 김시현 · 205	
이용섭	꼬부기가 온다 · 211	
김익래	지구 탑승기 · 214	
조성예	화해 · 218	
류현숙	우리 엄마 시집가네 · 222	
이봉길	발자국을 따라 · 226	

5. 고요한 항해

전혜경	안개 · 230
신혜경	맘마와 지지 · 233
박애준	파이브미닛 피니쉬 · 237
박경란	나만의 전래동화 · 241
정태효	출장 다니는 꿀벌 · 246
손병미	육십 번째 · 250
서숙자	나는 고요한 항해를 계속했다 · 254
황덕수	거울 속에 비친 나의 삶 · 257
양혜원	리셋 · 260
서희정	인생 협주곡 · 264
이동숙	목화 · 268
조철형	해당화 · 271
오규환	밥상의 추억 · 274
김은성	한복 · 278
손수자	연이의 선물 · 281

오창익 교수님 추모특집

    오창익 교수님께서 지난 9월 18일 소천하셨다. 1934년 평남 평원 출생인 고인께서는 1950년 한국전쟁 발발로 아버지와 두 형님을 공산당에 잃고, 그 해 12월 대동강을 건너 단신으로 월남. 인천, 부산, 서울에서 피난생활을 하셨다.
    고학으로 피난지 부산에서 서라벌예술대학 문예창작과 졸업. 1965년 조선일보 신춘문예 소설「소각자(燒却者)」입선, 1977년 한국일보 신춘문예 수필「해바라기」당선, 1985년 중앙대학교 대학원에서 문학박사 학위취득, 1991년 수필전문지 『창작수필』을 창간, 2001년 인천시립대학 교수에서 정년퇴임하셨다.
    이론서 『한국수필문학연구』 『수필문학의 이론과 실제』와 수필집 『첫 번째 실수』 『해바라기 담 너머 피다』 『새야 새야』 『북창』 『경의선』 등등이 있다. 한국문인협회 자문위원을 역임하셨고 동포문학상, 에세이작품상, 한국수필문학상을 수상하셨다.

고별사

오창익 교수님 영전에

신윤선
(창작수필동인회 회장)

문학의 큰 별이신 오창익 교수님.

사랑과 열성으로 제자들을 가르쳐주시던 교수님께서 떠나시니 마음이 너무 아픕니다. 교수님은 단순히 글쓰기만이 아니라 인생을 가르쳐 주셨습니다.

좋은 글은 시작과 끝이 눈이 맞아야 하고 인간미와 전화위복이 있어야 한다던 낭랑한 목소리가 지금도 귓전을 맴돕니다.

마지막까지도 창작수필동인회를 걱정하시던 모습이 가슴 깊이 남아 있기에 남은 저희들은 함께 한마음으로 지켜나갈 것입니다. 그리고 저희의 모지인 『창작수필』에 대한 애정은 마지막 순간까지도 멈추지 않았음을 저희는 잘 압니다. 그 마음 헤아려 교수님으로부터 받은 배움의 씨앗을 후배들에게 나누도록 노력하겠습니다.

저희들 가슴속에 영원히 남아계실 교수님! 하늘에서도 그 밝은 미소로 지켜봐 주시리라 믿습니다. 사랑합니다, 교수님!

수필

북창(北窓)

오창익

　남쪽으로만 창을 내고 살겠다던 시인이 있었다. 쏟아지는 햇빛, 푸른 초원을 마음껏 바라다보기 위해서다. 하지만 나는, 그늘진 북쪽에다 창을 내달고 먼 하늘만을 건너다보며 산다. 그렇다고, 맑은 햇빛이나 푸른 초원이 싫어서가 아니다. 그것만치나 아깝고도 소중한 고향을 그쪽 하늘 밑에다 두고 왔기 때문이다.
　'胡馬依北風(호마의북풍)이요, 越鳥巢南枝(월조소남지)'란 옛 시가 있다. 잡혀 온 말이나 쫓겨 온 새도 고향 쪽으로만 머리를 두고, 깃 또한 튼다 함인데, 북으로 창을 낸 실향민의 마음인들 그와 무엇이 다르랴. 가고 싶으면 가고, 오고 싶으면 언제라도 올 수 있는 사람들은 창을 통해 고향을 보는 마음이 어떤 것인 줄을 알지 못한다.
　어디 창문뿐이랴. 피난 살림 30년이 넘도록 서울 북쪽 변두리를 단 한 번이라도 떠나 본 적이 없는 고집스러운 나의 제한 주거(住居), 그 또한 예외는 아니다. 직장이야 동서남북 어디라고 가릴 바가 아니지만, 당일 코스의 산행(山行)이니 조행(釣行)도 으레 북한산 주변이거나 임진강가의 크고 작은 저수지가 아니던가. 강남보다 덜 붐비는 호젓함 때문도 아니요, 융단을 펼친 듯 곱게 단장한 통일로의 코스모스

꽃길이 좋아서도 아니다. 그렇다고, 누군가의 넉살처럼 통일의 종이 울리면 한 걸음이라도 먼저 앞장서서 달리려고 그러는 것도 아니다. 놓친 붕어를 꼭 잡고야 말겠다는 고집이기보다는, 언젠가는 지나다가 다시 물어 줄 수도 있으리라는 기대 때문에 자리를 못 뜨는 낚시꾼의 미련과도 같은 것, 가물가물한 기다림 그 때문이다.

그러니까, 갔던 곳을 가고 또 가는 내 고독한 산행이요 조행이지만, 그건 언제라도 왁자지껄 떠날 수 있는 행복한 사람들의 고향 나들이에도 비길 수 있다. 해서, 햇빛이 쏟아지는 넓은 초원을 마냥 쉽게 받아들일 수 있는 남창보다는, 어둡지만 그리 쉽게 포기하고 돌아서지 못하는 하늘을 위해, 그 하늘 밑의 소중한 기억들을 오래오래 붙들어 두기 위해 나는 북쪽으로 창을 트고 산다.

임진강 가, 경의본선(京義本線)이 동강이 난 지점에 '철마는 달리고 싶다'란 표지판이 서 있었다. 한때는 그 표지판 앞 잔디밭에다 떡국을 끓여 놓고, 내 어린 딸애들은 생전에 한 번도 뵌 적이 없는 북쪽 할아버지, 할머니에게 눈을 감고 새해 세배를 드리곤 했다.

"세배받으세요. 큰손녀딸 지연이에요…."

하지만 그 딸애가 커서, 어느새 남의 아내가 되어 지금은 어엿한 아기 엄마가 되질 않았는가. 그 사이 표지판도 풍우에 씻겨 글씨조차 알아볼 길이 없어지고.

풍우에 씻긴 것이 어찌 글씨뿐이랴. 그 철길을 따라 동상을 입은 언 발을 질질 끌며 남하하던 기억에도 녹이 슬어, 지금은 볏짚 낟가리 속에서의 새우잠도, 폭격에 풍비박산이 되어 같이 오던 누나를 잃고 눈보라 속을 헤매던 배고픔도 모두 꿈속의 일인 듯 가슴에 와 아리게 닿질 않는다. 뿐인가. 드럼통에 매달려 대동강을 건너는 나에게, 꼭 살아 돌아오라고 흔들어 주던 어머니의 옥양목 손수건도 아지랑이처럼 멀기만 하다.

세월 탓이다. 이도 저도 볼품없이 초라해진 내 나이 탓이다. 얻기는 어렵고 잃기는 쉬운 게 세월이라 하더니…. 꼭 그래서만은 아니지만, 7년 전 내 손수 설계하여 집을 지을 때 북쪽으로 창을 하나 달아내게 한 것은, 어이없이 고향을 잃고 오듯 남은 세월마저 속절없이 놓치기가 억울해서였는지도 모른다. 흘러가는 세월의 발자국 소리야말로 귀보다는 눈을 감고 마음을 기울여야 알아듣는 법, 햇빛이 쏟아지는 환한 창가에 서야 어디 엿들어 보기라도 하겠는가.

그러니까. 남창이 한낮이라면 내게 있어 북창은 늘 고요한 한밤중이다. 가고자 하면 언제라도 훌쩍 떠날 수 있는 운좋은 사람들의 넓고 시원한 고향길이 남창이라면, 북창은 나와 같은 실향민이 조심조심 세월을 거슬러 되돌아가는 좁고도 굽은 길이다. 하지만 그 길은, 붙잡기만 하면 언제나 마음이 편해지는 어머니의 손때 묻은 치마끈과도 같은 오솔길인 것을….

그러기에 지친 마음으로 가까이 가면, 한동안 어지럽기는 하지만 이윽고는 맑은 물과 시원한 바람으로 다시 씻겨 새 돛을 달아 주는 아늑한 포구(浦口), 그게 나의 북창 언저리다. 더러는 아픈 상처를 만져도 주고, 이글거리는 노여움도 삭혀 준다. 어쩌다는 잊고 살았던 내 심장의 박동소리가 아직은 젊게 뛰고 있음에 새삼 놀라고 감사하기도 한다. 그래서 아침저녁, 때로는 늦은 밤에라도 다가서 보는 북창 가. 살아왔음에 대한 요행보다는 끝내 살아남아야 하는 이유로 하여 나는 늘 그 앞에서 정직해지고 새로워진다.

　소나무로 테를 둘러 터놓은 좁은 공간, 비록 한 평에도 못 미치는 창문이지만 내게는 그 어떤 명품이나 고가의 보석으로도 바꿀 수 없는 귀한 존재다. 대를 이어 아이들에게, 그다음 세대까지라도 소중한 가보이듯 길이 전해지고 지켜졌으면 하는 바람도 없지 않다. 호마(胡馬)나 월조(越鳥)에 버금가는 실향민의 아픔으로, 간절한 기다림으로.

　지금은 한란(寒蘭)의 계절. 마침 열 송이가 활짝 피어 고향 가는 기러기인 듯 날갯짓을 하기에, 나는 북창 가까이 그 화분을 옮겨 놓는다.

(1979)

해바라기

오창익

거름을 준 논밭이 아니라도 좋다. 주인의 인정어린 손길이 닿는 화단이 아니라도 무관하다. 시골이나 도회지를 따지지 않고, 진 데 마른 데를 가리지 않고 버려진 한 뼘의 공지만 있으면 가나안의 복지인 양 뿌리를 내려 기름지게 피는 꽃이 해바라기다.

멀리 북미(北美)대륙이 고향이라는 나그네 꽃. 이 땅에 귀화하여 영주하기 시작한 것이 언제부터인가는 확실치 않으나 오직 태양 하나만을 충성스럽게 우러르며 산다는 고집 밖에는 별로 특징지을 것이 없는 꽃, 별난 미색도 향기도 없다.

그러나 나는 10년을 하루같이 그와 동고동락, 피어린 분신(分身)인 듯 호흡을 같이하며 살아오고 있다. 우연찮게 맺어진 인연 때문이다. 꼭 14년 전, 그러니까 62년 가을이었던가 싶다. 우연히 H일보에 실린 짧은 글이 인연이 되어 나는 인삼골 가시내 선생을 알게 됐다. 편지가 오가기 시작했다. 하루에 한 통, 어쩌다가 두세 통, 나는 그 가시내 선생의 맹랑한 문재(文才)에 끌려 열을 올리기 시작했다.

편지 1백여 통을 줄기차게 날려 보내고 난 다음, 나는 실로 엉뚱한

제의를 했다. 겨울방학을 이용하여 한 번 상경을 하든가, 아니면 사진이라도 한 장 보내 달라고. 그랬더니 오라는 사람, 기다리던 사진은 오지 않고, 잘 여문 해바라기씨 몇 알이 편지 봉투에서 떨어져 나오질 않는가. 실로 맹랑한 짓이었다.

 그것을 집어 든 나는 '옳다, 까먹는 것이로구나!' 어린 시절 로스께로부터 까먹는 재주를 익히 배운 바 있는지라 한 입에 털어 넣으려고 했다. 그러나 필유곡절, 이것이야말로 그저 보아 넘길 수 없는 무슨 사연이 있을 것만 같아 군침이 도는 것을 억지로 참으며 한겨울 동안 고이 모셔 두었다. 이듬해 봄이다. 나는 그 씨앗들을 하숙집 장독대 옆에다 정성들여 심어 놓았다. 굳은 땅을 뚫고 기적같이 탄생한 세 그루의 해바라기. 나는 아침저녁으로 물을 주어 한여름을 무성하게 키웠다.

 그 해 가을이었다. 세 그루의 해바라기가 노릿노릿 익어 갈 무렵 장가를 들었다. 물론 그 가시내 선생의 해바라기 품으로. 그리하여 해바라기는 하숙집에서 사글셋집으로, 다시 전셋집으로 전전하기 3, 4년. 쓰던 연탄집게는 두고 올망정 해바라기 씨앗만은 꼭꼭 대(代)를 이어 신주처럼 모시고 다녔다. 그러기를 또 수삼 년, 금년으로 꼭 14년이 됐다.

 강산도 변한다는 10년 세월하고도 또 3, 4년을 그와 같이 호흡하며 고락을 같이하는 동안에 나는 나름대로의 그가 지닌 미덕과 뛰어난 품성을 교훈으로 받아들이지 않을 수 없었다. 뭐니 뭐니 해도 해바라기는 불타는 정열, 백절불굴의 의지를 가진 신념의 꽃이다. 그를 위압하는 담장의 높이가 열 뼘이든 스무 뼘이든 무슨 상관할 바가 있는가. 기필코 그 담장의 높이보다는 한두 뼘쯤 더 치솟고야마는, 그래야 직성이 풀리는 승자의 꽃, 담 넘어 피는 꽃이다.

해바라기, 그 어떤 속박도 제약도 개의치 않는, 굴레를 스스로 끊어버린 자유인의 꽃이다. 오씨(吳氏)집 울안에 피었다고 어찌 오씨만이 차지하는 전유물이겠는가. 앞집에서도 만져보니 앞집 꽃이다. 옆집에서도 만져보니 옆집 꽃이다. 지나가는 나그네도 건너다보며 고향에 두고 온 처자식의 그리운 얼굴을 목축이고 가는 꽃이니 만인의 꽃임이 분명하다. 그를 울타리와 철책 따위로 막아본들 무슨 소용이 있겠는가. 행위는 항상 높은 하늘에 두고 눈으로만 사는 것을, 이글이글 불타는 마음으로만 사는 꽃인 것을.

해바라기, 혹시 담 넘어 피려다가 심술궂은 옆집 주인의 횡포로 꽃송이가 무참히 꺾인다 해도 그는 결코 실망하거나 요절하지 않는다. 곁가지를 뻗어 다시 꽃피워서라도 끝내 본래의 책임량만치 씨앗을 굳혀 우리에게 주는 사명감에 넘치는 성실한 꽃, 생활인의 꽃이다. 그렇다. 혼자 고독하게 피어 있을 때도 그는 근면 자립하는 생활인 본연의 자세를 결코 잃지 않는다. 기도 가도 끝이 없는 허허로운 벌판에 수천 수만 그루의 해바라기가 피어 바다처럼 일렁인다고 하자. 그래도 그들은 일말의 시기나 투기도 없이 서로를 부축하며 공생하는 조화를 결코 잃지 않는다.

해바라기, 찬 서리에 숨죽인 잡초더미, 연기에 그을린 구들장이 여기저기 흩어진 폐허의 땅이라면 어떠랴. 한 그루가 아직도 건재하여 창세기적인 황금빛의 정열을 내뿜고 있는 늦가을 하늘자락을 바라다 보자. 진군의 나팔 소리와 남아다운 의지, 오직 하나만의 태양을 독점하려는 불꽃 튀기는 전쟁이 거기에 있고, 오상고절(傲霜孤節)이 아닌 선두주자(先頭走者)의 찬란한 승리가 거기 깃발처럼 펄럭이지 않는가.

해바라기, 둘도 없는 내 마음의 꽃이다. 그러기에 추운 겨울밤이 되어도 끝내 그는 정겨운 마음의 벗으로 나의 곁을 떠나지 않는다. 두고 온 고향집이 그리워 잠 못 이루는 밤, 눈을 비비고 일어나 책상 위에 꽂아 놓은 탐스러운 꽃판을 바라다본다. 명년 봄을 마련하여 늦가을에 꺾어다가 씨앗을 털지도 않은 채 고이 모셔 놓은, 잠자는 보름달이다. 그렇다. 보름달을 꼭 닮은 그 둥글넓적한 꽃판이야말로 내가 자란 내 고향의 정든 밤하늘이요, 질서도 정연하게 박혀있는 윤기가 반지르르 흐르는 씨앗들은 순이, 남이 손잡고 세어 보던 그 밤하늘의 잔별이 아니겠는가.

어느새 인삼골 여선생과 나 사이엔 딸들이 주렁주렁…. 먼 훗날 그것들이 시집을 갈 때 내 무슨 재산이 넉넉하여 지참금을 따로따로 주겠는가. 앞으로 해바라기나 열심히 심어 보리라.

(1977)

1.
별 하나 지다

근육, 손끝에서 피어나다

이지유

　손끝에서 꽃봉오리가 떨어져 나온다. 자잘한 근육은 하늘거리며 삶의 고단함을 풀어버리고, 눈으로 재고 나뭇결을 맞추고 수십 번 반복하는 대패질과 뚝딱뚝딱 망치질로 정성스레 손끝에서 꽃으로 활짝 피어난다.
　아버지는 마법사다. 하지만 고깔모자 대신 앞에 챙이 있는 모자를, 망토 대신 작업복을, 신발코가 높게 올라온 구두 대신 운동화를 신고, 마법사를 돋보이게 하는 조명이 아닌 달빛을 받으며 일터로 집을 나섰다. 걸어가신 그 길에 새벽빛이 마법처럼 활짝 피었다.
　고된 삶이었다. 달달한 술잔을 기울여 보기는 했을까. 노래에 취해 몸을 맡겨 보기는 했을까. 아버지를 내리쬐는 건 살아남아야, 살아내야 한다는 의지였다. 7살에 엄마를 잃고 흩어져 버린 별들과 구멍 난 하늘을 메운 것은 가느다란 근육들이었다. 손끝에 빛을 모아 탄생한 가구들이 텅 빈 공간을 채웠다. 귀에 연필을 꽂고 작업하시는 모습이 가장 행복해 보였으니, 마음도 채웠으리라.
　평생을 목수로 걸어온 아버지의 발자국은 우리 가족의 삶이 되었고, 자식들의 놀이터가 되고 추억이 되었다. 아주 어렸을 때, 나무를 다듬어 바둑판을 만드셨다. 원목이어서 매우 무거웠고 견고하게 만드신 거 같았다. 판을 그릴 때는 선이 휘지 않았는지 우리들 눈으로 보라고 여러 번 말씀하시곤 했다. 바둑 대신 오목판으로 자주 이용했는데 우리 형제가 좀 성장한 언제부턴가 겨울 양식인 쌀가마니의 받침목이 되었다.

가장의 새벽 꽃은 지붕 위에서는 해바라기로 피어 활짝 웃었고, 아담한 담장에서는 초록초록한 들꽃을 이뤘다. 당신은 동료들과 함께 집을 지어 다른 이의 삶을 채워 주었는데 정작 본인이 살 곳은 짓지 못했다. 어린 자식들은 집주인 눈치를 보게 하며 키운 작은 근육들. 이런 섬세한 삶을 대패질로 다듬어 아버지는 단아하고 깍듯한 삶을 사셨다.

소심한 아버지는 조용한 숨결로 한 여인의 깊은 숨소리를 달래 주고 싶었나 보다. 갓 시집온 새색시는 낯설고 대가족인 시댁에서의 생활을 많이 힘들어 했다. "그래, 잘 잡고 있어. 아버지가 먹줄로 선을 표시할게." "거기 나뭇결 좀 맞춰봐." 우리의 어린 손길과 함께 엄마가 사용할 그릇장을 만드셨다. 늦게나마 헤아려주지 못한 그 마음을 위로해 주고 싶어서일까. 다른 가구와 다르게 문과 테두리에 꽃무늬도 들어갔고, 여인의 마음을 어루만지듯 부드럽고 우아했다. 남편은 아내의 고단했던 지난 시간이 꽃처럼 활짝 피어나길 바랐을 것이다.

아버지는 일출의 화려함과 일몰의 뜨거운 열정을 수없이 종이에 그렸다. 가구의 크기와 비율, 그리고 모양은 도면지에 있었지만, 그때 나는 무엇을 말함인지 어려서 알지 못했다. 그 섬세한 솜씨는 서랍장, 책장, 책꽂이, 평상 등으로 완성되었다. 물감이나 색연필 대신 대패,

먹자, 망치 등 종류별로 다양한 도구로 아버지는 삶을 그려나갔다.

책상은 중학생 무렵부터 언니들과 함께 사용했지만 이미 오래전부터 우리는 친구로 지내고 있었다. 초등 저학년까지 책상 아래 공간은 놀이터였다. 소꿉놀이도 하고 베개를 깔아 잠도 자고, 문도 만들어 들어오고 싶어 하는 동생에게 열어 주곤 했다. 다소 소심하고 외로운 나는 책상 아래에서 혼자 보내는 시간이 많았다. 아버지의 섬세한 근육은 넷째 딸의 정서를 형성하며 온몸을 타고 돌았다.

아버지와 평생을 함께한 친구는 아마도 공구 가방이 아니었을까. 주인의 감정을 받아 냈을 이름도 알 수 없는 수십 가지 도구들이 어느 날엔가 보이지 않았다. 조용히 다락방에 있었는데 아파트로 이사 갈 때 매우 노쇠해서 찾아오지 못하고 길을 잃은 것 같다. 줄자도, 먹자도, 아버지가 귀에 꽂고 사용한 연필도, 기억자도 있었는데….

예술혼이 많던 아버지는 어떤 색깔로 살아왔을까. 엄마의 품에서 마음껏 응석을 부릴 때는 귀여운 노란 색이었겠지. 연두색은 있었을까. 이파리를 피우려고 고개를 살짝 내민 색은 어느새 초록을 건너뛰어 삶을 알아버렸다. 손에서 피는 작은 근육은 모두 어두운색으로 만들어 냈다. 가구 색으로 가장 평범할 것 같은 짙은 고동색이 인생 안으로 들어오면 혼을 쏟아 부어야 하는 가장의 색이 됐다.

주로 장마철과 겨울에 작업을 하셨다. 방을 하나만 사용했던 살림에는 밖에서 나무를 다듬었고, 둘 쓸 때는 작은 방에서 작업을 하고 말리셨다. 어린 꼬마들은 옆에서 못도 집어주면서 망치질을 도왔고, 나무를 맞춰 가구를 완성할 즘에는 젖 먹던 힘까지 쓰면서 잡아 주곤 했다. 시너(Thinner) 작업이 끝나야 비로소 가구들은 자리를 잡았다.

아버지가 꽃을 위해 기울인 시간에 어린 자식들의 손길도 스며들었다.
 대패질하기 전에는 나뭇결이 거칠었다. 아버지가 걸어온 거친 길은 나무를 다듬듯 이렇게, 저렇게 재어 보고 수십 번의 가늠으로 조금씩 다듬어졌다. 가구가 완성되면 아주 좋아하셨는데 아마도 매끈해진 나뭇결이 인생길이길 바라는 마음은 아니었을까.
 삶으로 그린 집안의 꽃잎들이 하늘거리며 흩날린다. 꽃봉오리에 기울인 소중한 시간도 흩날린다. 꽃을 피우고 지금은 많이 여윈 근육은 안다. 그 손끝에서 얼마나 많은 것들이 나와 마법을 부려 가장으로서 최선을 다했는지. 대패에서 나온 나뭇결 하나가 꽃이 되어 흩날리며 아버지 손끝에 내려가 앉는다.

리사이클링 속의 성숙

오병섭

- 끝은 사라지는 것이 아니라, 다음을 위한 또 다른 이름이다 -

 도쿄 신주쿠. 철구조물과 유리의 곡선이 누에고치를 닮은 건물이 하늘을 향해 솟아 있다. 사람들은 그것을 '코쿤 타워'라 부른다. 처음 그 앞에 섰을 때, 내 눈에는 단순한 건축미가 아니라 한 생명의 순환과 성숙의 이미지가 겹쳐 보였다. 어린 시절 산골 마을에서 마주했던 누에의 생애 주기, '4잠 5령'의 장면이 그대로 포개졌다.

 그 시절, 산골의 뽕나무밭은 계절마다 분주했다. 봄에는 연둣빛 뽕잎이, 가을에는 짙게 물든 초록이 우리 가족의 손을 불러냈다. 우리는 누에가 사흘쯤 먹고, 깊이 잠들기를 기다렸다. 네 번의 잠과 다섯 번의 허물벗기. 그 정확한 주기는 하나의 시계였고, 그 리듬에 맞춰 우리의 시간이 흘렀다. 짧은 고요가 찾아오면 비로소 숨을 돌릴 수 있었고, 다시 깨어난 누에에게 먹이를 주면 또 하루가 시작되었다.

 누에고치는 죽음을 위한 방이 아니었다. 그것은 기다림이었고, 비상을 준비하는 밀실이었다. 겉으로는 고요했지만, 그 안에서 누에는 살을 키우고 날개의 질서를 완성했다. 그 모습은 내가 생각하는 리사이클링의 본질과 맞닿아 있었다. 리사이클링은 단순히 버려진 물건을 재활용하는 것이 아니라, 끝을 다시 시작으로 이끄는 순환이다. 누에의 허물은 사라지는 것이 아니라, 다음 단계로 이어지는 진화였다.

나 역시 인생에서 수차례의 '4잠 5령'을 거쳤다. 학교를 마치고, 직업을 옮기고, 관계를 잇고 끊으며, 실패의 시기마다 나를 감싸던 고치가 있었다. 그 속에서 세상과 거리를 두고 생각과 감정을 분해하며, 가치관과 기술을 다시 조립했다. 그것은 무기력의 시간이 아니라, 재순환의 시간이었고, 더 단단한 날개를 준비하는 성숙의 과정이었다.

리사이클링 속의 성숙은 서두르지 않는다. 마치 나무의 낙엽이 땅으로 돌아가 흙이 되고, 다시 새로운 생명을 키우는 과정처럼, 인간의 성숙도 조용하고 은밀하게 진행된다. 멈춘 듯 보이지만, 그 내부에서는 치열한 분해와 재구성이 이뤄진다. 실패와 상처는 소멸하지 않고, 다른 삶의 재료가 되어 새로운 시작을 만든다.

코쿤 타워 안에는 수많은 사람이 배우고, 성장하고, 다시 세상으로 나아간다. 그것은 도시 한가운데 자리한 거대한 '학습의 고치'이자, 인간형 리사이클링의 심장부다. 누에가 고치 속에서 변태를 거치듯, 그곳에서 사람들은 지식과 경험을 재편하며 자신을 새롭게 만든다.

살아가면서 우리는 반드시 몇 번의 순환을 겪는다. 직업이 바뀌고, 관계가 변하며, 환경이 달라질 때마다 우리는 허물을 벗는다. 중요한 것은 그때 스스로에게 고치 속 시간을 허락하는 일이다. 자신을 감싸고, 지난 시간을 해체하며, 다음을 설계하는 시간. 그것이 없다면 성숙은 완성되지 않는다.

리사이클링 속의 성숙은 끝이 아니라 전환이다. 그것은 '다시'라는 단어로 시작하는 새로운 문장이다. 네 번의 잠과 다섯 번의 허물 벗음은, 나를 본래의 나로 되돌리기 위한 순환이었음을 이제야 깨닫는다. 그 과정 속에서 나는 버려지지 않았고, 오히려 다시 소중하게 쓰이고 있었다.

오늘도 나는 나만의 고치를 짓는다. 이 고요와 고립이 언젠가 더 단단한 날개를 펼치게 할 것임을 믿는다. 리사이클링 속에서 나는 여전히 성숙하고 있다. 그리고 그 성숙은, 다시 날아오르기 위한 가장 깊은 문장을 준비하고 있다.

*작가의 말

누에의 생애 주기 '4잠 5령'은 제게 단순한 생물학적 과정이 아니라, 인생이 반복하는 순환과 성숙의 은유로 다가왔습니다.

끝난 듯 보이는 순간에도 우리는 고치 속에서 다시 빚어지고, 다시 자라나며, 새로운 날개를 준비합니다.

이 글은 그러한 순환 속에서 발견한 '멈춤의 가치'와 '재시작의 용기'에 대한 성찰입니다.

고요 속에서 완성되는 날개, 그것이야말로 성숙이 품은 또 하나의 이름입니다.

그리기와 지우기

공대천

 그날은 바람도 고요했다. 서른두 살에 일찍 간 친구 아들을 위해 성당에서 밤늦게 기도했던 그날, 정작 내 어머니를 위한 기도는 없었다. 그리고 어머니는 조용히 눈을 감으셨다.
 염을 기다리며 바라본 어머니의 모습. 옷 밖으로 삐죽 나온 메마른 나뭇가지 같은 두 팔이 더없이 앙상하다. 긴 세월 가래로 그렁거렸던 요양병원 침대 위의 등창이 이제는 고요하다. "반 평 침대를 벗어나 이젠 그만 눈 감고 싶다."시던 어머니의 숨비소리가 누런 삼베옷 속으로 스며든다. 화장한 얼굴이 참으로 곱다. 사람들이 눈물을 거두고 평온해지는 가운데, 오직 나와 숙이의 어깨만이 흔들리고 있다.
 팔 년 전 기억이 더 큰 눈물로 밀려온다. 부산 요양병원에 어머니를 입원시키던 그날, 이부동생 숙이와 자갈치에서 생선회와 매운탕으로 늦은 점심을 했다. 서로의 복잡한 심경을 정리하며 소주를 제법 마셨다. 어머니도 사양하지 않고 술잔을 비우셨다. 취기가 오른 숙이가 말했다. "엄마, 병원에서 마음 편히 계시다가 돌아가세요. 그리고 마산 사람 옆에 눕지 말고, 내가 자주 가는 산 나무 밑에 묻히세요." 자기 아버지가 묻힌 마산 산소는 가지 않는 숙이가 자주 찾아볼 수 있는 수목장을 택한 것이었다. 살아계실 동안은 내가, 돌아가신 후에는 김씨 집안이 책임지기로 한 서로 간의 약속이기도 했다.

그때 어머니가 심각한 표정으로 말씀하셨다. "나는 화장이 싫다. 뜨거워서 정말 싫다." 숙이와 나는 침묵 속에서 소주잔만 비웠다. 그런데 결국 나는 어머니를 화장으로 보내드렸다. 뜨겁다고 그토록 싫어하셨던 그 길로.

병원에서의 긴 세월 동안 어머니는 서서히 변해갔다. 처음엔 정에 굶주리지 않으셨다. 지난날 없어도 돈지갑을 푸는 객기는 있었으니까. 그러나 긴 병원 생활을 하면서 자주 찾아오지 않는 사람들에 대한 원망과 섭섭함으로 차츰 위축되어 갔다. 숨을 거두기 직전까지 몸은 말을 듣지 않아도 정신은 맑았던 어머니, 당신은 어떤 허망함을 곱씹었을까? 그때쯤 뜨겁더라도 숙이가 자주 찾아줄 나무 아래 잠들고 싶다고 체념하셨을까.

아들로서 병원비를 전담했다는 스스로의 작은 위안보다 후회가 더 크게 남는다. 돈으로 책임을 다했다고 생각했지만, 정작 어머니가 원하신 것은 따뜻한 마음과 자주 찾아뵙는 정성이었을 텐데.

돌아가시기 전날, 관람한 예술의 전당 자코메티 전시회에서 본 한 구절이 가슴을 쳤다. '〈그리기〉 다음은 〈지우기〉' 어머니의 죽음이 다가올 징조였을까? 전시장의 그 많은 작품 중에서 유독 그 말이 강한 전율을 주었다.

우리의 삶은 기쁜 것을, 슬픈 것을 눈감고 '그리다'가 너무 가슴이 먹먹해져 '지워버리는' 것의 반복이 아닐까? 어머니와의 아름다운 기억들을 그리고, 아픈 순간들을 지우고, 또 그리고 지우며 살아가는 것. 어머니가 원하지 않던 화장도, 내가 다하지 못한 정성도, 모든 것이 삶의 '그리기'와 '지우기' 과정이었음을 깨닫는다.

　신이 우리에게 준 성찰의 선물 중 하나가 지독한 아픔일지라도 6개월이 지나면 점점 무뎌지고 영혼도 회복되는 것이라 한다. 나도 그 축복을 겸허히 받아들이며 어머니를 보내드린다. 어머니와 내 사이의 장벽도 흐르는 시간 안에서 녹아지며 그리움만 남을 것이다.

　첫 기일, 황령산 벚나무 등허리에 희디흰 꽃이 피어났다. 아들의 불효를 감싸주는, 바다 깊은 곳에서 토해낸 어머니의 용서와 사랑인가! 술을 뿌려대는 내게 들려오는 따스한 목소리. "내년에는 바쁘면 안 와도 된다." 죽어서도 자식 편인 어머니.

　그 목소리를 등지고 산에서 내려오며 하늘을 적시는 눈물 속에서 깨닫는다. 이제 나는 감촉도 없는 엄마의 젖가슴을 더듬으며, '그리기'와 '지우기'를 반복하며 그리움 속에서 살아가리라는 것을. 그것이 어머니가 마지막으로 알려주신 가르침이라는 것을…

돌거북이

홍만식

우리 집 거실 한편에 고요히 자리를 지키고 있는 돌거북이 하나. 생명을 지니지 않았음에도 그 조형물은 묘한 생기와 무게를 품고 있다. 단단한 등껍질 위로 내려앉은 세월의 먼지는 시간의 숨결처럼 고요하다. 그것은 단순한 장식이 아니다. 한 사람의 삶과 신념, 그리고 침묵의 윤리가 응결된 작은 형상이다.

이 돌거북이는 20여 년 전, 장인어른이 일원동 수석 가게에서 구한 것으로, 우리 가족에게 건네주신 선물이었다. 그때, 장인어른은 "이 거북이처럼 오래오래 살아라."라고 말씀하셨다. 그 한마디는 시간의 양을 의미한 것이 아니라, 삶을 대하는 태도의 깊이를 담고 있었다. 장인어른의 말투는 항상 낮았으며, 그 말끝에는 무게와 따스함이 동반되었다. 그분은 향년 94세로, 우리 곁을 떠나셨다. 당신은 오래 '산 것'이 아니라, 오래도록 '살아'냈다.

1925년, 일제강점기에 태어난 장인어른은 말보다 침묵으로, 주장보다 실천으로 한 세기 세월의 강을 건너오셨다. 당신은 공직에서 근면과 절제, 그리고 이웃을 향한 애정을 실천하며, 삶을 하나의 기도처럼 살아내셨다. 나는 장인어른의 이러한 삶의 방식에 큰 울림을 느꼈다. 우리는 말보다도 더 오래 남는 대화를 나눴다. 그것은 언어의 부재가 아니라 공감의 충만이었다. 삶의 결은 말이 아닌 태도로 새겨지는 것임을 그분을 통해 깨닫게 되었다.

행정공무원이었던 친아버지는 내가 대학을 졸업한 후, 사회에 첫발을 내딛던 1980년에 업무상 과로로 갑자기 유명을 달리하셨다. 그리고 4년 뒤, 또 하나의 아버지, 장인어른을 만났다. 두 아들과 두 딸을 두었던 장인어른은 나를 또 하나의 아들로 받아들이고 말없이 믿어주셨다. 그 믿음은 핏줄보다 더 깊은 유대를 만들어 주셨고 존재하는 사랑이 무엇인지 나에게 가르쳐준 어른이었다. 아무것도 요구하지 않고, 모든 것을 내어주는 침묵의 사랑.

장인어른의 유일한 취미는 등산이었다. 진달래가 흐드러진 청계산 능선과 낙엽 수북한 북한산의 숲길을 함께 걸으며, 우리는 종종 말없이 생각했다. 숨이 차오를수록, 삶에 대한 통찰은 더욱 명징해졌다. 고요한 산은 말이 없는 교실이었고, 장인어른은 나의 스승이자 벗이었다. 우리가 나눈 대화는 '무엇을 말했느냐'보다 '무엇을 함께 느꼈느냐'로 더 오래 남았다. 언젠가는 장인과 함께 양수리 근처를 드라이브할 때, 창밖 풍경을 바라보던 장인어른의 눈빛이 오래도록 기억에 남는다. 바람이 흔들어도 흐려지지 않는 눈동자, 세상의 변덕 앞에서도 동요하지 않는 그 시선, 지금도 내 마음 깊은 곳에 등불로 남았다.

돌거북이가 우리 집 거실에 자리를 잡은 해 어느 날, 장인어른의 뜻에 따라 내 고향에 마련된 부모님 산소를 함께 찾았다. 정중하게 큰절을 올린 장인어른은 "사돈어른, 아들 걱정은 하지 마시고, 그곳에서 평안히 지내십시오. 제가 잘 돌보겠습니다."라고 조용히 말씀하셨다. 나는 세상을 떠난 아버지가 그립고, 한편 장인어른의 자상한 마음에 감동하여 그 자리에서 울음을 터뜨렸다. 운명적으로 사돈을 대면할 수 없었던 장인어른이 산소를 찾아, 사돈과 처음이자 마지막으로 나눴던 대화였다.

장인어른은 2018년 국화가 만발한 어느 날, 마치 자신의 생을 정갈히 마무리하듯, 고요히 세상을 떠나가셨다. 한평생, 담배는 물론 술을 전혀 하시지 않았고, 근검절약하면서 가족, 친척과 이웃을 조용히 도우셨다. 마치 어두운 곳을 밝게 비추는 빛처럼, 짠맛을 잃지 않는 소금처럼 올곧게 평생을 살아오신 분이다. 이제는 이승의 무거운 짐을 내려놓고, 천주교 용인공원묘원에 고이 잠들어 계신다.

성묘 갈 때마다 장인어른의 삶의 무게를 다시 떠올리며, 마음속으로 "오래 산다는 것은 무엇입니까?"라고 여쭈어본다. 그러면 마음속 어딘가에서 장인의 목소리가 이렇게 들려오는 듯하다.

"느리지만 꾸준하게, 포기하지 않고, 오래 살아내는 거야."

분단의 아픈 별 하나 지다

오경자

　분단 80년이니 1세기 100년이 눈앞이다. 그에 따른 비극을 어찌 한두 마디 말로 다 할 수 있으랴. 크게는 1950년의 6·25한국전쟁의 비극이지만 그것 말고도 우리는 줄기차게 여러 모양의 분단에 따른 비극을 갖은 형태로 겪으면서 살아왔다. 그리고 중요한 것은 지금도 해결하지 못했을 뿐만 아니라 그 비극의 정도가 더 심해지고 있다는 현실이다.
　국토가 양분됨으로써 받는 불이익으로 하여 우리가 더 역동적으로 발전하지 못하는 국내 문제가 매우 많다. 거기에 더하여 아직도 열강들의 이해관계에 따라 한반도 문제가 국제정치의 미묘하고 복잡한 셈법에 갇혀 있음이 매우 큰 비극의 요인이다. 우리의 통일을 우리 말고 진심으로 원하는 나라는 없다고 하면 너무 심하고 지조적인 말이 되려나? 그랬으면 좋으련만 전혀 그렇지 않다. 어찌 보면 우리의 허리띠가 풀리지 않아야 자신들의 나라에 오히려 도움이 된다고 생각하는 나라가 더 많을 것 같다는 생각이 아둔한 이 아낙의 생각이다. 국제정치란 냉혹하기 이를 데 없어 우리의 고통 같은 것은 그들의 안중에 없다. 외교적 언사로 그 아픔에 같이 아파한다는 시늉으로 우리를 이용하려 드는 심리는 매한가지라 생각한다.

우리는 그런 국제정치의 거대 담론 말고 이산가족이라는 기막힌 형벌에서 80년을 묶여 살았다. 그들은 대부분 세상을 떠났다. 북녘 하늘을 바라보며 눈을 감지 못했다. 죽은 후에도 임진강 근처나 비무장지대 가까운 곳에 유택을 마련한 분들이 많다. 오늘 우리 그런 비극의 또 다른 별 하나가 졌다. 김신조 목사가 떠났다. 그를 목사로 알지 못하는 사람들이 아직도 우리 사회에 많이 있을 것으로 안다.

1968년 1월 21일 새벽 비무장지대를 뚫고 비봉을 거쳐 북괴의 124군 부대원들이 서울에 침입했다. 아무 저항 없이 청와대 턱살 밑인 자하문 고개 바로 밑까지 당도했다. 거기서야 처음으로 당시 종로경찰서장 최규식 경무관에게 부대원들이 사살되고 체포되었다. 당시 유일한 생존 체포자가 김신조였다. "박정희 목을 따러 왔수다."라며 기염을 토했던 등골 서늘한 그날의 모습이 지금도 눈앞에 선하다.

그는 죽을 기회를 놓쳐서 한스럽다는 일념으로 굽히지 않았다. 하지만 결국 그는 대한민국의 품에 안기었고 혼인도 하고 딸도 낳았다. 그 딸이 자란 후 아버지가 자신의 의지로 남파된 것이 아니고 북괴의 군사 작전 중의 하나로 파병된 것인데 그 침입 경로를 124군부대라는 명칭을 붙여서 기록을 남겨야지 개인 김신조라는 이름으로 불리게 한다는 것은 개인에 대한 명예훼손이라는 소송을 제기해서 승소했다. 드디어 비무장지대 안의 철책에 달린 열쇠를 파손하고 남침한 그 침투로의 명칭이 '김신조 침투로'라는 데서 '124군부대 침투로'로 변경되었다. 사람이 자식은 낳고 볼 일이라며 시민들은 혀를 내두르기도 했던 기억이 난다.

그 후, 일반 시민으로의 삶을 이어가는 김신조가 신학을 해서 목사가 되었다는 소식이 전해졌다. 그 경위야 알 수 없지만, 아무튼 그 사실은 큰 충격이었다. 하나님의 역사는 오묘하고 대단한 것이어서 그는 우리 앞에 목사로 거듭나서 우뚝 섰다. 그리고 김기동 목사가 그를 적극 후원하고 품은 것으로 알고 있다. 자신의 기도원 담당 책임 목사로 앉히고 그를 적극 도왔다.

어느 해인가 그 기도원에 장소를 빌려서 어떤 문학단체가 큰 세미나를 열게 되었다. 용인에 있는데 우리 일행은 버스로 그곳에 도착했다. 행사장에 들어가 앉아서 시작을 기다리고 있는데 웬 남자가 성큼성큼 걸어들어오더니 한달음에 연단으로 올라서는 것이 아닌가? 주최자인 단체장이 아니어서 우리는 깜짝 놀랐다. 곧바로 연단의 마이크를 잡는 모습이 거칠기도 하고 하도 당당해서 그곳 직원의 모습은 아닌 것 같아 순간 의아했다. "저 김신조 목사외다. 이 집의 책임자여서 인사를 드리는 게 도리인 것 같아 올라 왔습네다." 하더니 자기는 제1호 탈북자이나 밥 한 끼를 빌붙어 얻어먹으려고 온 그런 탈북자가 아니라 박정희 대통령의 목을 따려고 내려온 군인이었다고 소개했다. 몸에서는 식은땀이 흐르며 듣고 있어야 하나 일어서 나가야 하나 부글부글 끓었다. 아버지를 북에 납북당한 나의 지난 병이 밀고 올라오는 순간이었다.

하나님의 크신 섭리로 자신 같은 죄인이 구원을 받아 목사가 되었고 김기동 목사님의 후의로 이렇게 좋은 환경에서 목회할 수 있게 되어 감사한다, 그래서 오늘 이렇게 훌륭한 문인 여러분을 뵙게 되어 반갑고 기쁘다고 정중하게 인사를 마치고 내려갔다. 수십 년 전 그 모습이 시야를 가린다.

  그날 세미나 내용이 어떤 것이었는지 전혀 기억나지 않을 정도로 그날 김신조 목사의 등장은 충격적이었고 그 만남은 오래도록 머리를 떠나지 않았다. 행복한 이산가족이라 해야 하나? 그날 그의 말 중에 자기들의 부모는 자기가 잡힌 지 얼마 지나지 않아 동네 초등학교 운동장에서 공개처형 되었다며 울먹이지도 못하던 모습이 생생하게 떠오른다. 그는 조용히 목회에만 전념하면서 생을 마감했다. 이루 형언하기 힘든 각양각색의 모습으로 점철된 이 민족의 이산의 아픔을 어떻게 다 말로 할 수 있단 말인가?

  김신조 목사의 천국행을 믿음 안에서 환송한다. 하나님 나라에서 편히 쉬면서 이 나라의 아픔이 사라질 수 있기를 기도하길 바랄 뿐이다. 그 따님의 삶도 행복하기를 기원한다.

  창문을 여니 북으로 뻗은 통일로가 여전히 빼곡한 자동차의 행렬에 온전히 덮여있다. 저 차들이 언제면 개성으로 평양으로 거침없이 달릴 수 있을 것인가? 여든도 중반을 향하고 있는데 생전에 모란봉에 올라 볼 수 있을지, 하나님이 하시면 될 텐데, 그때가 언제일지 가슴만 탄다.

  김신조 목사님 부디 하늘길 편히 가시오. 하나님 영접을 이미 받으셨겠지만 우리는 뜨거운 가슴으로 기도할 뿐이외다.

울대는 울고 싶다

장병선

할 일이 없어서다.

모든 사물은 제 할 일을 지니고 태어난다. 한데 문명이 발전함에 따라 인간은 너나없이 제 할 일에 편리한 생활을 더해 간다. 이른바, 복합 기능을 추구한다.

핸드폰이 그렇다. 통화가 제 역할로 태어났지만, 요즘 전화보다 문자 전달 기능이 더 많다. 전화벨이 울리면 상대편이 하던 일을 멈추고, 그 전화를 받아야 한다. 이런 불편을 덜고자 문자, 즉 메시지를 보내고 그에 문자로 회답하는 경향이다. 상대방에 대한 배려와 인간의 편리를 위해서다. 할 말을 메시지가 대신하기에 손가락으로 자판을 치기만 한다. 안타깝게도 울대는 말할 기회를 잃는다.

때가 돼 식당이나 카페에 가도 울대는 날할 기회가 없다. 전에는 손님이 식당 의자에 앉아 종업원에게 말(울대)로 주문하였으나 요즘은 음식점 앞에 설치된 기계(키오스크)에서 스스로(셀프) 주문한다. 손으로 화면에 뜬 메뉴를 터치하고 대금 지급도 애플페이* 방식이다. 카드 기능이 내장한 스마트폰을 리더기에 대면 자동 결제된다.

또한, 상대가 있어야 말할 텐데…. 버스터미널이나 전철역 개찰구에 표를 받는 종업원이 없다. 역내의 기계에서 승차권을 발권 받아 출구에 투입하거나, 교통카드를 통과대(通過帶)에 대면 '삑~'하고 기계음이 나오며, 작은 문이 자동으로 열린다.

엘리베이터를 탈 때도 모르는 상대이긴 하지만, 단 두 사람이라 인사라도 건네고 싶어도 귀에는 이어폰을 꽂고, 눈은 핸드폰 화면에 박아서 차마 말이 나오지 않는다.

집에 와서도 할 말이 없다. 여느 날처럼 농장 일을 마치고 아파트로 돌아와서도 비밀번호로 문을 연다. 문 앞에 달린 기계 화면에 정해진 번호를 누르면 문이 자동으로 열린다. 아이들은 성인이 돼, 제 갈 길로 다 떠난 집에 두 노인이 산다. 아내는 안방에서, 나는 문간방 서재에서 기거하기에 내 방으로 직행한다. 안방 문을 열고 "잘 다녀왔소."라는 인사말이라도 건너면 좋으련만, 천성이 무뚝뚝하여 그러하지 못한 나는 샤워하고 책상에 앉아 아내의 "식사하세요."란 말만을 기다린다.

이처럼 일상생활에서 내가, 울대가 말할 기회가 거의 없다. 할 말을 기계가 대신해 줄 뿐 아니라 또한 책장에 걸린 '올해의 신조(三思一言*)'가 말수를 줄이기 때문이다.

이에 더하여 미국의 유명한 작가 마크 트웨인(Mark Twain)의 "내가 한 말 중 반은 항상 후회한다."란 말을 믿기 때문이다. 가능한 한 '상대보다 먼저 말하지 않겠다'라는 철저한 각오다. 이러다 보니 말하는 게 제 역할인 '울대'는 온종일 말 한마디 할 수 없다. 실업이다.

아직도 쟁쟁한 울대가 할 말이 없어 울고 싶은 요즘이다.

*애플페이(Apple Pay): 미국 애플사가 2014년부터 시작한 모바일 결제 서비스.
*올해의 신조: '삼사일언(三思一言)' 즉, 세 번 생각하여 꼭 필요한 말만 한다.

느티나무와 아이

신영숙

비 개인 오후, 자연은 조용히 말을 걸어오고 나는 그 속을 걷는다.
아침 내내 내리던 비가 멈추고, 하늘이 맑게 갰다. 늘 걷던 길이지만 걸을 때마다 느낌이 다르다. 누워 있던 풀들이 마치 마법처럼 다시 고개를 들고 일어섰다. 땅 위로 기어 나온 지렁이는 땅따먹기라도 하듯 선을 그으며 길을 가로질렀고, 부서진 집을 수리하느라 분주한 개미들이 날렵한 허리에 가느다란 다리들이 쉼 없이 움직이고 있었다. 언덕이라 하기엔 낮지만, 혹시라도 그들이 다칠까 봐 나는 뒷짐을 지고 한 걸음 한 걸음 조심스럽게 걸었다.

하얀 나비 한 쌍이 망초꽃 위를 돌며 술래잡기를 하고 있었다. 그 모습을 따라 걷다 보면, 일상에 뒤엉켜 있던 잡념이 소리 없이 사라진다. 굽은 언덕길을 따라 늘어선 회양목은 마치 이발소를 막 다녀온 젊은이처럼 단정하게, 싱그러운 기운을 풍기며 자리를 지키고 있었다.

언덕 위에 올라서면 시야가 탁 트인다. 움츠렸던 가슴을 활짝 펴고 바라보면, 멀리 남산 타워가 보이고 넓은 김포평야가 눈앞에 펼쳐진다. 그곳엔 아이들의 놀이터가 있다. 시소와 그네에는 대추나무 열매처럼 아이들이 조롱조롱 매달려 즐겁게 놀고 있다. 그 모습을 일 년

열두 달 지켜보는 이가 있다. 몸집이 크고 가슴이 넓은. 그는 까치, 딱새, 참새에게 자리를 내어주고, 딱정벌레, 나방, 거미에게 터전을 내어주는 너그러운 존재다.

그의 모습은 고궁이나 사찰에서 볼 수 있는 웅장하고 아름다운 나무지만, 시골 마을에서는 수호신처럼 융숭한 대접을 받는다. 오월에 꽃이 피고, 구월에 열매가 익으며, 태풍과 폭우에도 흔들림 없이 천년을 살아온 역사의 증인이기도 하다. 고달픈 길손에게 그늘을 내어주고, 많은 것을 보고 겪으며 지혜를 쌓아온 할아버지 같은 존재, 느티나무다.

삼백 년을 이 자리에 살아온 나무지만, 매끈한 둥치를 보면 나이를 짐작하기 어렵다. 느티나무 아래 놓인 의자에 한 여자아이가 그림을 그리고 있었다. 처음 보는 아이라 조심스레 다가가 보니, 고사리 같은 작은 손에 크레파스를 쥐고 있는 손놀림이 심상치 않았다. 내가 가까이 다가서도 미동도 하지 않았다. 어느 정도 그림을 마무리한 듯 고개를 들어 나를 바라보았다.

"그림 잘 그리는구나. 나도 그림 그리는 할머니란다."

"어쩐지. 화가들은 그런 모자 쓰던데요." 나의 주홍색 캡을 바라보는 아이의 눈빛은 늦가을 잘 익은 머루알처럼 맑고 투명하게 빛났다.

"몇 살이니?" "일곱 살이에요. 디자이너가 되려고 다섯 살부터 그림을 배웠어요."

"지금 가을인데, 네 그림 속 나뭇잎은 연두색이네?" "그건 제 마음이에요."

아이의 대답은 한 치의 망설임도 없었다. 나는 눈에 보이는 것만을 이야기했지만, 아이는 마음속에 있는 것을 그려낸 것이었다. 아이는 희망을 그리고 있었다. 아이에게 가을은 존재하지 않았다. 꽃이 피고 지는 것에도 별다른 의미가 없었다. 미움이나 오해, 감춰둔 열등감도 없었다. 아이는 보여주기 위한 것이 아니라, 내면의 새로움을 발견하고 창의적인 눈으로 단순함 속의 맑은 빛을 보고 있었다.

아이의 뜻에 따라, 그림 속 느티나무도 강인함을 잠시 내려놓고 연둣빛 봄옷을 입고 있었다. 놀이터에선 아이들의 웃음소리가 대글대글 굴러가고 있었지만, 그 아이는 이미 디자이너가 되어 있었다. 언덕을 힘겹게 올라온 바람도 잠시 머물다 가고, 구름도 느티나무 가지 위에서 쉬고 있었다.

느티나무는 아이에게 강인함과 지혜를, 아이는 느티나무에 순수함과 밝은 미래를 보여주고 있었다. 그들을 바라보며, 더하기 빼기에도 인색하여 늘 안주하지 못하고 서성거리던 내 모습이 부끄러웠.

이제라도 내가 전부인 세상이 아니라, 내가 심지 않은 것들도 피어날 수 있는 여백을 남기며 여유롭게 살고 싶다. 돌아가는 아이의 뒷모습 위로, 부챗살처럼 퍼진 햇살이 눈부시게 내려앉았다.

그 후로 다시는 그 아이를 볼 수 없었다. 어쩌면 꿈속에서 만난 요정이었는지도 모른다. 맑은 하늘, 느티나무 그늘 아래 앉아 있던 그 작은 여자아이는 어쩌면 어린 시절의 나 자신이었는지도 모르겠다.

이 가을만큼은, 나도 연둣빛 옷으로 갈아입고 싶다.

커튼의 그림자

윤연옥

    커튼의 그림자를 바라본다. 밧줄을 타고 내려와 유리창 청소를 하는 사람이다. 대화는 없고 움직임만 나타내는 모습, 어느새 나는 '팬터마임'을 감상하는 관객이 되었다. 갑자기 문화인이 된 듯 감성 좋은 날이다.
    인간으로 살기가 만만치 않지만, 그림자로 살아가기도 쉽지 않다면 지나친 상상이리라. 하나, 상식이 상상을 따르지 못한다고 했겠다. 눈물과 웃음까지 그늘 속에 묻어야 하는 존재 같아서 그 속은 어떨까? 헤집어 본다. 햇살 위로 걷다가 그늘 속에선 존재 없는 그림자의 운명으로 불평 한마디 없는 사람 같다. 남의 뒤에 누워 소리 없이 따라다니며 어두운 그늘로 살기를 마다하지 않는다. 예사롭지 않은 나의 관심사로 연극인을 발견하고 촉을 모은다.
    하얀 피를 흘리는 곤충들이 있다면 그림자는 까만 혈을 흘릴 듯 남의 그늘로만 살아간다. 그 모습은 희생적이다. 모든 사물과 생명의 동물을 따라다니며 확인시켜 주는 말 없는 말의 그림자이다. 있다면 거기서 일인 무언극이 태어났다고 직감한다. 그 연극 안에는 하고 싶은 말이나 사랑과 아픔과 이별이나 문화가 농축되었겠다. 하여 그림자와 무언극은 닮아있다고 여긴다. 어쩌면 하고 싶은 말을 안 하는 누군가가, 무언극을 무대에 올렸을 것이고 그것이 원조가 되었다고 짐작한다.

 정순왕후는 팔십이 넘도록 비운에 간 단종을 잊지 못하였겠다. 끊을 수 없는 환경의 고통 속에서 살아낸다는 것은 형벌 이상이었을 테다. 사랑이 깊어 아픔도 컸을 터, 왕후는 단종의 그림자로만 지내야 했으리라. 고뇌와 화병에 '불로 불을 끄는 건 위험해서'*, 몸으로 말하고 몸으로 고통을 이겨내야 하는 운명이었지 싶다. 시대는 달라도 그 절절함에 예술이 필요했다면 무언극이라 말하고 싶다.

 '팬터마임'을 처음 접한 곳은 오래전 남편의 모교 축제에서이다. 말 한마디 없는 일인극을 함께 감상하며 신비감까지 들던 날이었다. 몸짓의 민감성에서 느끼는 감정까지 세세한 해설을 접하게 되었던 예술이다. 그날로부터 나는 무언극을 따라다녔겠다. 마치 거위가 알에서 나와 처음 만난 상대를 부모로 알고 따라다닌다는 각인 효과가 따로 없다.

 낮의 그림자는 화창하다 못해 고요한 한 낮을 떠올리게 한다. 그 소리 없는 외침이 있다면 말 없는 말도 있다. 무언극의 시작은 그림자라 해도 잘못된 비유는 아니라고 본다.

 밧줄 하나에 매달린 청소부의 노동은, 한낮에 댓돌 앞에서 졸고 있던 고양이의 파리를 쫓는 모습은 아니다. 세상의 모든 시끄러움이나 상처쯤은 그 안에 묻어두있겠다. 사람이 살기를 일인 마임 같이만 한다면야 서로 눈 돌릴 일은 없을 터이다.

 입은 있으나 언어는 없고 '몸짓 분석'에 이르기까지 땀 없는 예술은 있을 수 없다. 내게는 한 편의 연극이기에 기꺼이 그 무대의 관객이 되기를 자청한 것이다. 유리창에 매달린 배우는, 생존의 방법이라고 역정 낼 수도 있겠으나 내게는 가장 깊이 있는 무대이기에 호응한다.

때로는 보이는 것보다 보이지 않는 것이 아름다울 때가 있다고 하듯, 들리는 말보다 표현하지 않는 말이 고울 때가 있다. 진실이거나 아니거나 이스트처럼 부풀리지 않아서 무언극예술로 태어났다고 다시 인정한다.

'마임은 기록이 남지 않는 예술'이라고 오래전 해설가는 분명히 밝혀두었으나 지금은 다르다. 허락된다면 영상으로 남길 수 있기에 행복한 문화 시대를 누리고 있다.

내 안에 말을 가두자, 말 없는 말이 무언극으로 태어났다면 이 상태를 모순어법이라 하겠다. 그 극에는 대사가 없어 몸짓으로 읽어나가는 섬세한 책이라 해도 무방하다. 진솔한 글로 표현하는 수필에는 형식이 있고, 말에는 예의가 있고 무언극에는 혼신을 다하는 몸부림 이상의 예술이 있다.

'교도소에서 악기의 줄이 끊어지자 남은 G선 한 줄로 연주를 했다는 파가니니'가 있다. 하나, 팬터마임의 배우는 하나의 선마저도 가질 수 없어, 맨몸만으로 선의 강약까지 드러낸다. 몸으로 하는 마임이나, 한 줄 선으로 연주하는 음악이나 예술가의 정신력은 영혼을 넘나든다.

다시 그림자를 올려다본다. 그는 그냥 청소부가 아니다. 정화될 수 있는 점은 고쳐가라는 '메시지'를 전하러 온 예술의 신이자 태양의 신, 아폴로이지 싶다. 햇살 없으면 나타낼 수 없는 커튼의 작품이니까. 이 세상에 다시 살 수만 있다면, 말 안 해도 자기 고백이 되는 '팬터마임' 연극인으로 살고 싶다.

*불로 불을 끄는 건 위험해서 - 영화 '테넷'에서 인용.

종족보존 욕구의 변천사

전병훈(智悟)

　생명을 가진 모든 유기체는 생존의 위협을 느끼는 환경에 직면하게 되면, 타고난 수명을 포기하는 희생을 감수하면서까지 종족을 보존하려는 강한 욕구가 있음을 감지할 수 있다. 소나무와 대나무에서 식물의 예를 볼 수 있고, 동물은 두견이과 조류와 어류의 꺽지가 그 사례이다. 인간에게서는 이와 유사한 행태가 보다 다양한 양상으로 나타난다.

　험준한 바위틈에서 고사(枯死) 직전의 위기에 처한 허약한 어리디어린 소나무가 주렁주렁 많은 솔방울을 버겁게 껴안고서 숨을 가쁘게 몰아쉬고 있다. 이것은 죽음의 불안에 직면한 어미의 종족보존 사랑을 꽃피우는 절규의 산통(産痛)이다. 위기를 맞은 식물의 생명 보존 욕구인 힘(energy)을 발산하는 증표이다. 대나무 또한 기후변화에 따른 위기를 맞으면 타고난 생존수명인 100년을 포기한 채 그보다 훨씬 빨리 꽃을 피우고는 말라 죽는다. 한편, 동물의 경우는 어떠한가. 위기 극복을 위해서는 아니나, 뻐꾸기의 천부적인 신체적 약점을 극복하는 비장의 결단인 성싶기도 한 탁란(托卵)에서 그 예를 찾을 수 있다. 탁란을 뜻하는 독일어 '앙스트블뤼테(AnastBluete)'는 Anast(불안)와 Bluete(개화)의 합성어이다*. 탁란(brood parasitism)이란 난생(卵生) 번식을 하는 조류나 어류가 다른 종(種)의 둥지에 알을 낳아 그 종(種)이 대신 새끼를 기르게 하는 기생 행위이다. 이는 자신이 직접 새끼를 기르는 비용과 위험을 피할 수 있는 생존과 번식에 유리한 전략이다. 또한, 자손을 키우는 에너지를 절약하면서도 유전자를 이어갈 수 있는 효율적인 방법이기도 하다.

 인간의 경우에는 종족보존 욕구의 강화와 약화의 상반되는 두 방향으로 진행된다. 인간의 욕구 중에서 가장 엄중히 지켜오던 생존본능이 점점 희석되기도 한다. 우리의 경우는 특히 충효 사상의 영향으로 예부터 절손무후(絕孫無後)를 기피해 왔으며, 후손은 많을수록 좋은 다다익선(多多益善)이 선망(羨望)의 대상으로 인식됐다. 이 사고(思考)는 문화의 발전단계에 따라 변화의 조짐을 보이고 있다. 수렵시대는 말할 것도 없고, 농경사회, 전기(前期) 산업사회까지만 해도 자체 노동력 확보라는 관점에서 당연히 수긍 된다. 그러나 후기 산업사회와 정보화, 세계화(交易化) 사회로 넘어오면서 노동력이 기계와 기술로 대체되고 무노동 고용의 증대 등 문화의 발전과 삶의 질이 향상됨에 따라 생명 출산의 개념마저 바뀌고 있다. DINK족, N포족 등의 출현이 그 대표적인 현상이다. Double Income No Kids를 의미하는 DINK족은 결혼은 하고 정상 부부로 맞벌이하며 살면서도 출산과 육아에 따르는 경제적, 육체적 부담 없이 자기들만의 양질의 삶을 누리는 젊은 세대를 지칭한다. 3포족 또는 5포족 또한 젊은이들이 결혼, 출산, 주거 마련 같은 재산축적 등을 포기하거나 미루면서 높은 질의 삶을 선호하는 추세를 일컫는다. 이것은 일과 삶의 균형, 즉 워라벨(work and balance)를 추구하려는 신세대의 의식 변화에서 비롯되기도 한다. 또한 경제적 어려움을 소비 절약으로 극복하려는 젊은 세대에서 번지는 '욜로(you only need one)' 트렌드 역시 이와 맥을 같이한다.

한편 기성세대의 출산 욕구 변화는 대체로 산아제한이나 대리출산 등이 대세이다. 이 또한 출산과 육아에 따른 고통과 부담을 회피하면서 문명의 발전과 소득증대 등에 상응하는 삶을 구현하고자 하는 종족보존 욕구의 실현과 무관하지 않다. 기성세대의 전형적인 종족보존 욕구의 사례는 반세기 전까지만 해도 관심만 두면 누구나 쉽사리 인지할 수 있는 항다반사(恒茶飯事)의 현상이었다. 생존 기간에 비하여 통상적인 경우와는 달리, 짧은 삶이었음에도 불구하고 특히 많은 자식을 남기고 아버지가 단명으로 사망한 결손가정의 사례이다. 이것은 인간의 종족보존 욕구가 타고난 운명보다도 강력함을 시사하며, 신의 섭리라고 이해할 수밖에 없다. 한편, 결손가정 편모의 자식에 대한 사랑과 위기 극복에 방출하는 에너지의 위력은 익히 자타가 공인하는 바이다. 표면적으로는 위기 상황을 맞은 편모의 억척스런 생활력의 실천이나 그 내면은 '종족보존 욕구'인 힘(energy)의 발현이다. 이거야말로 인간이 발휘할 수 있는 힘의 최대치 표본이요, 종족보존 욕구의 증가 효과를 판가름하는 시금석이다. 이에 근거하여, 현대 역학이나 명리학에서조차 인간의 후천적 노력이나 위기의식이 운명을 바꿀 수 있을 뿐만 아니라, 운세를 암시하는 사람의 타고난 손금마저도 후천적으로 변화시킨다고 강변(强辯)한다.

1970년 처음으로 도입된 '가족계획 추진'의 목표는 '출산 감소' 일변도였으나, 시행 반세기 만에 '출산 장려'로 급선회한다. '아들딸 구분 말고 하나만 낳아 잘 기르자' 하던 표어마저 '출산이 애국이요, 국력이다'로 바뀐다. 타국으로 이민 가던 나라가 타국의 이민을 받아들이는 나라로 되고, 특히, 국가품격의 유지와 안보상의 심각한 취약점이 노정되기도 한다. 개인의 생명 보존 욕구와 국가의 가족계획의 목표에는 현격한 괴리가 있게 마련이다. 국가는 국민건강보험, 고용유지, 국력 확장, 안보 강화 등 거시적인 목표가 핵심이나, 개인은 후손 보존과 가문의 융성, 질 높은 삶의 구현 등과 같은 미시적 표적에 초점을 둔다.

인간의 생명 보존 욕구는 삶의 환경변화와 문명의 발전에 크게 영향을 받는다. 특히 우리나라는 산업혁명의 과정을 거치지 않은 농경체제에서 중공업 체제로의 개편에 따른 압축성장의 공업화와 민주화의 쟁취, 새마을운동의 성공으로 누대에 걸친 빈곤의 탈출 등의 다양한 환경변화를 겪었다. 또한 국민소득의 증가와 더불어 컴퓨터 시대의 개막과 뒤따른 정보 통신(IT) 시대, 스마트폰 시대, 인공 지능(AI) 시대로 이어지는 문명의 계속되는 혁신적 발전에서 비롯된 혜택으로 국민의 삶에 대한 의식이 크게 개선되었다. '마이카시대'의 개막과 국민의료 보험의 전면 실시도 이에 한 몫을 하였음도 부인할 수 없겠다.

종족보존 욕구는 생명체가 타고난 수명을 포기할 만큼 그 위력이 막강하며, 그 변화양상 또한 다양하다. 평상시에는 자신이 성취할 수 있는 존재가 되도록 충동하는 욕구인 '자아실현 욕구'가 인간의 최상위 욕구로 수용되나, 위기나 비상사태가 되면 인간의 최하위의 밑바탕에 머무는 '종족보존 욕구'가 최상위 욕구로 격상되는 성싶다. 불이 황금을 정제하듯, 삶의 과정에서 겪는 고통과 생존 위협 일체는 모든 생물로 하여금 삶에 대한 많은 생각을 촉발(觸發)하게 하고, 지혜롭게 만든다. 그 대응조치는 다름 아닌 죽음의 위기에 직면한 창조행위의 결실인 식물의 수명단축, 동물의 탁란 그리고 인간의 생명 포기와 양질의 삶 추구 등의 다양한 생존전략으로 반영되며, 종국(終局)에는 종족보존욕구의 변천으로 귀결된다.

*두산백과사전 참조
*Maslow's, Hierarchy of Needs, 매슬로우의 욕구단계설 Stephen P. Robbins/Mary Coulter, Management 8th, SciTech. pp.438.

랑, 랑

정정근

이음새 접속 조사 중 '랑'이 있다. 랑은 한국어에서 매우 흥미롭고도 다양한 용도로 쓰인다. 주로 조사 접미사 어미의 일부로 쓰이는데, 문맥에 따라 그 기능과 의미는 다르다.

내가 '랑'이라는 말을 처음 들은 것은, 첩첩 두메산골이던 중원군 이류면(현 충주시 대소원면) 소재 '매현(梅峴)초등학교' 5학년 초였다. 지금은 이름도 기억할 수 없지만, 나보다 며칠 늦게 전학 온 여자아이가 무슨 말끝에 "엄마랑 둘이 산다."고 했다. 그럴 경우, 보통은 '엄마하고 둘이 산다'고 하기 때문에 나는 그 애가 말한 '랑'이 꽤나 흥미롭게 들렸다. 쉬는 시간마다 그 애 곁으로 가서 괜히 이 말 저 말 붙여 보았다. 체수가 작고 이목구비가 또렷한 그 애의 입에서 나오는 말은 모두 신기하게 들렸다.

여름방학이 끝나 개학했을 때 그 애는 보이지 않았다. 동네 사람들 말대로 그 애 엄마는 뜨내기였던 모양, 어린 딸을 데리고 또 어딘가로 거처를 옮긴 것이었다. 아직 친한 친구가 없던 나는 2학기가 되면 좀 더 가까이 지내고 싶었기에 뭔지 모를 거절을 당한 것 같았다. 나는 그 애가 남기고 간 '랑'을 살짝살짝 훔쳐 쓰듯 했다. 기실 급우들은 그 말에 대해 아무도 신경 쓰는 것 같지 않지만.

　이십 대 후반, 첫애가 3~4세쯤일 때 신장개업한 동네 서점엘 갔다. 미장원에 가면 하릴없이 여성잡지나 뒤적이던 눈이 어린이용 도서 코너에 가 닿았다. 시선을 강하게 끄는 책은 『엄마랑 아기랑』이었다. 망설일 것도 없이 집어 들었다. '랑'은 어감이 좋아 친근하게 느껴지기도 했지만, 뭣보다 5학년 때 만났던 그 작고 귀여운 소녀가 불현듯 그리웠다.

　여동생 부부가 놀러 왔다. 충주 사람이지만 직장 관계로 경상도에서 여러 해 지냈다는 제부는 말끝마다 "했걸랑요, 아니걸랑요"라고 말했다. 이 또한 처음 듣는 말이어서 웃음을 참느라 힘들었다. 신혼 초, 시가(媤家)에 갔을 때는 고교생이던 시동생이 "아니랑께요, 했당께요" 해서 뒤꼍 대숲으로 달려가 뱃가죽이 아프도록 웃은 적도 있다. 시동생의 말투는 말끝을 따뜻하게 감싸는 듯 친근했고, 제부가 쓰던 '랑'은 화자의 태도나 상황을 애교스럽게 표현한 구어체이면서 어린이 말투였다.

　'랑'이 들어간 말은 정답다. 또랑(좁은 개울), 고랑(밭 고랑), 바랑(스님들이 지고 다니는), 살랑살랑(바람이나 옷감이 가볍게 움직이는), 찰랑찰랑(액체가 가볍게 흔들리는), 사랑(사람을 아끼고 소중히 여기는)…. 그런데 방랑도 유랑도 한 번쯤은 해볼 만하다 싶지만, 아무래도 '쇠고랑(속칭 은팔찌)'만큼은 내남없이 몰랐으면 좋겠다.

영춘화 보러 갈까나

김미자

　머잖아 봄꽃이 앞 다퉈 피어날 거란 뉴스에 어깃장이라도 놓듯 연일 포근하던 날씨가 갑자기 냉랭해졌다. 꽃샘바람 맵싸한 3월 초 오후의 산책길. 뒷골목 자투리 공원 울타리에 앉은 샛노란 꽃이 눈길을 잡아끈다. 봄맞이꽃 영춘화다. 산뜻한 꽃빛에 취하노라니 생각나는 꽃길. 그 봄날의 영춘화 꽃길이다.
　'한국근현대회화100선' 전시회가 열렸던 때니, 어느덧 강산이 한 번 바뀌는 세월이 흘렀다. 그해 3월 초에도 눈이 많이 내리고 추웠다. 날 풀리면 같이 보러가기로 했는데, 어디에서 발이 묶였는지 마냥 더딘 봄을 기다리다 못해 어머니께 전화를 드렸다.
　"곧 끝난다는데, 좀 추워도 이 전시회는 놓칠 수 없지 않겠어요?" 막내며느리의 서브에 번개같이 되날아오는 공. "글쎄, 그렇기는 한데…." 느껴지는 망설임, 하지만 숨은 뜻을 모를 리가. 시원하게 드라이브를 쳐올린다. "내일이나 모레, 어떠세요?" "그래, 생각해보자." 다시 짧은 공, 순간 옆에서 날아오는 견제구. 날이 찬데 또 나갈 궁리냐 하는 눈총이다. 힝, 무가치 훈수, 효력 없음! 어쩜 저리도 자신을 낳고 기르신 분의 마음을 모를까….

초등교원 37년 재직 후 은퇴하신 어머니, 곧바로 미술아카데미에 등록, 수강하며 세계 유수의 미술관들을 탐방하셨다. 학창 시절부터 삼청동, 인사동, 안국동 근처를 나팔바지로 쓸고 다니며 그림 감상을 즐긴 나를 신통하게 여기셨고, 굵직한 전시회마다 같이 가자 하셨다. 20여 년 후 적극적 활동을 멈추고도 고부의 동반 관람은 간간이 이어졌다.

아무리 졸수(卒壽)를 넘긴 연세지만 지난 반세기 화단을 빛냈던 역작들을 한자리에서 볼 기회를 놓칠 수 없었다. 그런데 약속한 날을 이틀 앞두고 폭설이 내렸다. 다음 날 친구를 불러내 현장답사를 했더니, 대한문에서 석조전까지 쌓인 눈이 그대로 얼어붙어 몹시 미끄러웠다. 어머님과 동시대를 산 작가들의 명작들, 당신 생애 중 다시 볼 기회가 없을 것 같아 조바심이 났지만, 다음으로 미룰 수밖에.

지난가을, 전시회가 개최되자마자 달려가 관람했다. 주변에 권하여 동행하다 보니 네 번째 관람이지만 여전히 처음처럼 설렜다. 친구의 표정도 마냥 들떠 있었다. 어머니께도 진즉에 권해드렸지만 지난 몇 달을 해외에 머물다 오셨고, 여독이 풀리기를 기다리느라 더 늦어졌다.

영하 10도의 날씨에도 전시장을 가득 채운 사람들. 서로 눈짓을 주고받으며 소곤거리는 중년들, 그림 앞에 서서 생각에 잠긴 나이 지긋한 분들, 손전화로 정보를 찾아보는 젊은이들. 큐레이터를 따라다니며 "우와, 이야!", 와글와글 신난 아이들까지, 그 열기가 지금도 후끈후끈 다가온다. 언제든 다시 만나고플 작품들 사이를 둥둥 떠다녔다. 보고 또 봐도 좋았다. 친구도 행복했단다.

결국 며칠을 더 흘려보낸 3월 9일, 어머님과 막내 이모님을 모시고 소월길을 달릴 때 내 마음은 휘파람 소리로 가득했고, 남산을 지나다 만난 개나리꽃에 두 분이 환호하실 때는 구름 위를 걷는 기분이었다. 덕수궁 뜰에 핀 진달래꽃 곁에서 사진을 찍은 두 분은 팔짱을 끼고 석조전 계단을 오르셨다. 그 정다운 뒷모습도 카메라에 담았다.

미술 감상을 즐기시는 어머니와 그림 수집가이자 민화 작가이신 이모님, 천천히 둘러보며 고개를 끄덕이기도 하고 말씀도 나누신다. 구본웅, 이중섭, 김환기, 박노수, 변관식, 의재 허백련, 남농 허건의 작품 앞에 한참씩 서 계셨다.

부암동 만둣집에서 점심을 먹고 근처 환기미술관에서 차담을 나누고도 한참 남은 봄볕을 핑계로 북악스카이웨이를 달렸다. 길상사에서 불자인 이모님이 불공을 드리는 동안 어머니와 함께 진영각 가는 언덕길로 들어서는데 돌연 눈이 부셨다. 하하, 낭창낭창 늘어진 가지마다 오롱조롱한 영춘화, 우리를 기다렸다는 듯 환한 웃음으로 반겨주었다. 호사스러운 꽃길을 만나 여유롭게 거니는 어머니의 굽은 등을 바라보다가 또 사진을 찍었다.

수고했다며 이모님께서 사주신 명품 대추차는 알찬 일정에 달착지근한 뒷맛을 얹어주었다. 생각지도 못한 꽃길의 환대를 거저 받으니 더욱 흐뭇하였다. 복 받은 날이라며 기뻐하다가, 문득 더 착하게 살고 싶어졌다.

그 후로도 때때로 성북동 나들이를 즐기시던 어머니, 올겨울 내내 두문불출이셨다. 툭하면 기승을 부리는 미세먼지 탓인지, 작년에 넘어져 다리 수술 받으신 후로 오래 걷기 힘들어진 까닭인지, 100세를 넘긴 연세 때문인지…, 이즈음엔 가고 싶은 곳이 없다고 하신다. 사진 몇 장으로 남은 그 봄날의 소풍을 아름답게 기억하는 건 나뿐인가…. 아무려나, 장식장 속 빛바랜 그날의 사진은 자꾸 꺼내 봐도 좋기만 하다.
 며칠 내로 영춘화가 만발할 텐데 일을 또 저질러 볼까나. 휠체어를 가져갈까, 부축하고 걸을까, 혼자 궁리하며 미소 짓다가 TV 저녁 뉴스에 몰입한 내 편을 슬쩍 쳐다본다. 또 무슨 모사를 꾸미려는지, 짐작할 리 없는 무심한 옆얼굴을.

영혼이 있는 나무

허열웅

　나무가 보여주는 세상은 거룩하고 들려주는 이야기는 신성하다. 한 그루 나무는 작은 우주다. 우리 민족에게는 예부터 아들이 태어나면 소나무를 심고, 딸이 태어나면 오동나무를 심는 전통이 이어져 왔다. 나무는 봄이면 초록이 되고, 여름엔 매미나 새들의 합창 무대가 되며, 가을이면 조용히 단풍 들고, 겨울엔 떨어진 낙엽으로 세상을 포근히 감싼다.

　나무는 산을 아름답게 만들고 산은 사람의 마음을 넉넉하고 여유 있게 하며 건강을 위해서도 헌신한다. 소나무, 참나무, 단풍나무, 오동나무 등은 살아서는 세상을 촉촉하고 푸르게 만들지만 죽어서야 그 빛을 더욱 발산하기도 한다. 집이 되고, 책상이 되고, 지팡이가 될 뿐만 아니라 목관악기가 되어 거문고나 플루트로 맑고 황홀한 선율을 선사한다. 성서에 따르면 노아의 방주도 전나무로 만들었다고 한다.

　나무는 한 개의 줄기가 높게 자라 위쪽에서 많은 가지를 치는 교목(喬木)인 소나무 은행나무, 참나무, 전나무, 밤나무 등이 있고, 줄기가 높게 자라지 않고 땅 표면으로부터 여러 갈래로 갈라지는 개나리, 회양목 같은 관목(灌木)이 있다. 밤나무나 플라타너스처럼 잎이 넓은 활엽수와 소나무와 잣나무같이 잎이 바늘 모양으로 생긴 침엽수가 있다.

우주 간의 모든 현상을 의미하는 삼라만상(森羅萬象)도 나무에서 나왔다고 볼 수 있다. 수풀임(林)자에 나무 목(木)자를 추가한 것이 삼(森)자이니 말이다. 나무는 성스럽고 거룩하여 모든 사람들의 표본인 것 같다. 나무에 귀 기울이고 이야기를 나눌 줄 아는 사람은 진실을 체험할 수 있다. 나무들은 삶의 근원적인 법칙을 알려주기에 석가모니는 보리수 아래서 선정을 닦아 깨달음을 얻었고, 예수는 죽은 나무를 다루는 목수였으며 나무 십자가 위에서 최후를 마쳤다.

나무는 성장을 할 때 스스로 자기를 조절한다고 한다. 한쪽 가지가 덜 자라면 다른 한쪽을 위해 성장을 늦춰, 서로를 바라보며 균형 있게 성장한다는 것이다. 때에 따라 전지(剪枝)를 당하면 그에 순종해, 또 다른 가지를 다양하게 생산하고 알맞게 커 나간다고 한다. 참으로 아름다운 창조의 질서요 성장의 흐름이기에 철학을 지닌 생명체라고 볼 수 있다.

각종 식물들은 세균이나 해충으로부터 자신을 보호하기 위해 스스로 '천연 항생 물질'인 피톤치드를 분비하여 사람들에게 다양한 효능을 준다. 면역력이 약한 어린이나 노인들에게 피부와 호흡기를 좋게 한다. 뿐만 아니라 스트레스를 받는 성인들에게 기억력과 집중력을 증가시켜주고 심신의 안정을 가져다준다는 사실이 밝혀졌다. 특히 편백나무는 다른 나무에 비해 5배가 넘는 피톤치드를 뿜어낸다고 한다.

나는 책을 읽거나 글을 쓰다가 피로하거나 하루의 일상이 지루한 날은 가까운 효창공원의 숲속을 거닌다. 크고 작은 나무들에게 귀를 기울이고 있으면 많은 이야기를 들을 수 있다. 조용히 하라! 조용히 하라! 침묵을 알려주고, 사방팔방으로 뻗은 가지들은 새들의 영토를 넓혀주고 둥지를 틀게 만들게 하여 삶의 지혜를 가르쳐준다. 또한 우듬지에 매달린 잎사귀는 바람과 소통하는 방법을 알려준다.

『감옥으로부터 사색』과『처음처럼』이란 에세이집을 출간하여 화제를 모았던 신영복 교수는「나무야, 나무야」라는 산문집에서 소나무를 고절(高節)을 상징으로 다음과 같이 표현했다. "소나무는 우리의 삶과 가장 가까운 자리에서 우리와 함께 풍상을 겪어온 혈육 같은 나무다. 사람이 태어나면 금줄에 솔가지를 꽂아 부정을 물리고, 사람이 죽으면 소나무 관 속에 누워 묻히는 것이 우리의 일생이며 그 무덤 속의 한을 달래주는 것이 바로 은은한 솔바람이다."라고 했다.

나무에 관한 50여 편의 수필을 쓴 정목일 교수는 '나무는 기록자이다. 1년이면 한 줄씩 삶의 전 과정을 집약시켜 목리문(木理紋)을 남긴다. 목리문은 삶의 발견과 깨달음을 피워놓은 꽃이다'라며 나무에게 길을 물었다. 브라질 소설가 J, M 바스콘셀로는『나의 라임오렌지 나무』에서 다섯 살짜리 어린이가 나무와 대화를 하면서 성장하는 모습을 그려 많은 독자에게 감명을 안겨주었다.

나무는 스승이다. 나무로 닭의 형상을 만들어 교만함을 경계하고 자신의 감정을 통제할 줄 알도록 한『목계지덕(木鷄之德)』의 내용은 장자(莊子)의 철학이다. 삼상그룹의 이병철회장이 아들 이건희에게 전해주어 경영지침으로 삼았다. 뜨거운 사랑으로 연리목(連理木)이 되어 서로 의지하기도 한다. 구불구불한 길에 들꽃이 많이 피고, 별도 많이 뜨듯이 구부러지고 못난 나무가 산을 끝까지 지킨다고 한다.

아파트 거실에 앉아 베란다에서 자라고 있는 꽃과 나무들을 바라본다. 눈깔사탕처럼 꽃망울 부풀어 오른 동백, 분홍 꽃을 계속 피어올리고 있는 부겐베리아, 공기를 맑게 해준다고 해서 사다놓은 벤자민과 행운목이다. 한쪽에서는 베고니아와 수선화가 활짝 피어 봄을 집안으로 끌어들인다. 나무와 꽃들은 본래의 형상을 완성해 나가면서 스스로를 표현하는 모습을 느낄 수 있다.

바짝 귀를 기울이니 호흡은 길고 고요하다. 나무는 자기 자신 외에 다른 무엇이 되려고 하지 않으며 긴 생각을 지니고 우리보다 현명하고 오래 사는 것 같다. 나라에 세금도 내고 학생들에게 장학금도 주는 나무도 있다. 경북 예천에 있는 석송령(石松靈)인데 천연기념물로 지정되어 있다.

2천년 이상 살고 있는 나무는 울릉도의 향나무와 경기 구리시의 은행나무 등이 있다. 한 그루 나무처럼 살다가 목숨이 다하는 날, 살과 뼈를 태우면 한 줌의 재가 될 것이다. 나무뿌리 옆에 뿌려지는 수목장(樹木葬)을 부탁하여 내 영혼이, 새들이 둥지를 틀 수 있는 가지가 되고 초식동물이 좋아하는 잎이 되고 싶다.

은산마을이 준 선물

정윤수

  나무는 그 자리에 있을 뿐인데 사람들은 나무에게 느낌을 받고 가르침을 받는다. 그리곤 그 나무를 닮고 싶어 하고 그 나무처럼 나이테를 그어 가고 싶어 한다.
  고향 역시 언제나 그 자리에 있다. 그 품에서 태어나 자랐어도 이런저런 이유와 사연을 갖고 고향을 떠난 사람도 고향에 내 뿌리가 있다는 것에 늘 그리움을 품고 산다. 단지 그곳에서 태어났다는 이유만으로도 그리움의 대상이 되는 곳이 고향이지만 대부분 그만큼 고향은 사람의 삶에서 단순한 지리적 위치를 넘어서, 정서적, 사회적, 문화적 의미를 지닌 복합적인 개념으로 작용 된다.
  시간이 흐르고, 모든 것은 변해도 마음속에 자리한 고향은 여전히 안식처이자 영원한 뿌리다. 먼 낯선 도시의 불빛 아래에서도 고향을 생각하는 기억의 조각들이 무거운 인생을 털어내고 다시 일어설 수 있게 힘을 준다. 그 때문일까. 이제 다른 기억은 희미해지건만 고향에 대한 추억은 세월에 또렷하게 새겨져 있다.
  내 고향은 원래 심심산골로서 1960년대 초까지도 해가 지면 석유 초롱불로 어둠을 밝히고, 아궁이에 나무를 태워 온돌을 데우면서 밥을 지었다. 은산마을의 생성연원은 나의 17대 조부가 인근 용인현령(龍仁縣令)에 재임 중 난세(亂世)를 맞자, 벼슬을 버리고 지금의 은산마을에 정착하여 은거한 것이 토대가 되었다. 은산마을은 경기도 평택시 변두리의 농촌이다. 광복 전후까지도 200여 세대가 집성촌(集姓村)을 이루고 있었다.

마을 사람이 모두가 친척이라 세대마다 고유한 택호가 있었으니 우리 집 택호는 양촌댁(陽村宅)이었다. 나의 할머님 친정이 경기도 안성시 서운면 양촌리라서 유래되었다. 그동안 많은 친척이 직장 찾아 외지로 떠나고 타성(他姓)들이 외지에서 들어와 고향 정서가 예전 같지 않다. 마을 주차장 서쪽 언덕에는 19대 선조님의 위패를 모신 문헌사(文憲祠)와 18대 선조님의 희절사(僖節祠) 그리고, '삼봉 기념관' 및 '문학관' 시설들이 마을 전체를 굽어보고 있다.

마을 동남쪽엔 천덕산(天德山)과 화개산(華蓋山)이 우뚝 솟아 있다. 천덕산은 1919년 만세운동 당시 일경들에 추격당할 때, 그 산 주변 일대가 안개로 뒤덮여 피신할 수 있었기에 하늘의 덕을 입어 '천덕산'이라 이름 지었다는 것이다. 마을 앞산인 '화개산'은 청룡(青龍)이 승천하려고 웅크리고 있는 형상이라 전한다. 이제부터 동막골에 모신 8대 조부의 성묘(省墓)에 나선다.

언덕길을 넘어 비탈길을 내려가사, 실개천이 나타나고 맑은 물이 졸졸 소리를 내며 흐른다. 어릴 적 장마철이면 메기, 붕어 등이 나타나서 동심을 사로잡는다. 또래의 친구들과 고기를 잡겠다고 자그마한 그물과 물통을 들고 이리저리 첨벙대던 철부지들의 모습이 눈에 선하다. 개울을 건너 소로(小路)길에 접어들자 이름 모를 야생화들이 아침

이슬에 함초롬하고 풀잎에 맺힌 이슬이 너무나 아롱지다.

어데 그뿐이랴! 앙증맞은 개구리 한 쌍이 등에 업혀 껑충껑충 제 갈 길 찾아 내달린다. 하늘만 빠꼼히 보이는 산골짝을 걷다 보니 오른쪽 작은 산골짜기에서 옛날에 은(銀)을 채굴하였다는 '은정골'이 닥친다. 이렇다 할 기록이 없으니 언제 누가 어느 규모만큼 '은'을 채굴하였는지 알 수 없어 아쉽다. 그 은광이 유래되어 고향마을 이름을 은산리(銀山里)라고 이름 지었다고 전한다.

약 40년간 근무했던 직장에서 정년퇴임 할 적에 식장에 현수막을 걸어야 되는데, 아호(雅號)가 무어냐고 묻길래 고향 이름을 따서 '아호'를 '은산'이라 이름 지었다. 조금 더 걷다가 보니 오른쪽 산골짜기에 '숫돌곶이'가 나타난다. 지난 시절 농촌 생활에서 없어서는 안 될 낫과 도끼 그리고 주방용 식칼 등을 예리하게 날을 세우는데 '숫돌'이 절대 필요했다.

이제는 기계 산업이 발달되어 낫과 도끼의 용도가 거의 없어지고, 신소재가 개발되어 '식칼'의 이용도 변화되었으니, 숫돌이 이제는 골동품 상태이다. 길모퉁이엔 험상궂은 찔레나무가 눈에 띈다. 고향과 찔레는 상징적이기에, 노래 가사에도 등장한다. 찔레꽃이 필 무렵에 제 새끼도 키우기 싫어 남의 둥지에 몰래 알을 낳는 파렴치한 뻐꾹새가 방정맞게 짖어대면 올여름은 몹시 가물겠다고 한숨짓던 촌로(村老)들의 모습이 떠오른다.

걷는 길 양쪽엔 숲이 우거져 긴 호흡으로 고향 내음을 마시면서 마침내 8대조 묘소에 이르렀다. 묘소 주변 잔디밭 군데군데엔 이름 모를 잡초들의 꽃망울이 나를 보자 뽑혀 버릴까 봐 두려워 고개를 떨구는 듯했다.

 그중에도 유난히 눈에 띄는 '할미꽃'은 꽃대가 솟아나기 무섭게 고개를 숙이는 모습을 보고 옛날 사람들은 할미꽃에 얽힌 서글픈 설화를 지어내어 전해오고 있다. 8대조 묘소에 그동안 묘비(墓碑)가 없었는데 후손들이 공론하여 2003년도에 묘비와 '장명등'을 세우게 되었다. 당시 종친들의 의견에 따라 비문(碑文)을 내가 쓰게 되었다. 그 묘비를 어루만지고 있으려니 감회가 깊어진다. 자주 찾아뵙지 못해 죄송스럽다는 마음으로 '묘소'에 재배(再拜)를 한 다음, 잔디밭에 앉아 고향에서의 어린 시절을 회상해 본다.
 유년 시절 나는 무척이나 철부지로 개구쟁이였다. 해야 될 공부와는 담을 쌓고, 온갖 아동 놀이에만 열중했다. 하지만 우리 부모님은 내가 공부는 하지 않고 장난치는 데만 세월을 보내도 야단치는 일이 없으셨다. 가끔 날 더러 "다리 밑에서 주워온 녀석이라 공부하기를 싫어하는 것이냐?"고 놀리시기만 했다. 아! 그래서 내가 공부를 안 하고 딴짓만 해도 내버려 두시는 건가? 그렇다면 나를 다리 밑에 버린 진짜 엄마 아빠는 어떤 사람인지 막연히 궁금해졌다. 학업성적이 나쁘다고 담임선생에게 꾸지람도 들었지만 개의치 않았다. 하지만 용케도 낙제생은 면하고 4학년에 진급하였다.
 그해 여름방학이 되자 초등학교 선배가 중학생이 된 모습으로 고향 마을에 나타났다. 그런데 이게 웬일인가! 그 선배를 보자 내 가슴이 쿵쾅쿵쾅 뛰고 있었다. 선배의 늠름한 모습이 너무나 부러웠다. 나도 저 선배처럼 되려면 열심히 공부를 해야 된다는 것을 비로소 깨닫게 되었다. 이웃집에 공부 잘하는 정병국이라는 조카 녀석과 토론을 해

가며 밤낮 가리지 않고 학업에 열중하였다. 어머니 아버지는 저 녀석이 웬일로 저렇게 달라졌는지 신기하다는 눈으로 나를 대하였다.

  6학년이 되면서 중학교에 진학할 선발시험을 치르게 되었다. 그 무렵 어느 날이었다. "엄마 나 중학교에 가고 싶은데 보내줄 거야?" 이에 어머니는 "너 중학교에 가고 싶은 게로구나, 암 보내줘야지." "나를 다리 밑에서 주워 왔다면서 그래도 보내줘?" 이윽고 어머니가 나를 덥석 껴안으면서 하시는 말씀이 "너를 다리 밑에서 주워온 게 아니다. 엄마가 마흔 살이 넘어 늦둥이로 너를 낳았는데, 엄마 젖이 안 나와 너를 안고 마을 안 아기엄마들을 찾아다니면서 어렵게 젖을 얻어 먹였구나, 그래서인지 네가 갓난아기 때부터 너무나 병약해서 사람 노릇 못할 것 같았다. 공부는 나중이고 우선 건강하게만 자라기를 하느님께 빌고 있었다. 이제는 네가 건강해지고 공부도 열심히 하겠다니 엄마는 얼마나 기쁜지 모르겠구나." 하시면서 흐느끼시는 뜨거운 모정(母情)의 눈물이 내 얼굴에 흘렀다. '아, 이게 얼마 만에 진짜 내 엄마 품속으로 안겨 보는 것인가!' 엄마의 품속이 너무나 따뜻하고 포근했다. 다리 밑에서 주워 왔다기에 낯설기만 하였던 진짜 엄마의 품에서 어린 마음에 참을 수 없이 복받치는 울음이 계속되었다.

  기쁨과 서러움의 눈물이었다. "고맙다 아들아." "엄마, 고마워. 나는 엄마가 나를 진짜 다리 밑에서 주워온 줄 알았지!" 오랜만에 아들과 엄마와의 정감이 넘쳐흐르는 순간이었다.

  그 후 나름대로 최선을 다하여 '서울사범병설 중학교(전 서울사범학교 예과)'에 입학하게 되었다. 중학생이 된 후 방학 때면 고향에 내려가 한학자(漢學者)이신 친척 형님에게 글을 배웠다. 한학(漢學)은 글자의 용어 풀이와 함께 성현(聖賢)들의 언행에서 인성(人性)교육을 배우게 된다.

나에게 '한학'을 가르치신 학자님은 일제강점기 '단발령'에도 굴복치 않으시고, '창씨개명'에도 우리 고유의 성(姓)을 바꾸지 않은 지조 높으신 선비이었다. 경제적 여유가 있으셨건만 노령(老齡)에 이르기까지 힘든 농사일에 열중하셨던 그분을 지금도 존경한다. 덕망 높으신 참 스승의 유학적 생활철학을 듣고 보며 배운 것이 내 인생에 훌륭한 길잡이가 되었다. 그 스승님의 인생철학을 사랑하는 내 제자들도 본받도록 대학 강단에서 가르쳤다.

내 어린 시절엔 소 마차가 겨우 다닐 수 있던 마을 앞길에, 경부고속도로가 개설되어, 수많은 각종 차량들이 밤낮으로 괴성을 지르며 내달리니 격세지감이다. 마을 주변에 초등학교가 생겨 어린이들 뛰노는 모습이 그림처럼 펼쳐진다. 봄이면 살구꽃·산수유·진달래꽃·벚꽃·목련화 등으로 꽃 대궐을 이루고, 이어서 아카시아꽃과 밤꽃 등의 벌꿀 내음이 풍성하다. 여름이면 우거진 숲에서 인체에 유익한 '피톤치드'가 발산되어 좋다. 가을이면 오색 단풍이 아롱지고, 겨울이면 함박눈이 펑펑 내려 마음 풍요로운 설경을 보게 된다.

내가 태어나 어린 시절을 보냈던 초가 터엔 큼직한 양옥집이 지어졌고, 마당 주변으로 소박한 음식짐이 차려졌다. 가끔 꿈속에 나타나는 내 모습은 여전히 어릴 적 철부지 개구쟁이의 모습 그대로이다. 즐겁기만 하였던 어린 시절 은산마을의 향수와 추억을 어찌 잊으랴! 그 추억으로 버겁던 삶들을 이겨낼 수 있었으니, 이것이 평생 받고도 다 갚지 못할 고향에서 받은 선물이 아닐까 싶다.

하느님 거기 계시나요?

김희구자

"안녕, 너는 가슴 설레게 하는 사랑 꽃이야. 너를 보는 순간 나도 꽃이다." 얼마나 청신한 나의 새벽인가!

새벽 다섯 시 삼십 분 성당미사를 가는 길목이다. 어스름한 불빛 아래 길게 무리 지어 핀 구절초, 어둠 속에 하얗게 도드라져 보인다. 흙과 백의 조화다. 순결하고 우아한 자태로 핀 희디흰 너를 보며 걸음을 멈추고, 소리 없이 웃는다. 미사를 드리고 나오면 아침 햇살 속에 하얀빛 뿜고 하늘거리는 꽃자리에 다시 선다. 네게 빠져들어 물아일체(物我一體)의 감동이다. 이 순간은 그 무엇과도 바꿀 수 없다. 매일 새벽 너를 보면서 반짝이는 삶의 기쁨에 내가 살아 있다는 걸 깊이 느낀다. 매번 사랑스러운 느낌으로 나를 사로잡은 이 순수한 감성, 몰입 이게 뭐지? "하느님 거기 계시나요?" 아~ 기쁨은 영혼의 떨림으로 오는가! 아마도 하늘 아래 모든 아름다운 것들을 바라보고 가슴 설레는 기쁨은 자연의 신께 드리는 찬미기도임을 깨달아간다.

신문 한 면 전체가 솔숲 구절초 사진이다. 정읍시 산내면 매죽리 구절초정원을 보는 순간 꾹꾹 눌러 앉혔던 역마살이 기지개를 켠다. 안개 자욱한 솔숲 아래 윤슬처럼 반짝이는 구절초 군락을 상상하며 맑은 샘물 같은 기쁨을 퍼 올리고 싶어 여행 계획을 세운다. 지금 가슴이 원할 때 가자. 구절초가 마음 꽃으로 자리 잡았다. 그 싱그러운 생기를 찾아 먼 길, 작은 꿈을 배낭에 담아 메고 정읍행 우등버스를 탔다. 차창 넘어 보이는 산 너울과 야트막한 산 아래 옹기종기 마을이 평화롭다. 넓은 들녘은 황금물결이다. 논둑에 가을 정취로 이끄는 하얀 억새꽃, 은발의 한바탕 바람 춤에 여행을 보상받는 느낌이다. "그래 오늘 잘 떠났다. 잘했어."

기대 속에 정읍 터미널에 내렸다. '산내면'으로 가는 버스 편을 알아봤다. 버스가 하루에 한 번 운행되는지 감감무소식이다. 하루 일정의 여행은 시간을 효율적으로 써야 하는 데 난감했다. 편도가 삼만 원인 택시를 탔다. 오후 다섯 시까지 차를 대기하기로 예약했다. 서울에서 정읍까지 왕복 우등버스 요금보다 비용이 더 든다. 배꼽이 배보다 더 크다는 말이 딱 맞는 실상이다. 그래도 '바로 지금'이 선택은 잘한 것 같다. 여행은 '가슴 떨릴 때 떠나라, 다리 떨리면 못 간다'라는 말이 있다. 앞으로 몇 년이나 가고 싶을 때 훌쩍 떠날 수 있을지 알 수 없다. 아직은 가고 싶은 곳 찾아가 즐기며 산다. 건강과 풍부한 감성 가장 좋은 것을 주신 하느님께 감사드린다.

삼십 분쯤 달려 넓은 주차장에 내렸다. 개천에 놓인 커다란 직사각형 돌들로 이어진 돌다리를 히니히니 밟고 긴너는 재미도 있다. 맑은 공기, 돌돌 흐르는 물소리에 기분 좋다. 추정호 상류인 추령천이 휘감아 도는 야트막한 소나무 동산이 온통 구절초정원으로 꾸며졌다. "와~ 예쁘다." 숨을 헐떡이며 전망대에 올랐다.

구절초 보러 먼 길 왔으니 멋진 꽃길 따라 꽃 사랑에 잠겨보자. 청명한 가을날 깨끗한 공기로 심호흡하며 구절초 향기에 힐링의 호사를 누린다. 숲속에 클래식 음악이 잔잔히 흐른다. 걷다가 쉬고 싶으면 벤치에 앉는다. 사방 어디를 봐도 소나무와 구절초다. 그 풋풋함이 마치 초록 저고리에 열두 폭 하얀 치마의 꽃 각시를 연상케 한다. 솔바람 속 구절초 향기로 휘감고, 눈을 감는다. "그래 혼자 하는 여행은 바로 이 맛이지!"

구절초는 한국, 일본, 중국, 시베리아 등지에 분포하며 들국화, 고봉, 섬모 초 등으로도 불린다. 음력 9월 9일에 채취하면 약성이 가장 높다. 는 의미에서 구절초라 유래되었다. 구절초는 9~10월에 개화하여 흰색, 분홍색, 빨간색, 노란색, 주황색 등이 있다. 구절초 효능은 부인병 치료, 복통, 만성 장염 등에 효과가 있다고 전한다. 구절초 꽃말은 어머니 사랑, 순수, 우아한 자태로 전해진다.

구절초는 삼, 사월에 싹을 낸다. 몇 가지 줄기와 진초록 잎을 달고, 한 뼘만큼 자라 칠, 팔월의 불볕더위를 이겨낸다. 긴 기다림의 시간 지나 찬 서리 맞으며 꽃의 절정을 향해 한 자리에서 묵묵히 인고의 세월을 고스란히 살아냈다. 너는 어찌하여 국화도 아닌 것이 오상고절(傲霜高節) 속에 피었는가! 백화가 다투어 피고, 지고 난 뒤 핀 구절초, 허공 향해 하얀 웃음 한바탕 웃고, 이젠 한 생을 마감하는 시기다. 메말라 시들고 퇴색되어, 서둘러 가는 가을 따라갈 채비를 하는구나. 어찌 너뿐이겠는가! 나도 그 길을 바라보며 걷고 있다.

"구절초야 고맙다. 너를 보며 처음으로 하얀 행복을 느꼈다. 빛 부신 사랑의 기쁨으로 영혼을 채웠던 순간의 감동을 어떻게 표현할까?" 그 명징한 기쁨을 고요한 성당 십자가 고상 앞에 앉아 침묵의 감사기도를 드린다.

 돌아보니 긴 인생 순례길 고비마다 결핍 속에 시린 영혼은 눈물로 범벅이 된 채 "하느님은 어디에 계시는 거야?" 반항심도 가졌지만, 돌아보면 내 인생의 모퉁이길에서 언제나 지켜보고 계셨다는 걸 느낀다. 살아가는 건 상대적인 느낌일 때가 많다. 행복도 관계 속에서 서로 알아보고 마음으로 가꿔가는 것임을 살면서 깨닫는다. 하느님은 꽃 속에도 나의 내면에도 함께 계심을 이제는 안다. 대상을 진정으로 사랑할 때만 하느님도 함께 웃으실 것이다. 내 삶의 순간에도 많은 표징으로 사인(sign)을 보내셨을 것이다. 내가 알아차리지 못하고 그냥 지나쳤을 뿐이다. 신이 만든 아름다운 자연 속에서 기쁨이 차오르면, "하느님 거기 계시지요!" 똑똑 노크해야지. 하느님은 무슨 대답을 들려주실까? 설레는 새벽길이다.

2.
낯선 휴식

딸기고추장

윤임덕

 만두를 사러 가는 중이었다. 걸어서 3분 정도 걸리는 거리에 만두 가게가 있는데, 그 짧은 길을 가면서 엉뚱한 유혹에 빠졌다. 인도에 가깝게 세워진 승합차에서 큰 소리로 고추장을 공짜로 줄 테니 빨리 와서 줄을 서라는 방송을 하는 것이다. 주변에서 걷고 있던 많은 사람이 갑자기 승합차 쪽으로 우르르 몰려들 간다. 그냥 평화롭게 길을 가고 있었는데 불현듯 '저들과 같이 달려가서 고추장을 받아야겠다.'라는 욕심과 '아니야! 가려고 했던 대로 만두를 사러 가. 어머님 점심을 차려 드려야지'라는 현실이 머릿속에서 서로 자기 말을 들으라고 충동질한다. '만두는 고추장을 받은 후 사러 가도 된다.'라며 욕심이 중심을 잡지 못하는 마음에 불을 질렀다.
 결국 승합차 앞으로 달려가 줄을 섰다. 나중에 온 사람들이 앞줄에 선 사람들을 밀치고 끼어들려고 한바탕 소란이 일었다. 고추장을 준다는 이들은 "제대로 줄을 서지 않으면 고추장을 주지 않겠다."라며 으름장을 놓는다. 고추장을 받고자 줄을 선 사람들 대부분이 80세는 넘어 보이는 어르신들인데 할아버지들도 여럿 섞여 있다. 약간 뻘쭘하다는 생각이 들었지만 '고추장 1kg들이 한 통을 사려고 해도 1만원이 넘는데⋯.'라는 생각이 들어 꾹 참고 서 있었다. 그런데 옆 골목의 끝에서 젊은 남자가 자기가 고추장을 주는 사람이니 자기를 따라 오라고 소리를 크게 지르며 손을 흔든다. 줄을 서 있던 사람들이 "그럼, 왜 여기다 줄을 세웠느냐? 어른들을 놀리느냐?"며 불만을 토로하면서도 재빨리 젊은 남자를 향해 쫓아간다. '저들과 함께 가지 말고 만두를 사러 갈까?' 하는 생각이 얼핏 들었지만 그냥 사람들 틈에 끼어 삐질삐질 따라갔다.

꼭 붕어빵을 파는 포장마차 같아 보이는 천막 속으로 안내되었다. 자기를 따라오라던 젊은 남자가 검은색 비닐봉지를 하나씩 나누어 줬다. 봉투를 벌리고 있으면 고추장을 담아 준단다. 시키는 대로 봉투 입구를 벌리고 기다렸다. 가까이에서 보니 젊은 남자가 인물이 꽤 잘 생겼다. 거기다 말도 잘한다. "고추장의 고향 순창에서 왔는데 이번에 딸기로 고추장을 만들었다. 4월부터 시중에 판매 예정이라 홍보차 나왔으니 딸기 고추장을 받아 가서 드셔보고 홍보를 많이 해 달라."라고 부탁을 한다. 그리고 탁자 위에 여기저기 올려져 있는 상자들 중 하나를 골라 뚜껑을 연다. 고추장을 주겠거니 생각했는데, 상자 속에서 난데없이 플라스틱으로 만든 연두색 주걱을 꺼낸다. 순창에서 나는 옥(玉) 가루를 입혀 만든 주걱인데 건강에 좋다고 하며 검정 봉투 속으로 주걱을 하나씩 넣어준다. '주걱은 필요 없는데!' 하면서도 주는 대로 가만히 있었다.

고추장을 주면 얼른 받아 들고 가리라 생각했는데 그 후로도 고추장은 주지 않고 대신 쌀로 만들었다는 비누와 한 주먹 정도 되는 양의 귀리, 금산 홍삼으로 만든 마스크팩 등 전라북도에서 만들었다는 물건들이 장황한 설명과 함께 검정 봉투에 담겨졌다. 물건을 하나씩 꺼내 줄 때마다 젊은 남자가 한참을 떠들어대므로 시간이 너무 많이 지나 '이젠 그만 가야지.'라는 생각이 자꾸 들었는데 다른 한편으론 '이왕 늦었으니 고추장은 받아 가자.'라는 생각이 발걸음을 옮기지 못하게 했다.

이제 탁자 위에 쌓여있던 상자는 모두 비워졌고 단 하나 정말 고추장이 담긴 박스만 남아 포장을 푸는 중인데 갑자기 전화벨이 울렸다. 남편이 "무얼 하느라고 여태 오지 않느냐?"며 큰 소리로 다그친다. 곁에 사람들이 많아 "조금 있다 갈게."라고 속삭이는 소리로 답을 하고 얼른 전화를 끊었다. 그런데 잠시 후에 다시 남편에게서 전화가 왔다. "만두 가게 앞인데 어디 있냐?"며 소리를 지른다. 깜짝 놀라 고추장도 마다하고 그곳으로 뛰어갔다. 만두 가게 앞에 서 있는 남편의 인상이 험상궂다. "무슨 일이 벌어진 거냐?"며 남편이 고함을 지른다. 그때사 작은 고추장 하나 얻으려고 한 나의 행동이 민망스러워 미처 대답을 못하고 우물쭈물 대다 남편의 서슬에 할 수 없이 고추장을 받으러 갔다고 이실직고했다. 남편은 전화를 했는데 기어드는 목소리로 이상하게 전화를 받고, 주변에선 웅성대는 소리가 들려 누구랑 시비가 붙어 싸움을 하고 있는 줄 알았단다. 그래서 신발도 제대로 신지 못하고 현관문도 열어둔 채 뛰어나왔는데 만두 가게에도 없길래 정말 큰일이 생긴 줄 알고 가슴이 철렁했다고 한다.

남편은 잡동사니가 들어있는 검은색 봉투 속을 들여다보고 어이없어했다. 봉투 속에 들어있는 물건들이 우리 집에 꼭 필요한 것들이냐며 큰소리를 친다. 딱히 그런 것은 아닌 까닭에 할 말이 없다. 소득도 없이 소중한 시간을 소비한 것에 대한 후회와 뻘 짓을 저지른 것에 대한 무안함으로 얼굴이 화끈거리는데 남편은 나이가 들면 욕심을 버려야지, 로 시작해 우리가 고추장을 사 먹을 돈이 없느냐? 그렇게 할 일이 없느냐? 등등 한참 동안 잔소리를 늘어놓는다. 남편의 잔소리를 들으며 노욕이라고 욕을 들을 만한 짓을 했구나, 반성도 했다. 그런데 그냥 갈까 말까를 수없이 망설이며 고추장을 받기 위해 끝까지 기다렸는데 고추장은 받지도 못하고, 큰 죄나 지은 듯 야단만 맞고 있는 것에 부아가 치밀어 남편에게 큰소리로 말대꾸를 했다.

"딸기로 만든 고추장이라잖아."

침(針)의 효능

김영구

　어느 날 잠에서 깨어 일어나는데 왼쪽 다리가 무겁고 아려온다. 팔십 평생 매일 해오던 일인데 오늘따라 일어나기가 쉽지 않다. 전날 넘어진 일도 없고 삔 일도 없고 부딪친 일도 없는데 겨우 일어나서 화장실을 가려니 통증 때문에 걷지를 못하겠다. 집에서 더운물로 찜질도 하고 종아리 마사지도 해 보건만 통증이 멈추지를 않는다.
　웬만큼 아파서는 병원에 가지 않고 진통제도 복용을 안 한다. 몸 안에는 신체 기능 회복의 능력이 있음을 굳게 믿고 있기 때문이리라. 이렇게 집에서 여러 가지 방법을 동원해 혼자 치료를 한 지도 10일이 지났다. 그러나 통증이 멎지를 않고 계속 아프다. 아내는 고집부리지 말고, 병원에 가자고 하지만 계속 버틴다.
　2주일이 지나면서 통증이 더 심해졌다. 은근히 겁이 났다. 이러다가 병을 더 키우는 게 아닌가 하는 생각이 드니 조바심이 나서 빨리 한의원에 가자고 했다. 한의원에 가서 침도 맞고, 뜸도 뜨고, 물리치료도 받으면서 1시간 정도 지나 다리 상태를 확인해 보니 별 차도가 없었다. 집에 와서 더운물에 찜질도 하고 종아리 마사지도 해보지만 별 효과가 없었다.

매일 아침 만 보씩 걸으며 다리 운동도 하고, 허리 돌리기며 평행봉에서 가슴 운동도 하며 2시간 정도 운동하던 것도 못 하고, 가끔 친구나 지인들과 만나서 당구 치고 식사하고 차 마시던 생활을 못 하니 참으로 답답하고 사는 재미가 없어졌다. 이럴 때 허준 선생한테 침 한 방 맞으면 금방 아픔이 멈출 것 같은 생각이 들었다.

전설로 남은 대한민국 최고의 침술사 구당 김남수. 지금도 대한민국 곳곳에는 그의 침술을 이어받아 아무런 대가 없이 봉사활동을 펼치는 제자들이 곳곳에 포진해 있다고 하는데, 그중에 한 명 신현호 침술사가 있음이 생각이 났다. 그는 사막에서 정글까지라는 책도 출판하여 많은 호평을 받고 있는 작가이며 문학생활 회원이기도 하다.

신 침술사한테 침 한 방 맞으면 아픈 통증이 당장 사라질 것만 같은 생각이 들었다. 급한 마음에 전화했더니 연결이 잘 안되었다. 그동안 별로 왕래를 잘 안 하다 보니 내 휴대폰 번호가 모르는 번호로 인식되어 전화도 안 받고 회신도 없었다. 몇 번 하다 문자로 누구임을 밝히고 통화 해줄 것을 알렸다.

3일 만에 회신 전화가 와서 안부 인사를 나누고 점심 식사하자고 제의하면서 언제 시간이 되는지 물어보고 올 때 침통도 가지고 오라고 했더니 어디가 불편한지 물어서 왼쪽 다리가 시큰거리고 통증이 있다는 귀띔을 하면서 어렵게 약속 날짜를 잡았다.

일주일 후 11시경 약속 날짜를 잡고 진맥을 받았다. 노인성 질환으로 혈관에 혈전이 생겨 신경을 건드려서 통증을 유발해 찌릿찌릿하고 아픈 거라고 진맥 결과를 알려 주었다. 3센티미터 침 3개로 무릎 위 3곳에 침을 놓고 30분 정도 있다가 침을 뺐다. 일어나서 걸어 보라고 하였다.

한 걸음 한 걸음 걸어 보았더니 약간 시큰거리기는 했지만, 통증은 거의 없었다. 계속 이리저리 걸어 보았지만 그렇게 아프던 통증이 80 퍼센트 정도는 없어졌다. 30분 전까지만 해도 통증이 심해서 제대로 걷지를 못했는데 침 3방에 아픈 통증이 거의 사라졌다는 것이 신기할 따름이었다. 이런 체험은 팔십 평생 처음 있는 일이었다. 침술로서 사람의 병을 고칠 수 있다는 것이 실감이 났다.

통증은 거의 사라졌지만 약간 시큰거리는 느낌이 있다고 해서 일주일 후 한 번 더 침을 맞았다. 이번에는 뜸도 뜨고 두 곳에 침을 놓아 한 시간 정도 있다가 침을 뺏다. 일어나서 걸어보니 시큰거리던 통증도, 찌릿찌릿하던 느낌도 모두 사라졌다. 완전하게 치료가 된 것 같았다. 침과 뜸의 효능을 직접 체험하고 나니 너무도 감사하고 신기했다.

내 주위에 이런 신통한 침술사가 있다는 것이 너무 마음 든든했다. 이렇게 훌륭한 기술을 가지고 보다 많은 사람에게 혜택을 주면 얼마나 좋을까 하는 생각도 해 본다.

우리나라 침술사는 한의대를 졸업한 학생들에게 침구사의 자격을 인정해 준다. 아무리 실력이 뛰어나고 훌륭한 스승 밑에서 침술을 배웠다 해도 국가에서 인정해 준 기관이 아니면 침술사로서의 자격증을 취득할 수 없기에 무면허로 침술 행위를 할 수가 없다.

그들이 할 수 있는 범위는 주위 지인으로부터 진맥이나 진료 의뢰를 받았을 때 보수 없이 본인이 배우고 닦은 침술 재능을 기부하는 선에서 마무리할 수밖에 없다. 치료가 잘 되면 고맙다는 인사로 음식을 대접해 주는 상황이다.

우리나라뿐만 아니라 해외에서도 유능한 침구사의 도움이 절실하게 요구되지만, 자격증이 없어서 의료 기부를 할 수가 없는 것이 안타까울 정도다. 이런 분들이 전 세계에 아픈 환자들을 침술 하나로 치료하며 대한민국의 위상을 높이고 침구사로 침술 의료 기부를 할 수 있는 기회가 왔으면 하고 간절히 기원할 뿐이다.

비 오는 날의 낯선 휴식

남복희

아침에 일어나니 하늘이 흐렸다. 2주 전에 친구와 약속했던 강화도 행이 무산되어 마음에 걸렸는데, 오늘은 혼자라도 떠날 채비를 한다. 인터넷에 들어가 보니 신촌에서 출발하는 시외버스가 있다. 비가 조금씩 내렸다. 초가을이라고 할 수 없는 9월의 '경계선 날씨'에 비가 오니 금방 가을이 올 것만 같다.

신촌 방면은 아침 출근 시간과 대학생들의 등굣길이어서 더욱 복잡했다. 비가 오는데도 깜찍한 여학생의 차림도 보이고, 두꺼운 책가방으로 보이는 청년들의 배낭이 넘치는 젊음의 힘처럼 보였다. 메모지 없이 집을 나와 정확한 지점을 찾지 못하다가 근처 편의점에서 물어보니 터미널이 없어지고 광역버스가 있다고 알려주었다.

한참 헤매다보니 스타벅스 커피점 앞 정류장에 표시된 3000번 버스가 있었다. 일단 커피 한잔과 간식을 사서 버스에 올랐다. 시내에서 외부로 나가는 큰 버스를 오랜만에 탔다. 넓은 좌석이 마음에 들고 앞자리에 앉아 조망이 좋았다.

배낭을 멘 아주머니들이 둘 셋 친구들과 함께 타는 모습이 멀리 가는 버스 같았다. 신촌-강화행이다. 가끔 서고 달리니 30분 만에 김포

가까이에 있는 송정역에 왔다. 70중반 노인들이 5, 6명 탔다. 타는 모습이 조금 불편해 보였다. 성당을 찾아간다고 했다. 오래된 친구끼리 행사에 가는 모습이 정답게 보였다.

옆자리에 여자 손님이 함께 앉았다. 쉽게 이야기를 시작하더니 시사평론까지 하다가 어조가 너무 솔직하게 나와 입을 다물었다. 또 새우젓 냄새인지 약간 정체불명의 체취 때문에 조금 곤란했다. 친구 만나러 종점까지 간다고 하면서 제법 즐거운 표정이다.

차창 밖으로 비가 세차게 내리다가 중간중간 멎었다. 그때 창밖으로 붉은빛이 눈에 들어왔다. 칸나였다. 어릴 적 친구가 연상되는 꽃이다. 흰 피부에 눈은 조금 부었으나 입매가 야무진 매력적인 친구다. 그림도 잘 그리고 글짓기도 잘했다. 「안경과 아버지」라는 글짓기로 백일장에서 상을 타기도 했다.

여고 시절 기숙사 생활을 같이할 때다. 친구는 영화에서 본 멋진 여배우의 옷을 직접 만들기도 하고 외출 시 입기도 했다. 율브리너의 강렬한 눈빛과 칸나의 붉은빛이 좋다고 말했다. 무용 시간에 배운 왈츠도 멋지게 연출했다. 학창 시절 후 오랫동안 소식 없이 지냈는데도 붉은 칸나를 통해 친구도 만났다. 오랜만에.

비 오는 날 버스 타고 창밖 강물을 보고 있으니 상쾌했다. 강물과 바다를 보면 마음이 시원해진다. 오래전, 초임지 용유도에서 근무할 때도 반짝이는 아침 바다와 퇴근길에 보는 낙조는 설렘이었다. 해당화가 붉게 핀 6월의 바닷가는 그리움이었고, 기다림이었다.

해서, 이번 여름에는 덕적도 물빛을 거실에다 들여놨다. 하늘과 바다가 한 가지색이고 자연스러운 병풍 차림의 산, 해맑게 웃고 있는 문우들의 저마다의 미소가 있는 사진 한 장. 오래 보고 있어도 정겹다. 그해 10월의 덕적도의 물빛만 생각하고 마냥 들떠있는 동안 벌써 강화터미널까지 오게 되었다.

　외포리 가는 버스가 30분 간격으로 있다고 한다. 12시 차를 놓치고 30분 기다리는데 고민이 생겼다. 강화 특별 장터에서 순무 김치를 사서 귀가 할까 아니면, 석모도까지 갔다 올까? 망설이고 있는데 버스가 왔다. 외포리 행이다. 20분 타고 내렸다. 가까이에 포구가 보이고 수협 건물을 지나서 석모도 가는 선착장이 보였다. 비 오는 날 이어서인지 여객선은 졸린 듯 서 있고, 갈매기도 안 보였다.

　함께 간 아주머니 가게엘 갔다. 3년 전에 새로 지었다고 어시장 내부가 깨끗했다. 다양한 젓갈과 새우젓이 있었다. 커다란 드럼통에 육젓, 추젓이 김장 준비용으로 선보이고 각종 건어물이 깨끗이 정돈되어 있었다. 한 번 휘익 둘러보니 가오리 말린 것이 먼저 눈에 띄었다. 양념장을 얹어 찌면 맛있고, 서대 말린 것도 고추장 양념을 발라서 찌면 되고…. 하면서 혼자서 생각하던 중 낙지 젓갈, 조개 젓갈이 보였다.

　요즘은 소금 적게 먹는 것이 유행이라 젓갈을 집에서도 거의 먹지 않고 있는데 오늘따라 노르스름하게 삭은 조개젓이 마음에 들어 작은 통으로 샀다. 그 옛날 아이들 아빠가 양념한 젓갈을 즐겼었다. 부전자전, 식성은 아들도 닮았다. 멸치젓, 조개젓, 갈치속젓 등 이런 종류를 먹는 젊은 아들이 신기했다. 덤으로 맛있는 새우젓도 한 통 건넨다. 다음에 친구들 데려오라는 뜻이겠지. 서둘러 시간 보고 버스를 탔다. 강화읍 터미널에 와서 조금 기다리다 신촌행 버스를 타고 귀갓길에 올랐다.

 빗속에서 창밖으로 더듬어 본 칸나의 추억. 바닷가에서 아들이 좋아하는 젓갈을 사며 먼저 간 애들 아빠를 먼발치로나마 만나고 왔으니 얼마나 다행인가. 그뿐인가 모처럼 훌쩍 떠나, '바람처럼 떠나곤 했던 젊은 날의 끼'도 누려봤으니, 호사다. 비 오는 날의 낯선 휴식이다.

전우여, 영원히 고맙다

박헌명

자식은 세상에서 가장 귀한 존재다. 특히 군에 간 아들은 부모의 마음을 더욱 졸이게 한다. 강인한 아버지라 해도 자식을 걱정하는 마음만큼은 떨쳐낼 수 없다. 군인의 길은 결코 가볍지 않다. 나라의 부름 앞에서 자신의 생명까지 내놓아야 할지도 모르는 자리이기에 더욱 그렇다.

50여 년 전, 화천 중부 전선의 전방 지역 소대장이었던 나는 사기와 전투력이 바닥이라는 부대를 맡게 되었다. 부모들이 나에게 가장 귀한 사람을 맡겼다는 책임감이 온몸을 짓눌렀다. 고민했다. 편안한 지휘로 시간을 흘려보낼 것인가, 병사들에게 군 생활의 보람을 선물할 것인가.

나는 보람 있는 병영 생활을 만들겠다는 각오를 다졌다. 사명감과 전우애가 뒤엉켜 피어나는 진짜 힘을 믿었다. 위생과 복지는 기본이며, 훈련과 감정 관리, 작은 칭찬 하나까지도 소홀히 하지 않았다. 그러는 동안 부대는 사격과 무장 구보에서 우수 평가를 받았고, 병사들은 서로를 믿고 의지하며 진한 전우애를 만들어갔다. 전우들의 함성은 단순한 전투력을 넘어 생명을 나눈 형제의 울림이었다.

1975년 여름, 우리 소대는 지뢰 지대 통로를 개척하는 임무를 부여받았다. 6·25남침 당시 서울이 3일 만에 함락된 교훈을 되새기며, 적 전차의 진격로를 차단하기 위한 장애물 설치는 꼭 필요한 작전이었다. 매일 긴장 속에 개척해야 할 길은 천여 미터였고, 그날도 작전을 수행하던 중이었다. 갑자기 귀가 찢어질 듯한 '쾅' 소리에 가슴이 오그라들었다. 머리끝이 솟았다, 이게 뭐가? 새까만 먼지가 하늘로 치솟았다. '야, 이거, 이거? 침착하자, 침착하자.' 솟구친 쪽으로 달려가니 전우 셋이 쓰러져 있었다. 그리고 눈에 들어온 건 지뢰가 터진 웅덩이, 어떻게? 나와 15여 미터 거리였다. 한 명은 간신히 숨을 붙들고 있었다. 나머지 두 사람은 이미 숨을 거둔 상태였다. 내 바로 옆 전우는 다리에 파편상을 입었다.

무전으로 후송을 요청하고 나는 숨만 간신히 내쉬는 병사를 업었다. 후송이 우선이었다. 하지만 팔 척 큰 체격은 나의 왜소한 등에 버거웠다. 2~30미터도 채 가지 못해 등이 무너졌다. 교대하며 단 한 걸음이라도 빨리 움직여야 한다는 생각뿐이었다. 후송은 멀고도 험했다. 설상가상으로 멀쩡했던 날씨는 사고 바로 직후부터 세찬 검은 소나기로 바뀌었다. 하늘에 구멍이 난 것 같았다. 마치 영화 속 장면처럼 황토 도로가 진흙탕 되어 구호 요청에도 차량은 진입할 수 없었다. 얼마 후 불도저가 투입되었다는 무전이 왔다. 진흙 도로를 밀며 부상자 지점에 도착해 조심스레 땅에 내려놓자마자 그는 마지막 숨을 쉬었다.

나는 무너졌다. 머릿속이 새하얗고, 심장이 멎은 듯했다. 바닥에 주저앉아 아무 말도 할 수 없었다. 전우 가족이 이 모습을 보고 졸도할 상황이 스쳐 갔다. 내가 대신 쓰러졌다면, 가족의 그 깊은 상처를 막을 수 있었을까. 나라의 보상으로도 결코 채워질 수 없는 무게의 상실이었다.

그날 이후로는 아무것도 당연하지 않았다. 전우가 미처 살지 못하고 남기고 간 삶, 살아 있다는 사실이 덤처럼 느껴졌다. 그 덤을 헛되게 하지 않기 위해 나는 사랑하고 감사하며, 치열하게 살아야만 했다. 오늘도 해는 떠오르고, 그 빛을 허락한 것은 오직 하늘의 사랑뿐이었다.

그날 이후 나는 해마다 현충일이면 국립묘지를 찾았다. 이름을 부르고 묘비를 쓰다듬으며, 잔디에 앉아 그들과 마주했다. 처음엔 아들과 딸, 우리 가족 함께 참배했는데, 전우와 유가족을 현충원에서 우연히 만나, 그 후로는 모두 함께 참배하였다. 먼저 전역한 고참 전우들이 스스로 수소문 끝에 한두 사람의 참배 참여가 20여 명으로 늘었단다. 꿈에도 생각하지 못한 전우들을 다시 만나는 날, 우리는 말없이 서로를 안았고, 눈으로 말하고 가슴으로 기억을 꺼냈다. 나누고 나눠도 사라지지 않는 이야기들은 세월을 넘어 따뜻한 온기가 되었다.

이제 모두 70대 중반이다. 어느 전우의 제안으로 작년 현충일까지 참배하고 50여 년간 계속된 참배를 마무리하기로 의견을 모았지만, 금년에도 10여 명의 전우가 자발적으로 참여하였다. "걷지 못할 때까지 참석하겠다."라는 한 전우의 말에 나는 말없이 눈을 감았다. 전우애는 피보다 진한 정이고, 그 긴 세월로도 갈라지지 않는 뿌리 깊은 마음이었다. 또 다른 전우는 "나 자신이 대견하다."라고 스스로 칭찬하며 묘비 앞 국기에 경례했고, "영원히 너희들을 잊지 않겠다."며 뜨거운 눈물을 삼켰다.

 이제 인생의 소풍이 끝나가고 있다. 귀한 아들 세 사람은 아직도 돌아오지 못하고 있다. 그동안 가정을 꾸려 손자를 고등학교까지 보낸 전우도 있다. 소풍이 끝나면 전우의 영혼과 마주할 그 순간, 나는 어떤 눈빛을 보여주어야 할까. 그들이 바람 되어 내 어깨를 툭툭 친다면, 나는 떨리는 손으로 그를 안고, 따스한 눈빛으로 속삭이고 싶다. "세상에서 가장 귀한 존재인 너희들과 함께한 시간이 있었기에 오늘 내가 여기 서 있다. 전우여 고맙다. 영원히 고맙다! 평온하게 잘 쉬어라!"

소리로 더듬는 향수(鄕愁)

김정의

　황혼녘, 옛고향 돌아보며 향수에 젖어 든다. 혀로 더듬는 먹거리의 그리움 못지않게, 귓전에 맴도는 소리 또한 절절하다. 세월의 흐름에 고향도 전혀 낯선 모습으로 퇴색했지만, 그 시절의 정다운 소리는 지금도 귀에 선연하다. 이젠 사라진, 그래서 더 애련한 고향의 소리, 나는 가끔 도시의 온갖 소음을 비집고 옛 소리를 더듬곤 한다.
　수탉이 홰를 치며 꼬끼오~ 기승 좋게 새벽을 알리고, 언덕 넘어 교회에서 댕그렁 댕그렁 종소리가 어둠을 뚫고 올 때면 고요하던 집안이 술렁이기 시작한다. 서서히 동녘 하늘이 밝아올 즈음, 마을 앞 공회당에서 들려오는 뚜우 뚜 기상나팔 소리, 그 아름다운 아침의 소리는 얼마나 경이롭던가.
　저마다의 하루가 저무는 땅거미 질 무렵, 절간에서 울려 퍼지던 댕~댕~ 둔탁한 종소리의 여운 또한 엄숙하다. 저녁연기 모락모락 피어오를 때면, 골목 놀이에 빠진 새끼들 밥 먹으라고 고함치는 어미들의 힘찬 목소리는 매일 듣는 애정 깃든 풍경이다. 밤늦게 귀가한 주인을 반겨 꼬리치며 달려들던 월이의 우렁찬 컹~컹~ 소리, 재 너머 들려오던 부엉이의 부엉부엉 울음소리….

학창 시절, 여름 방학이 끝나 심란한 자취 보따리를 꾸릴 무렵이면, 영락없이 섬돌 밑이나 숲속에서 찌륵 찌르 찌르륵 풀벌레 울음이 먼저 가을을 알린다. 여치, 베짱이, 귀뚜라미 따위 온갖 벌레들의 짝을 부르는 소리는 초가을 밤의 애절한 코러스. 차츰 퍼렇게 시린 하늘을 V자로 날아가는 기러기 떼의 끼룩끼룩 소리도 구슬프다. 늦가을 찬바람이 들녘을 지날 때면 수수 이삭 으슬으슬 흔들거리고, 언덕배기의 은빛 억새 서걱서걱 속살거림이 여린 감성을 센티멘탈에 젖게 했다.

첫눈 흩뿌릴 때면 설설대는 대숲의 댓잎 소리, 설한풍이 연주하는 팔랑팔랑 문풍지 구성진 가락에 할머니의 옛날이야기는 불화로처럼 따스했지. 설날이 다가오면 밤새워 또드락 또드락 두들기던 다듬이질, 구김살 곱게 펴 매끈하게 다듬는 그 가락도 정겨웠다. 백설기처럼 푸지게 쌓인 눈 속, 뒷산에서 들려오는 꿩 울음에 아이들은 입을 모아 '꿩꿩 장서방 아들 낳고 딸 낳고 무얼 먹고 사는가, 아침엔 콩 하나 저녁엔 팥 하나 그럭저럭 먹고 살지만, 포수 무서워 못 살겠네.'라고 읊조렸다. 손꼽아 기다리던 설날이 오면 복주머니 속 세뱃돈 짤랑거리며 널판 양쪽에서 번갈아 쿵덕 쿵더쿵 오르내리며 달덩이처럼 충만하게 새해를 시작하던 널뛰기도 신이 났었지.

겨울 매서운 추위 속에서도 어김없이 봄은 찾아왔다. 초가의 추녀 끝에 매달린 고드름이 햇볕에 툭툭 부서져 내리는 소리, 양철통에 툼벙~ 툼벙 낙숫물 떨어지는 소리, 그 단조로우면서도 맑은 음향은 깊은 정적을 흔들며 봄을 재촉한다. 차가운 산언저리에선 노란 복수초가 얼굴을 내밀고, 빈 산엔 산수유와 생강꽃, 담홍빛 매화가 피기 시작하면 밀물처럼 몰려온 봄 천지가 된다. 강남 갔던 제비도 옛 둥지 찾아 날아들어 새끼 깔 채비를 서두르며, 빨랫줄에 악보처럼 매달려 지지배배 재잘대고, 너른 마당 양지엔 삐약삐약 연노란 병아리를 거느린 암탉 곁을 어슬렁대던 수탉이 꼬끼오~ 길게 목을 빼고 한낮을 흔든다. 힘겹게 보릿고개 넘던 봄날, 영마루 넘어가는 뻐꾸기의 뻐꾹 뻐꾹 뻑 뻐꾹 피맺힌 울음소리. 모내기를 위해 물 댄 논에서 밤새워 개골개골 울다 멈추다를 되풀이하던 개구리들의 합창도 구성졌다.

연초록이 진초록으로 온천지를 색칠할 무렵이면, 여름의 열기로 세상은 후끈 달아오른다. 겨울 이부자리 홑청과 대가족의 입성을 함지박 가득 담아 이고 냇가 빨래터 바윗돌 하나씩 차지하고 퍼질러 앉아 빨고 치대고 두들겨대는 아낙들의 방망이 소리 또한 정답다. 농부들은 고된 일손 잠시 놓고 점심 식사의 포만감에 나무 그늘 밑에서 스르르 꿀잠에 빠진다. 이때 매미들의 '맴맴 쓰르르'는 일군들의 달콤한 자장가다. 가끔 엿판을 짊어지고 골목으로 찾아들어 커다란 가위를 찰카락 짤각거리며 아이들을 부르던 엿장수의 가위소리, 그 소리에 고무신짝, 삼베 걸레, 빈 병 나부랭이 찾아 들고 몰려들던 개구쟁이들 앞에서 탁탁 엿을 자르던 엿장수의 걸쭉한 입담도 잊을 수 없다. 찌는 더위에 한바탕 쏟아져 내린 소나기 그친 후면, 골목길 패며 철철 흘러가던 황토 물소리에도 아이들은 신이 나서 첨벙거리며 깔깔거렸다. 푸른 논길 지날 때면 뜸북뜸북 울어주던 애달픈 소리 따라 '오빠생각' 흥얼대노라면 여름도 저만큼 달아난다.

궁색한 지난 시절, 계절이 바뀔 때마다 자연이 베푼 정겨운 소리에 키도 자라나고 생각도 깊어 갔을 터다. 대자연의 소리는 또 다른 은

밀한 언어요, 순박한 멜로디다. 유명 작사 작곡가의 아름다운 교향곡 못지않게 우리 영혼을 울리며 깊숙이 스며들던 고향의 소리, 그 소리 더듬으며 애련한 향수에 젖어 든다.

나이가 문제라니

박춘자

　내가 학교생활을 마감하던 때가 59세였다. 명예퇴직 바람이 한창일 때였다. 내 또래 선생님들이 앞 다투어 서류를 낼 때도 나는 명예퇴직 할 생각이 없었다. 그런데 이제 젊은 사람들에게 양보할 때가 되었다며 학교에서나 집에서나 퇴직을 종용했다. 나도 모르게 명예퇴직 명단에 내 이름을 올리고 말았다.
　나이 때문이었다. 남은 사람 중에 내 나이가 제일 많았다. 게다가 학교의 모든 업무가 컴퓨터로 처리되는 최초의 시기였는데 그 컴퓨터란 것이 너무 낯설고 두려웠다. 젊은 친구들은 빨리빨리 적응을 잘하는데 지금 생각하면 아무것도 아닌 그것이 그때는 크게 부담이 되었나 보다. 승진을 눈앞에 두고 있었는데 그것도 미련 없이 후배에게 양보하고. 내 생애에 가장 잘못한 선택을 하고 말았다.
　그렇게 원하던 여유로운 시간 속의 자유는 세월이 흐르면서 부담과 초조로 나를 압박했다. '내가 할 수 있는 일을 찾아야 해.' 간간이 강의도 나가고, 구연동화도 배우고, 동화 대회에도 나가 우승도 하고, 유치원이나 종교 단체 등에 봉사도 나가는 것으로 만족하며 자신을 다독였지만, 가슴은 늘 허전했다.

당시 문화체육관광부 산하 국학진흥원에서 이야기 할머니 사업을 하고 있었다. 늦었지만 그 사실을 안 것은 행운이었다. 5기로 합격했다. 6개월 정도 교육을 받고 다음 해 내 나이 72세부터 10년 동안 유치원을 나가면서 어린 동량들에게 이야기를 들려주는 일을 했다. 5기까지는 나이 제한이 없어 내가 합격할 수 있었지만 6기부터는 70세가 넘으면 응시 자체를 못했다. 내 인생 2막은 이렇게 운 좋게 시작된 것이다.

2024년 퇴임자 중에 내가 최고 고령자라고 누군가 알려 주었다. 당시 면접을 볼 때는 나이 제한도 정년도 없을 때라 면접관에게 "나는 최고령자로 남을 때까지 이 일을 하고 싶다고 했다." 허공에 날리는 말이 이루어진 것이다. 직업이라고 말하기도 어렵고 1주일에 3일 일하며 교통비 정도 받았지만 즐겁고 행복한 10년이었다. 아들, 며느리, 손주들에게 "나는 82세까지 현직에 있었던 사람이야." 하고 어깨를 으쓱하며 말한다. "그럼요, 그럼요, 대~단 하신거죠." 하며 내 기를 한껏 올려준다.

2024년은 내 인생에 아무 곳에도 적을 두지 않고 자유롭게 지낸 시기다. 남편과 여행계획을 짜고 신나게 여행을 다녔다. 나보다 꼭 10살 연하인 '이야기 할머니' 후배가 동네 유치원에 나간다고 했다. 보수는 국하진흥원과 같고 이야기를 외우지 않아도 되고, 그냥 책을 읽어주면 된다면서 "언니, 나하고 같이하자."고 제안을 했다. "안 한다."고 단호하게 말했다. 남편이 절대 허락을 하지 않을 것을 알기 때문이다.

그런데 잠이 오지 않는 어느 날 밤. 몸을 뒤척이며 여러 가지 상념에 빠져 있다가 문뜩 유치원에 다시 나갈까. 하는 생각에 이르게 되었다. 요즘 부쩍 아는 단어가 떠오르지 않을 때가 있고, 흔하게 부르던 배우 이름도 생각나지 않을 때도 있다. 물건을 찾으러 가다가 내가 무얼 찾으러 여기 왔지? 할 때가 있다. 사회생활을 하지 않아서일까? 소속감이 없어 마음이 느슨해진 때문일 것이라는 생각에 미치게 되었다. '그래, 일을 해야 해.'

다음 날 아침 남편에겐 의논도 하지 않고 후배에게 전화했다. "우리 지난번에 이야기하던 것, 나 유치원에 출근할게." "언니 미안해. 원장한테 언니 이야기를 해봤는데 80이 넘은 사람은 아무리 유능해도 쓸 수가 없다네." 기분은 언짢았지만, 봉사할 곳은 또 있을 것으로 생각하며 얼마 전에 임종 간호 일을 한다는 옛 동료에게 전화했다. 그곳 역시 80세가 넘은 사람은 해당이 안 된다는 대답이 왔다.

나이는 숫자에 불과하다고 누가 말했나. 나는 얼마든지 일할 수 있는데. 나이가 문제라니!

구절초 언덕에는

박연화

하늬바람에 구절초 향기가 묻어난다.
 대문을 열고 나가면 텃밭이다. 모퉁이에 심어둔 구절초가 어느 날 보니 활짝 피었다. 가을걷이는 진즉에 끝나고 시월도 끝물에 접어들 즈음 빛깔도 정겨운 보라색 구절초가 담뿍 어우러졌다. 구절초 언덕이라고 이름 짓고는 틈틈이 돌아보는 게 일과다.
 가끔은 이웃 사람들까지 몰려들어 완상한다. 그리고는 자기네들도 한 모숨 뽑아서 심어 보겠다고 입을 모은다. 가을이면 흔히 보는 꽃인데도 꽃밭에 정식으로 심어놓은 것을 보니 느낌이 남다른가 싶다. 하기야 나조차도 이렇게 예쁜 구절초 언덕이 될 줄은 생각하지 못했다.
 구절초 동산은 언제부턴가 꽃모를 분양하는 명소가 되었다. 동네 사람들은 물론 인근을 지나가는 사람들 역시 한 뿌리만 달라고 조심스레 부탁을 한다. 그까짓 거 뭐 못 수랴 싶어서 가을이면 무더기 무더기 솎아서 주곤 했었다. 빼꼭히 어우러져 있다가 늦가을이면 머리를 헤집어 놓은 것처럼 헐렁해도 이듬해 여름이면 무성해 지기 때문에 부담은 없다.
 구절초는 흔히 들국화라고 부른다. 들국화가 피기 시작하면 가을이고, 들국화가 지면 겨울이다. 말하자면 가을과 겨울의 터널에서 피는 꽃이다. 꽃집에서 재배하는 국화처럼 풍성하지는 않으나 정갈하면서도 단아한 모습이 무척이나 곱다. 이름 그대로 들에서 피기 때문에 들국화였으니 좋아하지 않을 수가 없다. 아홉 번을 꺾인다고 해서 그런 이름이 되었다.

가을은 뭐니뭐니 해도 국화의 계절이다. 꽃말은 색에 따라 다르다. '청결, 진실한 사랑 또는 순수성'이다. 국화과에 속하는 여러해살이풀로 섬세하면서도 단아한 모습이 꽃말에 참 잘 어울린다. 꽃이라서 예쁜 것은 당연하지만 특별히 하늘은 높고 바람은 서늘한 가을에 피어 있으니 더욱 고결해 보인다.

구절초는 우선 뼈의 건강을 유지하고 골절 위험을 줄이는 등 골다공증 예방에 탁월한 효능이 있다고 한다. 두 번째는 연골 세포를 재생하고 더 나아가 관절염을 예방하면서 건강에 도움을 준다. 또는 심장과 혈관의 운동을 증진시키면서 체내 독소를 제거하는 해독작용까지 한다고 하니.

구절초의 매력은 잔잔하면서도 다소곳이 피는 모습이다. 피는 자리도 보면 갈대밭 언저리 또는 한적한 오솔길이다. 그런 데서나마 수줍은 듯 피는 모습이 눈길을 끈다. 높이는 50m에 잎은 깃 모양으로 갈라졌다. 곧은 줄기에는 잔털이 있으며 9~11월에 붉은색이나 흰색의 꽃이 가지 끝에 핀다. 예쁘고 풍성하게 어우러지는 꽃도 아니다. 텃밭의 구절초 언덕에는 가득히 무리 지어 있지만 호젓한 길섶 또는 뒷산 어름에서 자분자분 피는 모습이 가을의 꽃이라기에 손색이 없다. 늦가을이면 나만의 아지트에서 나만의 감상일까.

새삼스레 구절초 동산을 바라본다. 가을도 끝물이라 썰렁하지만, 아기자기 핀 꽃이 오늘따라 정겹다. 인적조차 드문 외진 곳에서 나름 예쁜 꽃을 피우는 모습이 대견하다. 향기조차 시끄럽지 않고 조붓한 꽃이다. 늦가을 소슬바람이 불면 그제야 비로소 꽃내음을 풍기는 얌전한 꽃이다.

구절초같이 살고 싶다. 호젓한 시골이지만 밤이면 그래서 별도 반짝이는 곳이다. 둔덕을 지나갈 때는 뺨을 스치는 바람도 어쩐지 더 싱그럽다. 철철 아름다운 꽃이 피는 곳에서 소박한 행복을 가꾸는 거다. 부르지 않아도 온갖 새들이 날아와 노래하고 청하지 않아도 조각달이 쉬어가는 달밤의 운치야말로 행복의 조건으로는 최상일 것에서 구절초가 나 여기 있다고 애써 드러내지 않아도 가을이면 충분히 아름다운 것처럼.

파고다 공원

심봉구

 남의 영역으로만 여겼다. 막돼먹은 젊은 녀석들은 거기를 틀딱들의 성지라고 비아냥댄다. 나 또한 파고다 공원은 영락(零落)한 노인들이 찾아가는 곳이라 여기며 살았다. 사실이지 그곳엔 딱히 갈 곳 없는 늙은이들이 옹기종기 앉아 있다가 저녁이면 돌아간다. 보기 측은하고 민망하여 더러 외면하고 스쳤던 곳이다. 함께 있어도 그들은 각기 다른 방향을 바라보며 시간을 죽이고 있었다. 멍한 표정으로 흐릿한 동공으로.

 이렇듯 지금도 파고다 공원은 지지리 궁상이다. 젊은이들 모습은 아예 볼 수 없다. 늙은 까마귀들이 앉았다 날아가는 잿빛 공간이다. 하지만 흘러간 역사는 화려한 관(冠)이었다. 불심 좋은 세조 임금이 세운 원각사가 있었던 곳이다. 이 사찰을 연산군은 연방원(聯芳院)이라 이름을 바꿨다. 기생 1,200여 명과 악사 1,000명을 데리고 흥청망청 질펀하게 놀다가 쫓겨났다.

 훗날 이곳에 파고다 공원이 생긴다. 한국인을 위해 서울에 마련된 최초의 공원이며 독립운동의 발상지가 된다. 1919년 3월 1일 독립선언서를 꺼내 들고 팔각정 단 위에 올라가 큰소리로 낭독한 이가 정재

용 청년이다. 체포되어 모진 고문과 2년 6개월의 옥고를 치렀다. 개성 사람이고 경신학교 출신이다. 경신학교는 우리나라 최초의 근대식 교육기관이다. 수많은 민족 선각자를 배출했다. 내가 35년을 근무했던 학교이기에 느꺼워 한 줄 보태는 것이다.

이상하게도 정년퇴임이 슬금슬금 다가오니 자꾸 생각난 곳이 파고다 공원이었다. 노년을 괜찮게 보낼 장소가 몇 군데는 있어야겠다고 진작 생각했다. 이리저리 따져보니 글쎄, 이곳이 강력한 후보지로 떠오른 곳이다. 형편상 노인들의 입장은 천차만별이다. 노년을 보낼 방법도 하늘의 별처럼 무수히 많다. 하지만 우습게도 하필 이곳에 내 노경(老境)을 들이밀어도 참 괜찮겠다는 생각이 거듭 치밀었다. 내 기질과 형편을 고려해 봐도 충분히 잘 지낼 수 있겠다고 여겨졌다. 까마득히 잊고 있던, 외갓집 초가 고드름 풍경처럼 살갑게 다가왔다.

평생직장이 서울 종로구에 있었건만 나는 늘 촌놈이라는 의식을 달고 살았다. 그건 지금도 여전하다. 강원도 심심산골 출신 촌놈에겐 골프 따위 운동은 사치에 불과하다. 심지어 테니스도 좀 느끼하게 여겨져서 라켓도 잡아보지 않았다. 생리가 그랬다. 한결같이 꾸준히 해온 운동이 걷기다. 좀머 씨처럼 그냥 하염없이 걷는 것이 좋다.

파고다 공원을 품은 종삼(鐘三)에는 해장국 냄새가 비린 바다처럼 일렁거린다. 걷기를 유일한 운동으로 삼은 늙은 촌놈을 깔보기는커녕 외려 만만해 보여 편안하다. 가난한 김종삼 시인과 더 가난했던 천상병 시인이 얼콰하게 취해 수없이 갈지자로 횡보(橫步)한 곳이다. 늘 베레모를 쓰고 다닌 김종삼은 정릉 산동네 쓰러져가는 납작 집에서 평생토록 살았단다. 나 또한 이중섭과 박경리가 살았던 정릉 골짜기에서 40여 년 살았으니 정서적 동지인 셈이다. 하지만 그들은 그들대로의 방식으로, 나는 나의 방식대로 종삼을 걸을 것이다.

이른 아침 종로3가역에서 내려 천천히 인사동을 구석구석 살핀다. 운현궁 첫 손님으로 찾아가 두어 번 헛기침하고 '이리 오너라' 나직이 불러본다. 반들거리는 툇마루에 한참 앉았다가 파고다 공원으로 향한다. 지하철 출구 앞이 '송해 거리'다. 실향민 송해도 사실 곡절이 많다. 21세 외아들을 사고로 잃고 실의에 빠져 극단적 선택까지 시도했단다. 마음을 추슬러 95세까지 씽씽하게 살다 영면했다. 평소 건강 비결을 물으니, 'BMW를 타고 다닌 덕분'이라 했다. B(버스) M(메트로-지하철) W(워킹)이 최고 보약이라며 늘 털털하게 웃다가 갔다.

공원 담장 왼쪽으로 돌아가면 옛 파고다극장 건물이 있다. 지금은 파고다타운이란 간판을 달고 있다. 1970년대 중반쯤, 산골 출신인 나는 영화에 몹시 허기져 있었다. 툭하면 이곳을 찾아 동시상영 영화 두 편씩을 싹싹 긁어 마셨다. 필름이 워낙 낡아 늘 주룩주룩 비가 내렸다. 비록 엉성할망정 내 문학적 상상력 8할을 키운 소중한 곳이라 여긴다. 군입대할 때까지 이곳은 내 영혼의 소도(蘇塗)였다.

이 소도에서 큰 사건이 발생했다. 내가 떠난 소도에 시인 기형도가 아픈 가슴을 안고 자주 찾은 모양이다. 1989년 3월 7일 새벽 4시, 이 파고다극장에서 소주 한 병을 든 채로 숨진 채 발견되었다. 당시 29세 일간지 기자 신분이었고, 상영된 영화는 '뽕Ⅱ'였다. "나는 인생을 증오한다!" 그의 섬뜩한 외침을 들었다는 누군가의 증언도 있다. 그의 가정사와 엄청난 트라우마가 되었을 사건의 실체를 알고 나 또한 전율했다.

화창한 봄날, 두 살 위 여고 2학년 누나가 집 앞 논두렁에서 살해된 채 발견됐다. 성폭행의 흔적과 함께. 극도로 어려운 처지일 때 고아원까지 함께했던 기형도의 분신과도 같은 살가운 누나다. 2주 뒤에 잡힌 범인은 남매가 함께 다닌 교회의 청년 신도였다. 독실한 크리스천이었던 그는 이후 종교를 버린다. 그 대신 염세적 실존주의 철학에 빠져든다.

파고다 공원 팔각정 계단에 앉아 지친 다리를 주무르며 상념에 젖는다. 대학진학으로 난생처음 서울 땅을 밟은 우리 촌놈들 집합 장소가 주로 이곳이었다. 뒷골목에 값싼 짜장면집이 있어 더욱 무난했다.

대학 축제 시화전 기간에 내 시도 덩그렇게 걸렸다. 어찌어찌 파트너도 겨우 소개받았다. 애프터 장소를 만만한 파고다 공원으로 정하고 나와 달리 머릴 조아렸다. 아, 그런데 그날 비가 많이 내렸다. 비닐우산을 급히 사서 쓰고 나갔지만, 옷도 젖고, 장발 머리도 다 젖었다. 왜소한 체구가 물에 빠진 쥐새끼 꼴이었다. 팔각정 계단에 앉아 도란도란 얘기 나누겠다는 것은 개꿈이었다. 번듯한 음식점에 갈 만한 돈도 없었다. 부끄럽고 미안하여 쩔쩔맸다. 그냥 도망가고 싶었다. 어디로 가서 무얼 먹었는지 지금 전혀 기억이 없다. 빗속에 질벅거리며 허둥댔다는 기억만 남아 있다.

그날처럼 비 내리면 이제는 낙원상가 실버영화관으로 간다. 허리우드극장이 역사 속으로 사라지고 그 자리에 '추억을 파는 극장'인 실버영화관이 재탄생했다. 노인을 위해 좌석번호도 크게 써 붙였다. 화면도 깨끗하게 만들어 더 이상 비 내리지 않고 외화 자막도 크게 키웠다. 상영실 안에는 요즘 보기 힘든 35㎜ 필름 영사기도 있다

청춘 시절, 돈 없고 시간 없어 거듭 볼 수 없었던 추억의 명화들을 자근자근 씹으며 혼자 울며 본다. '시네마 천국'의 돌아온 토토처럼. 늙어서도 뜨거운 가슴으로 울 수 있다는 것은 천만다행이고 큰 행운이다. 종삼(鐘三) 만세, 파고다 공원 만만세다.

나의 미국연수생활기

신형식

  1988년 초 미국의 테네시대학 면역학부에서 1년 동원 객원연구(visiting research fellow)원으로 오면 어떻겠느냐는 제의를 받았다. 심사숙고 끝에 혼자 도미하여 그 생활을 하기로 결정하였다. 가족들에게도 미국을 구경할 수 있는 좋은 기회임에도 불구하고 아내의 직장이 더 중요하다고 느꼈다. 그래서 부부간에 약간의 희생을 감수하고 먼 훗날 서로가 한가해지면 같이 해외여행 할 기회가 있을 거라고 믿으면서 1988년 8월 말, "같이 가자"는 철부지 5살 된 큰아들 녀석을 김포공항에서 달래놓고 미국행 비행기에 탑승하였다.
  여러 가지 미지의 세계에 대한 고민과 불안들이 얽혀서 장시간 동안 비행기에서 잠을 이룰 수 없었는데 어느덧 테네시주 멤피스에 도착하였다. 여태까지 남이 해주는 밥만 먹다가 스스로 식생활을, 그것도 외국에서 해결하려니 어려움이 보통이 아니었다.
  9월 초, 그 대학의 여러 사무실에 등록하러 다니느라 바빴었는데, 서울올림픽이 그곳에서도 관심거리의 하나였다. 학교에서 걸어 다닐 수 있는 위치에 아파트가 있었는데 개막식을 비롯한 경기 장면을 보지 않을 수 없어 부랴부랴 TV를 구입했다. 미국시간으로 9월 16일

올림픽 개막식을 보면서 국제전화를 했더니 집식구들과 똑같은 화면을 보고 있어 서울의 어느 다른 동네의 집에 와 있는 듯한 착각이 들 정도였다. 아마도 이런 기회는 다시는 없을 것만 같다.

면역학부에서 자가면역성 관절염의 동물모델에 관계된 여러 실험을 하고 있는 연구팀에 속하게 되었다. 그 연구팀의 구성원들은 출신 국가도 세계 각처이고 전공도 각양각색이었다. 그때까지 한국에서 단일민족의 환경에서만 지냈던 필자에게는 상당히 이질적인 느낌을 들게 하였다.

여하간 소액의 장학금의 성격으로 봉급을 받는 연구원이었기 때문에 의무도 약간 있어서 실험적으로 유발된 동물의 관절염의 광학현미경적 관찰 및 전자현미경적 관찰이 주된 임무였고, 관절연골조직에 대한 새로운 면역조직학적 시도가 또 다른 임무의 하나였다. 그리고 다른 연구자들의 업무를 보는 것도 큰 경험이 되었다. 예를 들면 소(牛)의 무릎관절 연골을 파쇄하여 콜라겐을 추출하는 방법, 콜라겐을 항원화하는 방법, 그 항원을 실험동물에 주사하는 방법, 일단 주사된 실험동물을 관찰 기록하는 방법, 그 동물에서의 항체생성 역가를 평가하는 방법, 실험동물의 도살시기, 결정기준, 그 동물에서 생성된 항체를 추출하는 방법 및 콜라겐 생성 유전자에 대한 연구 등을 배우고, 익히고 싶은 기법(技法)들이 너무나 많아서 무엇부터 손을 대야 할지 몰랐었다.

또한 한국에서 필자의 주 업무인 병원에서의 병리과 업무, 즉 진단적 병리학 공부를 무시할 수 없어 연구팀장에게 간청하여 주위 병원의 병리과에서 정기적으로 열리는 부검, 육안 조직, 현미경표본 집담회 등에 참석할 수 있도록 되어서 여간 기쁘지 않았었다.

시간이 지나면서 자동차도 구입하고 친한 사람들도 생겨서 미국 생활에 익숙해지고 가구가 하나둘씩 필요하게 되었다. 10개월 후 귀국시에는 헐값에 팔든가, 버리든가 해야 했으므로 값이 쌀수록 좋다고 생각했다. 그런데 중고품 소파는 마음에 안 들어 미숙한 솜씨이지만 직접 만들어서 쓰고 버리기로 결정하였다.

나름대로 설계를 하여 제재소와 철물점이 합쳐져 있는 Hard-ware 가게에 가서 기계톱으로 절단하여 못을 박았더니 훌륭한 평상이 되었고, 그 위에 유아용 매트리스와 의자용 방석을 놓으니 45달러, 적은 금액으로 그럴듯하고 편리한 소파로 사용했다. 귀국할 즈음 그 당시 갓 도착한 한국인 의사에게 물려준 추억이 있다.

세월이 지나 여러 일에 상당히 익숙해져서 이젠 무언가 그 연구팀을 위하여 봉사하고 공헌할 수 있다는 자신감이 생겼을 때는 귀국을 몇 달 앞두고 있었다. 그때는 왜 그리 1년이 빨리 지나갔는지 모르겠다.

1989년 8월 말 귀국 후, 그 당시 배웠던 지식과 기법을 응용하여 좀 더 기초과학적인 분야의 실험실을 계획하고 한 가지씩 차근차근 실천해 보도록 열심히 노력하는 중이다.

우물 안 개구리였던 필자가 넓은 미국 세상에서 체험하고 연구할 수 있게 도와준 동료 병리의사들에게 심심한 감사를 드리고 싶다.

(삼진제약 사보 삼진. 1990년 5월호에 게재됨)

화엽불상견(花葉不想見)

이정희

    연일 폭염 경보 발효 중이다. 새벽에 일어나자마자 에어컨을 켠다. 창문 너머 보이는 도로는 비에 젖은 듯 촉촉해 보인다.
    오늘은 여유 있게 천천히 아파트 담 옆의 산책로를 걷다가, 길가에 핀 상사화(相思花) 세 송이를 보고 깜짝 놀랐다. 잎은 없고 연분홍 꽃대만 쏘옥 올라왔다. 상사화 꽃말은 '이룰 수 없는 사랑'이다.
    상사화는 잎과 꽃이 서로 만나지 못해서 애절한 꽃이라고도 한다. 잎이 있을 때 꽃을 볼 수가 없고, 꽃이 필 때는 잎이 없다. 서로 사랑하면서도 그 뜻을 이루지 못하는 남녀 간의 사랑에 비유한다.
    상사화를 보는 순간, 어젯밤 꿈이 예사롭지 않음을 느꼈다. 오랜만에 꿈속에서 딸을 만났다. 딸은 뽀얀 피부에 오동통한 고등학생 모습으로 내 앞에 서 있었다.
    "엄마, 야간 자율 학습하면 늦을 거예요."
    "알았어. 오늘도 수고해."
    잠에서 깨어 되짚어 봤지만, 딸을 기다리며 청소한 것 외에 딱히 생각나는 게 없다. 신기하게도 딸은 항상 고등학생이 되어 내 앞에 나타났다. 한동안 안 보였는데 왜일까?

그냥 엄마가 보고 싶어서인가, 아니면 내가 보고 싶어 하는 걸 알고 꿈속에서라도 보여주려고 나타난 걸까? 내가 사는 아파트 담 옆에 상사화로 피어, 엄마가 봐 주기를 기다리고 있었던 건가.

사랑하는 딸을 어이없게 먼 곳으로 떠나보내고, 나의 일상은 완전히 무너졌었다. 가끔 예쁜 새가 내 주위를 맴돌거나, 아름다운 꽃이 눈에 띄면 혹시 딸이 아닐까, 하는 생각에 가슴이 두근거렸다. 아니, 어찌 새와 꽃뿐이겠는가. 지금도 딸은 내 주변에서 나를 지켜보고 있다고 믿는다. 딸을 생각하는 마음에는 항상 그리움이 남는다. 애달프다는 말밖에 할 수가 없다.

상사화 전설 또한 슬프고 애달프다. 아주 오랜 옛날, 산사 깊숙한 토굴에서 용맹 정진하던 젊은 스님이 불공드리러 온 여인에게 한눈에 반했다. 가슴앓이 하던 스님은 상사병으로 피를 토하고 죽고 말았다. 그 스님이 쓰러진 곳에서 붉은 꽃이 피어났다. 꽃은 잎이 시들어 사라진 다음에 피어서, 잎과 꽃이 만날 수가 없었다. 열매를 맺지 못하니, 이루지 못한 두 사람의 사랑과 흡사하다. 후일에 사람들이 그 꽃을 상사화라 했다.

작년 9월 말, 트레킹 모임에서 고창 선운사, 상사화 축제에 다녀왔다. 선운사 입구는 꽃무릇으로 빨갛게 불타고 있었다. 사람들은 꽃무릇이 상사화인 줄 알고 있다. 꽃무릇과 상사화, 둘 다 열매를 맺지 않고 알뿌리로 나누어 심는 것은 같다.

축제를 알리는 홍보용 책자에 새빨간 꽃무릇이 자태를 뽐내고 있다. 우리는 폰으로 꽃무릇을 찍었다. 자리를 옮겨가면서 꽃무릇을 찍고 또 찍었다. 회원의 환호성이 들린다. 사진작가들은 꽃무릇 한 송이를 찍기 위해 고군분투(?)하는 모습이 퍽 인상적이었다. 하나의 작품을 만들기 위해 심혈을 기울이는 모습에 존경심마저 들었다.

우리나라 토종인 상사화와 원산지가 일본인 꽃무릇은, 잎과 꽃이 서로 만나지 못하고 그리워만 하는 화엽불상견이다. 사람들이 상사화라 통칭하는 이유이다. 상사화의 꽃말은 '이룰 수 없는 사랑'이고, 꽃무릇은 '슬픈 사랑'이다. 상사화의 꽃 색깔은 주로 연분홍이나 노란색이고, 꽃무릇은 진홍색이다.

상사화는 이른 봄부터 연녹색의 잎이 꽃을 그리워하다가, 6월 햇살에 그 잎은 말라 죽어간다. 꽃은 8월에 꽃대를 헤집고 피건만 잎은 흔적조차 없다. 꽃무릇은 꽃이 무리 지어 피어난다고 해서 지어진 이름이다. 꽃무릇은 초가을인 백로와 추분 사이에 꽃이 피었다가 지고 나서야 잎이 돋아 그 상태로 눈 속에서 겨울을 난다.

꽃무릇을 돌 틈에서 나오는 마늘종 같다고 해서 석산화라 부른다. 꽃무릇의 뿌리에 독성이 있어 나비와 벌을 멀리 쫓아 버렸으니, 열매를 맺지 못할 수밖에…

'이룰 수 없는 사랑'이나 '슬픈 사랑'이 어찌 남녀 간에만 해당하겠는가? 딸을 그리워하면서도 영원히 만날 수 없으니, 나와 딸도 화엽불상견은 아닐는지. 사진틀 속의 딸을 바라보니, 살아생전의 성품 그대로 배시시 웃고 있다.

사랑의 빙점

신윤선

"누구요?"

엄마의 목소리는 이제 겨우 개미 소리보다 작다. 한때 집안을 쩌렁쩌렁 울리던 찰기진 음성은 사라지고, 힘이 빠진 소리만 남아 있다.

엄마 손을 잡으며 조용히 말했다. "엄마, 나예요. 큰딸." 엄마는 한참 나를 바라보다가 눈가에 주름을 잔뜩 모으며 웃음을 지었다.

"아이고, 내 동생이 왔구나. 잘 지냈지?"

가슴이 저려 왔다. 나는 엄마의 딸이면서도, 어느새 엄마의 동생이 되었다. 시간은 엄마의 기억을 희미하게 지워가고, 나는 그 틈 사이에서 흔들리는 이름으로 불리고 있었다. "엄마, 나 딸이잖아요. 엄마 큰딸." 나는 다시 고쳐 말했다. 또박또박 천천히. 그러자 엄마는 고개를 끄덕이며 대답했다. "그래, 그래 우리 딸 왔지. 요새도 그렇게 바빠? 눈이 쑥 들어갔네. 참 보고 싶었다."

눈물이 저절로 솟구쳤다. 손등 위에 흘러내린 눈물방울은 구슬처럼 반짝이며 굴러 내렸다. 엄마는 그 눈물을 보며 미소만 지었다. 그 미소 속에서 나는 이별을 준비해야 함을 알았다.

순간, 오래전의 엄마를 떠올렸다. 맏며느리로, 집안 대소사를 도맡던 기개 넘치던 엄마. 친척들은 서울에 일이 있으면 당연히 숙박으로 변했던 본가. 외가 식구들로 늘 북적였던 환경. 동네잔치도 도맡아 척척.

그리고 내 학창 시절에는 체육 시간마다 교실을 지키며, 자식을 향한 치맛바람을 일으키던 그 엄마. 그 강렬한 기상이 어디로 갔을까.

"엄마, 기억나요? 초등학교 때는 체육 시간에 교실에서 책가방만 보던 내가, 여중 때 처음으로 체육복 입고 운동장 나갈 때, 엄마가 창가에 서 있던 거." 나는 웃으며 물었다.

엄마는 잠시 멍하니 창밖을 보다가 다시 나를 바라보며 말했다.

"내 소원을 들어준 우리 딸 참 대견하고 예뻤지. 그런데 동생은 언제 오려나."

그 순간 나는 엄마의 동생이자 딸이 되고, 또다시 이름 없는 누군가가 되었다.

엄마와 나 사이에 놓인 현상은 차갑게 얼어붙은 듯했다. 그러나 이상하게도 그 얼음 밑에는 여전히 따뜻한 물줄기가 흐르고 있었다. 나는 깨달았다. 이것이 바로 사랑의 빙점이라는 것을.

기억은 얼어붙어 서로를 헷갈리게 하지만, 그 얼음 밑에서만큼은 변치 않는 사랑이 흐르고 있었다. 그 사랑은 엄마가 내게 건네는 마지막 선물이자, 내가 붙잡아야 할 운명의 순간이었다.

나는 엄마의 손을 꼭 잡았다. "엄마, 나예요. 엄마 큰딸, 엄마 곁을 지킬게요." 엄마는 말없이 미소 지었다. 그 미소는 차갑게 얼어붙은 현실 위에서, 봄을 기다리는 빛처럼 따뜻했다.

나는 그 미소를 가슴에 새기며 속으로 다짐했다. 얼어붙은 순간조차, 사랑은 여전히 흘러가고 있다고.

메타세쿼이아처럼

김경란

　지난해부터 매주 목요일 오후 둘째네 쌍둥이 손녀 케어를 하게 되었다. 오늘은 자동차 없이 지하철을 두 번이나 갈아타고 둘째가 태어난 해, 지어진 오래된 아파트 단지를 걷는다. 12층 아파트 높이만큼 쭉쭉 뻗은 큰 나무를 보며 생각이 많아진다. 바람 부는 날엔 행여 저 나무들이 창문으로 쓰러질까, 걱정될 때도 있었다. 나무 이름이 궁금하여 경비아저씨께 물었더니 '메타세쿼이아'라고 한다. 태풍이 불 때면 걱정이 많지만, 키 작은 나무는 넘어져도 지금까지 저 나무는 뿌리를 단단히 박아 넘어진 적 없다니 그나마 다행이다.
　찾아보니 백여 년 전까지만 해도 메타세쿼이아는 멸종되어 화석으로만 만날 수 있는 수종으로 알았단다. 그러나 20세기 초 중국 양쯔강 상류에서 자라고 있는 것이 동서양 학계에 알려지게 되었다. 1939년 일본 지역 화석 속에서도 지금까지 보지 못한 나뭇잎 화석이 발견되었다. 세쿼이아 나뭇잎과 같으나 잎의 배열 차이를 발견하고 새로운 종으로서 나무 이름을 지었는데 세쿼이아 뒤를 잇는 나무라 하여 '일본 식물학자 미키시게로'가 '메타세쿼이아'라고 지었단다. 나무의 이름이 붙여지면서 전 세계로 전파되기 시작했다고 한다.

우리나라에는 1956년 미국에서 일본을 거쳐 들여왔다니 우리나라에서의 생태 나이는 나와 동갑인 셈이다. 다 자라면 30~50m까지 자란다는 늘씬하고 훤칠한 멋진 나무다. 지금은 번화한 도시 한복판에서 온갖 공해를 견디며 환경정화에 일조하며 잘 자라고 있으니 무척 고맙고 대견하다.

내겐 메타세쿼이아처럼 훤칠한 두 아들이 있다. 남편과 나는 우리 시대 평균 키 정도였지만 두 애들은 부모를 닮지 않고 키가 큰 편이다. 도무지 우유를 마시지 않아 우유를 많이 마셔야 큰다는 어미 주장을 듣지 않던 큰애는 키가 185cm이고, 우유를 지금도 즐겨 마시는 둘째는 182cm쯤 되니 우유가 그다지 키에 영향을 준 건 아닌 것 같다.

그런데 둘째네 쌍둥이 손녀들은 또래에 비교하면 키가 작다. 제 어미도 작은 키는 아닌데 말이다. 운동도 종목에 상관없이 육상은 늘 대표 선수며, 축구, 스키, 줄넘기 등을 두루 잘한다. 여자애들이지만 축구 혼성 경기에도 참여하여 수상할 만큼 뭐든 열심히 하는데 생각만큼 키가 크지 않아 할미가 쓸데없는 걱정을 한다.

반면, 큰애네 손녀는 쑥쑥 잘 자란다. 작은집 쌍둥이보다 2주 늦게 태어났지만 170cm로 자기 학교 6학년 여학생 중에서 제일 크단다.

고것들이 명절을 쇠러와 우리 집에서 사촌들끼리 한방에 자며 매우 즐거운 시간을 보낸다. 그때도 할미 눈은 자꾸 아이들의 키로 눈길이 간다.

일반적으로 나를 비롯한 대부분의 사람은 큰 키를 좋아한다. 이만큼 살다 보니 중요한 것은 키도 외모도 아닌 심신이 건강하면 최고의 행복인데 말이다.

굳이 키 아니라도 우리나라 사람들은 유행에 약하여 트렌드라는 명칭으로 남 따라 하기 바쁘다. 유행에 민감하여 의식주는 물론 일상에서도 불필요하게 경쟁하며 스트레스를 받는다. 그럼에도 불구하고 일부는 자기 삶의 기준도 없이 지는 것을 못 견뎌 하고 이타심보다는 이기심으로 가끔은 상대를 불편하게도 한다.

부모가 되어 자녀가 잘하기를 바라는 공부도 마찬가지다. 공부는 설렁설렁하며 운동에 빠져 살던 아이도, 공부와 운동을 열심히 하던 애들이든 지금은 둘 다 자기 가족 건사하며 알콩달콩 즐겁게 잘살고 있으니 말이다.

살면서 깨달았지만, 삶에는 공식이나 정답이 없다. 주어진 환경에서 성실하게 열심히 살다 보면 기분 좋고 신명 나는 일도, 참기 힘든 고통의 날도 있기 때문이다. 그리하여 나는 덕담이지만 흔히 쓰는 '꽃길만 걸으라.'라는 불가능한 말은 되도록 쓰지 않는다. 삶은 공평하여 살면서 누구나 우여곡절이 있기 마련이다. 그 또한 모두 거쳐야 하는 길이며, 살다 보면 괴로운 일도 행복한 일도 이 또한 한순간 지나가기 때문이다. 이제는 연륜이 쌓일수록 마음 폭이 넓어져 세상이나 사물을 보는 시선이 보다 따뜻해지려고 노력할 뿐이다.

하늘을 찌를 듯이 솟아있는 저 나무의 기상처럼 우리 자손들도 꿈을 키우되 품도 넉넉하여 관용의 시선으로 세상을 살았으면 좋겠다. 인간이 편의성만 추구하다 보니 지금처럼 환경이 오염되어 부메랑으로 되돌아오고 있다. 복잡한 도시에 필요한 산소를 내어주고 이타적인 역할을 하는 메타세쿼이아처럼 시야를 보다 확장해 성장하길 빌어본다. 고민과 갈등은 가능하다면 대화를 통해 해결하고 주변을 둘러보며 더불어 즐겁게 살았으면 좋겠다.

이몽(異夢)

임병미

"나, 어젯밤에 돼지가 품에 확 안기는 꿈을 꿨어."

친구 남편이 불쑥 말한다. 우리 밭에 땅콩을 캐는 날, 친구 부부가 함께하고 싶다고 왔다. 이야기를 들은 남자들은 로또를 사야 한다고 했고, 나와 친구는 듣자마자 태몽이라고 우겼다. 내 친구는 둘째 아들이 얼마 전에 여자 친구가 생겼는데 '혹시' 하는 마음이 드는 모양이다. 만날 때마다 멋을 부리고 점점 귀가 시간이 늦어진다고, "이 눔이 기어코…." 하며 안절부절못했다. 아들에게 전화를 걸었지만 받지 않았다.

"뭔 사달을 낸 게 분명해."

남자들은 뭘 그리 호들갑을 떠느냐며 우리를 쳐다본다. 친구는 눈을 흘겼다. 남자들이란 앞뒤 생각하지 않고 저리 태평하니, 누구 고생하는 꼴을 봐야 정신을 차릴 건지….

나는 속으로 좀 놀랐다. 만난 지 얼마 되지 않은 여자 친구와 태몽을 연결하는 것과 연애엔 스킨십이 당연히 뒤따라온다고 생각하는 모습 또한 낯설다. 내가 너무 구세대의 사고방식인가 싶기도 하지만 아무리 봐주려고 해도 그건 너무 빠르다. 예전에는 남녀가 손 하나 잡는 데도 시간이 필요했다. 최소한 한두 달은 지나야 슬쩍 손을 스치면서 잡았다. 그마저도 서로에 대한 확신이 설 때 하는 행동이었다. 어두컴컴한 영화관이나 우연을 가장하여 손을 잡는 세대는 아니라고는 하지만, 여전히 상대방 눈치를 보며 용기를 냈다. 손을 잡히는 여성도 가슴이 콩닥거리기는 마찬가지였다. 그 이상으로 발전하면 이제는 단순 데이트 상대가 아닌 결혼을 전제로 하는 만남이 되는 것이다. 그래서 만약 이루어지지 않거나 인연이 어긋날 때 그 남녀의 운명은 비극적인 드라마를 연출한다.

  우리 사회는 '순결'이라는 윤리의 틀을 쳐놓고 여자는 몸가짐을 조심해야 한다는 교육을 강조했다. 인간 스스로 감정이나 생각에서 나온 것이 아니라, 강제적인 교육의 학습 반복으로 윤리의 기준이 결정되었다. 사실 이런 것들을 통해, 여자는 이렇게 저렇게 행동해야 하고, 남자는 이런 모습이어야만 남자답다고 여겼다. 그 틀에 의해 여자와 남자의 모습은 만들어져 왔다고 해도 과언이 아니다. 하지만 여자라도 남자의 성향인 사람이 있고, 남자지만 여성성이 넘치는 남자도 있다. 각자 태어난 본성에 따라 살면 될 텐데, 우리는 윤리적인 도덕성이라는 미명 아래 자유로운 행동을 억제하며 살아왔는지도 모르겠다.

  시대는 급속도로 바뀌어 가는데 내 머릿속은 그 시대를 따라가지 못하다. 이제 윤리의 틀 같은 것은 구시대의 유물일 뿐이다. 손을 잡는 데만 두세 달이 걸린다는 이야기를 들으면 젊은이들은 아예 쳐다보지도 않을 것이다. 태어나서 연애를 한 번도 못 해봤다는 것도 이상하게 생각하는데 말이다. 요즘 연애를 한다는 것은, 예전과 달리 육체적인 관계까지도 받아들인다는 뜻으로 통용된다. 젊은이들은 너무나 당연한 일이라고 생각한다. 나는 이런 현상은 젊은이들이 자기 안의 감정을 솔직하게 느끼고 전달하려는 마음 때문이라 여겨진다. 우리는 감히 상상하지도 못한 일을 그들은 마치 일상처럼 대한다. 무엇이 옳고 무엇이 나쁘다고 말할 수 없다. 시시비비를 가리는 윤리적 잣대도 소용이 없다. 어쩌면 요즘 젊은이들이 우리보다 용감할 수도 있다. 나는 친구의 아들과 태몽을 다시 생각해 보았다.

친구의 조바심에 남편이 슬쩍 땅콩 농사로 화제를 바꾼다. 밭농사도 자식 농사도 똑같다고 말한다. 맑은 햇살이 내리고 봄바람이 살랑일 때 밭에 두둑을 내고 비닐을 씌워 구멍을 뚫는다, 그 안에 땅콩 서너 알을 넣고 흙을 덮어준다. 실한 땅콩 한 알만으로도 싹을 틔우지만, 땅속 생물과 하늘의 새와 우리의 몫이다. 시골 마을 초입에 있는 밭이라 지나다니는 사람들이 흉을 본다며 가끔 와서 고랑의 풀도 뽑아준다. 그렇게만 해주어도 땅콩은 잘 자란다. 땅콩 한 뿌리를 뽑으면 서너 알에서 몇 십 배도 훨씬 넘는 땅콩이 달려 있다. 땅이 주는 감동이고 선물이다. 그렇듯 자식들도 스스로 커갈 수 있도록 부모가 바라봐주고, 가끔 도움이 필요할 때 함께하여 주면 되지 않느냐며 친구를 쳐다본다. 나는 친구의 손을 꼭 잡아주었다.

"그래, 최고의 일등 혼수품은 손주라는데 태몽이면 얼른 결혼시키지! 뭐."

친구는 그새 마음을 가다듬었는지 차분해 보였다. 그때 아무것도 모르는 친구 둘째 아들에게서 전화가 왔다. 이야기를 들은 아이는 황당하다며 펄쩍 뛰었다. 엄마가 드라마 작가냐며 그런 일은 절대 없다고 상상의 세계에서 그만 내려오라고 했다. 그제야 친구는 긴 한숨을 내쉬었다. 하지만 친구 남편은 왠지 아쉽다는 듯 하늘을 쳐다보더니, 길 건너 로또를 판매하는 편의점으로 걸어갔다.

 꿈 하나로 땅콩밭의 네 남녀가 제각각 이몽(異夢)을 꾸었다. 사람이 다르니 생각도 다르고, 꿈도 자연히 다르다. 인생사 그런 줄 알면 덜 힘들어질 텐데, 그저 생각뿐이다. 다시 땅콩을 캔다. 햇살이 뜨겁다. 저 작은 땅콩 하나에도 생명이 들어있는데…. 땅콩도 꿈을 꿀까, 하는 별난 생각을 하며 오후의 긴 햇살을 머리에 인다.

현재에 행복하기

우희정

거실에 치앙마이 전통시장에서 안고 온 닭 한 마리가 있다. 제법 중닭 정도의 몸피에 섬세한 깃 문양의 테라코타다.
오로지 닭 한 마리와 소품 몇 개 난전에 펼쳐놓고 잉꼬처럼 머리를 맞대고 있던 젊은 부부가 내 관심을 끌어 한참을 그 앞에서 서성이다 집어 들었던 것이다.
옆에 있던 그가 더 좋아했다. 마치 아이가 원하던 장난감을 손에 넣은 것처럼 의기양양 해하며 깨트릴까 봐 트렁크에 넣지도 못하게 하고 애지중지 직접 안고 왔다.

함께했던 그가 세월에 밀려 떠난 뒤 다시 찾은 치앙마이. 시장 이 곳저곳을 나는 마음먹고 기웃거렸다. 집에 있는 닭에게 짝을 맞춰 줄 요량이었다. 여행을 예정하던 순간부터 내심 그 시장, 그 어디쯤에서 그들 잉꼬부부를 만났으면 하는 바람이 간절했던 터였다.
하지만 시장을 두 바퀴나 돌아도 7년 전 그들의 모습은 보이지 않고 대신 초로의 아낙이 눈에 들어왔다. 그녀는 꽃 화분 몇 개와 새집 여섯 개로 손님을 부르고 있었다. 산에서 직접 따온 새의 둥지였다.

개당 가격은 20바트, 우리 돈으로 환산하면 800원이었다. 암수의 둥지가 다르다는 그녀의 설명에 호기심이 일었다.

암놈의 둥지는 알이 떨어지지 않게 사람의 위와 흡사한데 아래쪽으로 홀쭉한 긴 입구가 있고 수놈의 것은 위에서부터 아래로 조금씩 넓어지다가 홰가 가로질러 있는 모양새였다.

참으로 섬세했다. 가늘디가는 풀을 엮어 공을 들인 솜씨가 예술이었다. 지푸라기 같은 풀과 약간의 진흙이 재료의 전부였지만 촘촘하고 단단할 뿐만 아니라 보기에도 예뻤다.

세상만사가 계획대로 이뤄지던가? 나는 닭에게는 미안했지만, 새집 두 채를 사서 희희낙락하며 숙소로 돌아왔다. 집으로 가져가 뒤뜰의 매화나무에 매달면 풍취가 그만일 듯해서였다.

내친김에 사진을 찍어 한국에 있는 지우(知友)에게 자랑질을 했다. 그런데 옆에서 함께 보던 그녀의 이들이 걱정을 한다고 전해준다.

"외출했던 새가 돌아와 자기 집이 없어져서 황당해 하지 않을까요?" 라고.

그 따스한 마음씨에 절로 미소가 지어졌다. 대부분의 새는 새끼를 이소시키면 둥지를 재사용하지 않는 것을 모르는 모양이니 걱정이 되었겠다.

그런데 하룻밤 자고 나니 나에게도 걱정이 생겼다. 공산품도 아닌 새 둥지를 가져가다 공항 검색대에서 난처한 일을 당할 수도 있지 않은가.

마침 묵고 있는 곳이 자연 친화적이라 아침마다 커피를 마시는 문 앞 덩굴식물에 걸었더니 분위기가 제법 좋았다. 집으로 가져가는 대신 이곳에 머무는 동안 충분히 즐기기로 나는 작정을 했다. 8백 원으로 일주일을 누릴 수 있는 행복 치고는 실속 갑인 것 같았다.
 예정했던 날보다 하루를 더 머무는 바람에 마지막 날은 방이 바뀌었다. 어차피 내일이면 돌아가는 날이라 짐만 챙겨 옮겼는데 다음날 아침 방문을 열다 나는 탄성을 질렀다. 나의 사치한 마음을 눈치챈 종업원이 밤사이 둥지를 옮겨 놓은 것이었다.
 '그래, 이게 행복이지….'

 테라코타 닭의 고향 치앙마이는 이래저래 내게 추억을 선사한 곳으로 기억된다. 슬펐던 일도 시간이 덧씌워져 추억이 되어 돌아보면 행복한 반추가 되지 않는가. 하물며 그와 함께했던 애잔한 기억이 묻어 있고 새집의 해프닝도 추가되었으니 더욱 특별한 곳이 되었다.
 올해도 그곳, 그 방으로 나는 엔도르핀을 충전하러 갈 예정이다. 사랑하는 이들이여, 나의 소소하지만 확실한 행복을 응원해주기 바란다.

3.
멈춰야 보이는

바야흐로 AI로봇 시대

서혜경

　얼마 전 강원도로 2박 3일 여행을 다녀왔다. 가족여행이지만 실은 운전면허를 딴지 얼마 안 된 아들의 운전 연습을 위한 것이었다. 안전을 위해 자주 쉬다 보니 남편이 운전할 때보다 더 많은 휴게소를 들리게 되었다. 점심을 먹기 위해 문막 휴게소 식당에 갔다. 키오스크로 메뉴를 신청하고 식당에 앉았다가 깜짝 놀랐다. 요리사 대신 로봇이 조리하고 있었다. 첨단 스마트 조리 시스템이라고 하던데 처음 보니 신기했다. 사람을 대신해 로봇이 정해진 순서로 일을 하는 방식이라 일정 공간 자리를 차지해 몇 개의 메뉴만 조리하고 복잡한 여러 메뉴를 준비하지 못하는 것 같다. 작년부터 도입된 로봇 자동화 매장이라고 하는데 전혀 몰랐던 세상이었다.
　사실 로봇의 시작은 직조기 같은 산업 혁명에서 시작되었고 현재 여러 사업에 사용된다. 오늘날 로봇 기술의 발전으로 '인공 로봇 상호작용'이라는 학문도 있다고 한다. 그 로봇이 바로 내 옆에서 서비스를 제공하고 있어 좀 더 현실적으로 느껴졌다. 휴게소 식당에서 식탁을 정리하고 설거지는 아직 사람이 하고 있었다. 일의 주체는 로봇이고 보조는 사람이 된 것이다. 휴게소에는 음식 말고도 로봇이 커피를 만드는 '커피 휴봇'이라는 카페가 있는데, 재료가 떨어졌는지 문제가 생겼는지 이용할 수 없었다. 물론 휴게소 식당 밖에서는 간식거리를 점원이 직접 조리해 팔았다. 이미 여러 휴게소 커피숍의 경우 로봇이 바리스타 일을 많이 하고 있다. 앞으로 보통 식당 일은 로봇이 하고, 좀 더 값비싼 식당에서는 사람이 요리하고 서빙도 하지 않을까 하는 생각이 들었다.

관련하여 인터넷을 찾아보니 푸드테크(음식과 기술의 합성어)라는 용어를 쓰고 있었다. 대학교에 푸드테크 학과를 비롯해 푸드테크 산업이라는 게 있다. 재작년부터 서울 특정 중학교 급식에도 시범으로 급식 로봇이 운영되고 있단다. 개인적으로 집에서 음식을 알아서 해주는 푸드 로봇이 있으면 좋겠다. 부엌에서 자리는 조금만 차지하고 이것저것 여러 종류의 음식을 만들어주길 기대한다. 물론 나한테 맞는 메뉴와 소스도 만들어주는 로봇 요리사라면 금상첨화겠다.

음식처럼 자동차도 자율주행으로 바뀌고 있다. 택시만 해도 미국은 웨이모라는 자율주행 자동차가 이미 일부 대도시에서 로봇 택시로 운영되고, 중국에는 바이두라는 회사가 운영하고 있다. 유럽에도 바이두, 다음은 웨이모가 진출할 예정이라고 한다. 우리나라는 어떨까? 현재 소수 업체가 운영하는데 서울 강남에 심야 로봇 택시가 있고 지역 공항에서 자율주행 셔틀버스를 운영한단다. 큰 문제없이 안전하고 요금이 싼 택시라면 나름 괜찮을 것도 같다.

최근 라디오에서 자율주행 시대의 법률이라는 내용의 프로그램이 방송된 적이 있다. 내용을 다 이해하지는 못했지만, 자동차 사고가 났을 때 누가 법적인 책임을 질 것인가 등등의 다양한 문제점을 알려줬다. 생각하지 못한 문제가 아직 많다는 것 정도는 알게 됐다. 아직은 제도나 법률이 미처 기술의 발전을 따라가지 못하지만 그래도 빠르게 바뀔 것 같다.

일반 음식점에서도 키오스크를 통해 메뉴를 선택하고 계산까지 하는 것이 보편화되었다. 그리고 서빙 로봇을 통해 조리된 요리를 손님에게 전달하고, 또 사용한 빈 그릇을 로봇이 옮겨주는 일을 한다. 사람이 하던 일을 부분적으로 대체해 나가는 과정이다. 머지않아 지능형 로봇이 식당에서 움직이면서 메뉴도 주문받고 음식도 운반하는, 사람이 했던 대부분 일을 똑같이 하지 않을까 하는 생각이 든다. 물론 창의적이거나 주어진 일 외에 대한 대처 같은 것은 좀 다르겠지만 사람과 로봇이 식당이나 부엌에서 함께 일하면서 살지 않을까.

초고령사회에 들어가며 우리나라 일본은 노인 돌봄의 수요가 커지고 있다. 우리나라도 작년부터 독거노인에게 반려 로봇이 조금씩 배포된다고 한다. 조그만 인형 모양의 로봇으로 어르신과 대화도 하고 건강 문진, 약 복용 및 응급 상황에 보호자나 119에 연결하는 일까지 한다. 앞으로 거동이 불편한 노인이 움직이거나 식사하는 데도 도움을 주는, 더 발전된 반려 로봇의 시대가 오지 않을까. 가격이 문제이긴 하겠지만. 아무튼, 기계적인 움직임만 갖춘 로봇 기술에 지능을 가진 AI기술이 합쳐져 인간의 움직임과 생각을 흉내 내는, 휴머노이드 기술은 이미 여러 곳에서 많이 소개되고 있다.

두 달 전 'MARS 2025(Modern AI&Robit Summit)'라는 전시회가 코엑스에서 있었다. 거기에 영국 엔지니어가 개발한 휴머노이드 로봇 '아메카'가 공개됐다. 자연스럽게 웃으면서 말을 하는 로봇이다. 나도 그 로봇과 한국어로 대화를 나눴었다. 로봇은 자신의 능력을 보여주고 사람들과 소통을 하고 있다고 말했다. 다양한 사람을 만나고 기술에 대해 얘기하고 싶다고. 나는 열심히 말을 계속 걸었고, 로봇은 대체적으로 답을 잘했다. 하지만 가끔 답이 없거나, 갑자기 다른 얘기를 하다 중단하는 경우도 있었다. 남편은 열심히 안내하는 로봇을 내가 괴롭히는 것 같다면서 웃었다.

앞으로 세상은 AI에 대한 이해와 적응은 필수라고 할 것이다. 로봇과 AI는 미래가 아닌 우리의 여러 생활 속에 이미 현실화되었고, 그 발전과 변화는 상상 이상일 것 같다. 어떤 것이 AI가 한 것인지 또는 사람이 한 것인지 구분할 수 없는 세상이 올 것이다. 더불어 로봇의 발전은 많은 사회 전반에서 사람이 하던 일을 대체하며 발전할 것이다.

그런데 이러다가 우리 집에도 나를 대신하겠다는 로봇이 나오면 어떡하지?

오빠가 왔다

문정순

　오빠가 왔다.
　이백 년 만에 첫눈이 폭설로 내린 날 우리 집에 왔다. 나는 가만가만 차 트렁크에서 오빠를 내려 품에 안았다. 눈 너울이 경계를 지운, 티끌 하나 없는 새하얀 눈으로 덮인 마당. 눈 모자를 쓴 품이 넉넉한 반송이 앞장을 서고 뒤로는 마치 흰옷 입은 식솔 같은 꽃나무들이 고개 숙여 맞이하는 것 같았다. 모남 없는 부드러움 앞에서 나는 "오빠, 여기가 동생 꼬마가 사는 집이야. 봐봐." 하며 오빠라 부르는 그림을 쓰다듬고 볼을 비볐다. 건너 석양이 스민 눈 덮인 여주 벌이 붉게 내 눈을 물들였다.
　선홍빛 단풍나무가 담을 넘는 '수풍재', 수필 풍경을 짓는 집이란다. 이명지 작가의 그림수필집 『낮술』 출판기념식이 그곳에서 조촐하게 열렸다. 나지막한 언덕에 큼직한 바위로 성곽처럼 축대를 지어 올린 집이다. 마당이 훤히 보이는 철 대문에는 사과나무를 목각하고 영문으로 과수원(orchard)이라 새긴 자그마한 현판을 달아놓았다. 아마도 과수원집 막내딸이었던 집주인이 추억 한 삽을 뚝 떠 문장(紋章)처럼 대문에 건 것이리라. 기억으로 둔 것은 어디서든 추억을 주단으로 펼쳐 푼다.

집안은 갤러리 같았다. 벽이며 테이블, 평평한 곳이면 그림이 있었다. 모두『낮술』의 삽화 작가 작품이었다. 동화책을 펼친 듯 밝은 색채에 따뜻한 기운을 품고 있는 그림은, 대부분 평면화로 과거의 시간이 박제된 사진 같았다. 밋밋한 화면이 주는 편안함, 슬쩍 끼어 앉으면 금방 그림 속 주인공이 될 것 같은 친근감이 들었다. 그중 테이블 위에 걸린 그림에 시선이 가는 순간 가슴이 요동을 쳤다. 그 시작은 바탕색이 하늘색, 그것도 숨 막히게 좋아하는 라이트블루였다. 색을 뒤로 둔 두 남녀의 눈들이 정면을 비낀, 어긋난 시선인 그림이 나를 오래도록 붙잡았다.

출판기념식이 시작되고, 작가는 자신의 글을 평소 좋아하는 그림 위에 풀어 놓고 싶다 했다. 수줍고 행복했던 내면의 고백을 그림책으로 민들이 보고자 한 시도는 오래 걸린 의미 있는 산고였다며『낮술』의 출간 과정을 소개했다. 뒤이어 책의 표지화와 삽화 작업을 함께한 '신철' 화가가 수풍재 공간에 걸린 자신의 작품세계에 관해 설명하는 시간으로 이어졌다.

화가는 청산도가 고향이라 했다. 유년의 기억 속에는 섬을 떠나 뭍으로 유학을 갈 때까지 하늘길 따라가는 비행기만 실컷 보았다고 했다. 청산도에서 볼 수 있는 건 푸른 바다와 하늘, 떠가는 배 그리고 몇 안 되는 자전거뿐이었단다. 그런 작은 섬에서 육지로 나가 학업을 할 수 있었던 것은 부모님의 기대, 집안을 일으켜 세울 재목이 되어야 하는 아들이기에 그랬을 거라고 했다. 아들에 밀려 꿈도 키워보지 못한 누이들, 그 누이들의 몫을 가로챈 빚진 마음은 화가가 되어서도 따라다녔다고 했다. 기회를, 꿈을 접어야 했던 이 땅의 누이들에게 자신의 붓끝으로 잃어버린 꿈을 피워내 주고 싶어 꿈 하나하나의 색을 고르고 고른다고 했다. 설명을 듣고 보니 그림 속 누이들의 표정은 내놓지 못한 속내를 수줍게 곁눈질하는 것처럼 보였다. 내 눈에 든 그림, 벚꽃이 날리는 풋풋한 '청춘의 봄' 속에 서 있는 두 남녀. 오누이일까? 연인일까? 화가의 작품 설명이 더해진 그림은 금세 오빠와 나의 모습으로 오버랩 되었다. 뒤로 듬직한 손길을 받으며 꽃다발을 안고 수줍게 웃는 여릿한 모습은 오빠 같았다.

　그림 속 주인공들은 시공을 넘더니, 서른여섯의 나이로 세상을 떠난 오빠와 사춘기의 반항처럼 뾰로통한 갈퀴 같은 말로 오빠 속을 할퀴어대던 내가 되었다. 오빠와 남동생 사이에 낀 딸이라는 이유로 감수해야 했던 차별, 권리는 없고 의무만 있었던 그 잊었던 아픔이 그림 하나로 불쑥 되살아났다. 못다 핀 꽃으로 세상을 떠난 오빠는 그런 나를 무던히도 토닥이고 달랬다. 오빠의 안타까운 표정은 일생을 따라다녔다.

　세 살 터울의 오누이였지만 나에게 오빠는 등대 같은 어른의 모습이었다. 오빠는 세상을 떠날 때까지 야단을 칠 때마저도 하회탈 같은 눈웃음을 지으며 "꼬마야." 하고 나를 불렀다. 세상 포근하고 다정한 어조로….

　이젠 가진 것도 줄여야 할 나이인데 한 번 본 그림이 자꾸 눈에 밟혔다. 놓쳐버린 내 오빠로 안아가고 싶었다. 곁에 두고 생전처럼 내 뒤를 바라봐주었으면 했다. 그렇게 그림으로나마 함께하고 싶다는 간절한 마음은 눈길을 달려 나를 기다릴 것 같은 그림 속 오빠를 집으로 데리고 왔다.

　살림하는 주부로서 가볍게 살 수 있는 것이 아닌 그림을 구했지만, 그림 한 점으로 받는 위로의 가치는 액수를 매길 수 없다. 무엇으로도 메울 수 없는 패인 상처를 감추며 수줍게 살아온 누이들의 삶을, 청산도 신철 화가는 자신만의 붓질로 잊혀진 누이들의 꿈을 그렸다. 색 없는 밑그림 같은 누이의 삶을, 치유의 팔레트에 존경과 감사의 물감을 짜, 다 내어준 빈손에 화사한 꽃다발로 안겨 주었다. 많은 꿈을 꾸었을 시절의 아름다운 모습으로 캔버스 안의 주인공으로 서게 했다. 그림 속에서 들고 있는 꽃은 모양 다른 아홉 송이다. 각양각색으로 꾸었을 많은 꿈. 무참히 꺾였던 이 땅에 누이들의 꿈을 그렇게 다시 피워냈다. 나는 무엇으로 못다 핀 오빠의 꿈을 채워줄 수 있을까….

　그림을 들고 무릎까지 쌓인 눈밭을 돌며 집구경을 시켰다. 푸른 섬, 청산도 소년과 나의 젊은 오빠가 웃는 것 같았다. 나도 동생으로 다 하지 못한 빚진 마음을 그림에 싣고 하늘을 향해 "이상 끝!" 하고 외치고 나니 마음이 꽃처럼 환해졌다.

격암유록

배정화

　25여 년 전 동국대에서 주역을 공부한 기억들이 추억만이 남았을 뿐. 내용의 지식들은 희미한 안개 되어 아른거린다. 다시 그 시절을 회상. 전개할 기회가 돌아왔다. 배워둔 지식을 내 것만의 사주는 기억하고 있었지만 날마다 하루같이 혼 빼앗긴 작업으로 그마저 생각을 잊게 했다.

　오랜만에 이현범 교수님 연락을 받았다. 시조 왕검 단군이 기록해 놓은 예언서 국정교과서 격암유록을 33년 연구해 온 유일한 교수이다.

　남사고가 1944년에 정리해 놓은 것을 박*선이가 불에 태워라 했다. 그 후 이도운씨가 2만 평 땅을 팔아 1977년에 이 책을 구했고 보관하다가 국립 중앙박물관에 소장되어 있었던 것을 2003년도에 이현범 교수가 발견하여 해독한 것이다. 책 속에 한자 결자를 퍼즐처럼 감추어 논것을 풀어 해석하면. 문맥과 뜻이 신비스럽게 맞아 떨어져 감동을 받는다.

　우주의 역사는 129,800년인데 지구의 주인은 6,000년 먹은 인간, 마귀 세상에 우린 살고 있었다. 인간이라는 단어는 동물을 지칭한다. 하여 사람 되는 공부를 격암유록 속에 해인 금척인 천부인에서 찾는다. 인류 우주를 움직이는 신이 있었다. 먹지 않고 살 수 있는 것이

해인 금척의 공부다. 이것이 인간이 사람 되는 마지막 공부였다. 천상계 이름은 구천응원내성보아천손강성상제이다. 인류 역사 이래 나라를 세우며 하나님께 제사를 드리신 분이 환인 7분 환웅 18분 단군 47분 합 72분이다. 그 당시 환국의 수도는 전라도 나주였다.

북두칠성 본적을 두고 제적등본을 띠어 조상님을 북극성에 올리는 제를 지낸다. 단군은 강화도 고향인 첨성단에 올라 하느님께 제를 지냈다. 조상님께 올리는 효 공부의 시작이다.

일주일 한 번 4~5시간 강의가 이어진다. 70세 줄에 선 시니어 청춘들이 모인 장소이기도 하다. 협소하고 열악한 것은 당연했다. 교수님은 약간의 회비로 운영하고 있기 때문이다.

격암유록 역사 속에는 숨 쉬는 시간 들이 있었다. 역대 대통령은 누가 되고 언제 탄핵을 맡고 언제 죽임을 당하고 한 것에 대한 내용들을 자세하게 기록되어 있다. 예를 들면 丑축의 문자. 소에 꼬리를 달면 尹윤이 된다. 윤이란 자가 대통령에 당선되며 언제 탄핵을 맞고 감옥에 간다는 것이 소름 돋게 기록되어 있다. 역사를 연구한 학자 외 타 여러 학자도 격암유록을 연구했다. 감추어 둔 한문의 결자를 풀어낼 수 없어 답이 보이지 않자 포기하고 만다. 그러나 이 교수는 오랜 연구 끝에 그 답을 찾았다. 연구를 거듭하기 위해 은행 직장을 사표 냈다. 지하방으로 전전하며 연구에 혼신을 다해 온 결과로 100여명의 회원들이 공부하고 있었다. 그중 어려운 난간을 뚫고 고서 해석 명예박사를 현재 18명을 배출하였다. 우선으로 한문을 모르면 공부에 입성할 수 없다. 복잡 난해하기 때문에 포기한 회원들도 있었다. 인내하며 반복된 강의를 거듭 듣게 되면 이해 폭이 넓어지면서 깊이를 또한 실감을 느끼니 재미 또한 솔솔해진다.

격암유록 해석 공부는 사주풀이로 시작한다. 공부를 계속할 수 있는지 그 사람의 인성을 본다. 年은 조상이고 月은 부모이며 日은 본인이고 時는 자식이다. 木. 火. 土. 金. 水. 五行으로 나뉜다. 오장육부에 오행이 자리 잡고 있다. 사주에 그 사람 성격. 재주. 취미. 학업. 미래. 직업. 지병. 인성 등이 정해져 있었다. 목은 간장에 해당되고 화는 심장이며 토는 비장이다. 금은 폐이고 수는 신장이었다. 오행이 고루 분포되어 있다면 건강에도 좋다. 팔자 역시 일생 동안 무난하게 살아간다. 오행 중 어느 것이 숫자가 많고 적고 없음에 따라 몸 안에 오장육부가 약하고 강함으로 나타낸다.

나의 사주를 풀어 보았다. 장점은 금기가 많아 그름을 재어놓고 지낸다. 단점은 수가 없다. 수는 신장에 해당한다. 수가 없으니 신장이 약할 수밖에. 다이어트 한다고 한 끼 줄어가며 단식하다. 병을 얻었다. 신우신염이 온 것이다.

큰 병원 간호사가 빨리 입원하라고 한다. 마침 종로에 지인. 병원 원장이 처방해준 약을 복용하고 회복했다. 신장이 약한데 밥을 거르면 안 좋다고 한다. 에너지에 가장 민감한 반응을 보인 것이 신장이기 때문이다. 그 후부터 운동하다 배가 허전하면 사탕이라도 입에 물고 있다. 과로는 금물이다. 잠도 푹 자야 한다는 것은 물론이다. 건강에 소홀하면 몸이 먼저 신호를 보낸다. 이렇듯 무엇이 부족한가를 사주를 뽑아 예방을 해주는 것을 깨달아 지혜로 체득한 것이 상식이 되고 있었다. 작업에 지친 몸에 애정을 쏟는 여유와 돈에 욕심을 내려놓으니 자유로운 예술 직업이 이렇듯 행복할 수가 없다. 사람 되는 해인 금척 찾는 공부는 고통이 수반 되어야 만이 사후 황제 황후가 된다. 황제 황후는 동등한 입장이다. 어느 쪽도 지배할 수가 없다. 인간은 천상계에서 정해준 사주팔자로 인하여 살다가 마지막에는 훌훌 벗고 돌아갔다 다시 윤회한다.

수업이 끝나면 늘 챙겨가는 도시락 4~5인분을 시니어 청년들과 저녁을 즐기며 교수님의 좌담은 계속된다. 1년간 빠짐없이 공부한 결과 해석사 1·2차에 합격하고 3차 고서 해석사 시험. 50문제 중에 84점을 받아 합격했다. 명예박사증을 취득하게 된다. 박사 증을 수여했다고 끝이 아니다. 격암유록은 수천 년 내려오는 예언서이기에 해석사로서 공부해야 할 분량이 많다. 막중한 책임이 따른다. 몸이 허락하는 한 계속 이어질 것이다. 평생 공부와 예술 업을 해야 하는 팔자이니 수용은 당연하지 않은가 싶다. 놀며 쉬며 즐기며 길게 가는 방식 또한 벗이 되어 함께 여행하는 길이기도 하다.

격암유록은 선비도 한문을 모르면 해독할 수 없기에 북극성에 올라갈 수가 없다 이 공부는 하나님의 주문이다 축문인 해인금척 400자와 대강문 43자를 알고 있어야 북극성에 입성할 수 있기 때문이다

단군님. 부처님. 예수님 등 큰 인물은 천상계에 계신다. **坤乾**(곤건). 중 지상에도 급수가 있듯이 천상계에도 급수가 있다. 북두칠성을 가기 위한 공부가 이어지면 직계 조상님은 자연히 북극성으로 올라간다. 하느님 그리고 큰 조상님께 새벽 1시 축시에 10분간 기도가 이어진다.

악한 자들이 사기를 치고 살해까지 저지른 것은 사람이 아닌 인간인 동물이기 때문이나. 인간, 동물 아닌 사람 되기 위한 공부는 참 진리로 가는 길이다.

지구 말세가 다가오고 있다. 기괴한 현상들이 세계 곳곳에서 물난리 불난리 지진 등을 경험하고 있는 시점에 왕검단군께서 4358년전에 기록해 놓은 비서 격암유록을 현실에 와서 절실히 공감한다.

종가(宗家)의 설 풍경

안영자

　설 명절이 다가왔다. 제물 준비에 으뜸인 문어를 사기 위해 묵호항 어판장에 가니 싱싱한 문어가 나를 반긴다. 그 순간 살아서 꿈틀대는 커다란 문어를 처음 보고 놀라서 달아났던 새댁 시절이 생각나 나도 모르게 쿡 웃음이 났다. 여덟 개의 다리를 힘차게 움직이는 게 첫눈에 확 들어오는 문어로 정하고 내장을 제거해 달라고 부탁했다. 그런데 내장을 제거했는데도 살아서 구물거리는 문어의 끈질긴 생명력이 놀랍고 미안했다. 뒤이어 몇 가지 생선과 금방 배에서 내린 싱싱한 튀김용 새우도 사서 집으로 왔다. 펄펄 끓는 물에 문어를 넣고 앞뒤로 뒤집어가며 삶아서 모양 그대로 식혀 냉동 보관했다.
　어느 날, 제사 때 문어를 빼놓지 않고 쓰는 이유를 시아버님께 여쭈어보니, 선조들께서는 문어 다리 여덟 개에 촘촘히 달린 빨판이 자손의 번성을 의미하는 것으로 믿었다고 하셨다. 또 문어의 문(文)자는 글월문(文)자이기에 유교 전통과 한학을 숭상하던 조상님들은 문어의 먹물을 선비가 글을 쓰는 붓과 연관 지어 문어를 귀하게 여기고 제사상에 올리는 것이라고 알려 주셨다.
　문어 손질을 끝내고 생선도 소금을 뿌려 놓았다. 간이 배면 햇볕에

꾸덕꾸덕하게 말려야 제 맛이 나기에 망을 씌워 밖에 내다 걸어놓았다. 제상에 올릴 모든 어물 준비를 끝내고 나니 새우껍질 벗길 일이 남았다. 수입품 새우에 비해 크기가 작아서 껍질을 벗기는 데 시간이 오래 걸리지만, 맛이 훨씬 좋으니, 연근해에서 금방 잡은 새우를 선호하게 된다. 저녁 늦게까지 새우껍질을 벗겨 냉동실에 보관하고 나서야 설 준비가 어느 정도 됐구나, 하는 마음이 든다.

한 해가 작별을 고하는 섣달그믐날이 왔다. 이른 아침부터 종갓집 맏며느리는 쉴 새 없이 몸을 움직여야 한다. 만두는 며칠 전에 150개 정도 빚어 냉동실에 고이 모셔놓고 있다. 육전 부치고 새우를 튀기고, 동그랑땡 만들어 굽고 나서 한숨 돌린다.

몇 십 년 전에는 아궁이에 장작불 때서 알불을 만들어 부삽으로 꺼내 부엌 바닥에 쭈그리고 앉아 솥뚜껑을 뒤집어놓고 전을 부쳤다. 연기 때문에 눈물 콧물 흘려가며 전 부치던 시절이었다. 요즘은 전기 코드만 꽂으면 프라이팬이 달구어지고, 부탄가스 버너에 스위치만 켜면 불편 없이 모두 다 만들 수 있다. 이렇게 좋은 세상에서 물질문명의 혜택을 누리고 사는 것에 감사하며 잠시 지난 세월을 더듬어 본다.

종택(宗宅)의 섣달그믐날과 설날은 다른 집보다 더 분주하다. 섣달그믐날을 작은 설이라고 해 조상님들의 위패가 모셔진 사당(祠堂)을 청소하고 촛불 켜놓고 향을 피운다. 15대 종손이신 시아버님은 삼베 도포 차림을 하고, 모든 제관은 경건한 마음으로 여덟 분 조상님께 정성 들여 준비한 만둣국 제를 올린다. 그 예가 끝나고 나면 자손들은 부모님과 집안 어른들께 한 해 동안 좋지 않았던 일은 훨훨 날려 보내고 건강하게 새해를 맞이하시라는 뜻으로 '묵은 세배'를 드린다.

설날 아침이 되면 준비한 제물을 사당으로 옮겨 조상님께 차례를 지낸다. 그다음 집안 어른들께 세배하고 나면, 뒤이어 의관정제(衣冠整齊)한 문중 어른들이 줄지어 사당에 참배하러 들어오신다. 고운 한복에 하얀 옥양목 앞치마를 허리에 졸라맨 종부는 주안상 준비하랴 어른들께 세배하랴, 눈코 뜰 새 없이 바빠진다.

옛날 재래식 부엌 부뚜막에 허리 구부리고 서서 오지자배기*에 설거지하고 무거운 자배기 들고 높은 문지방(門地枋)을 수없이 넘나들며 설거지하다 보면 깨끗하던 하얀 앞치마는 어느새 흠뻑 젖어 있었다. 세제와 고무장갑도 없던 때라 기름기 있는 그릇은 뜨거운 물로 씻어 내느라 손은 벌겋게 변하고, 상수도 시설이 없던 시절, 마당에 펌프 물 퍼 나르며 힘든 부엌일을 해야만 했다. 그 당시에는 모든 일이 낯설고 힘에 부쳐 밤이면 친정엄마 얼굴이 떠올라 뒤꼍 장독간에 쭈그리고 앉아 남몰래 눈물 흘린 적이 한두 번이 아니다. 그럴 때마다 '종부는 하늘이 내린다.'라던 친정 부모님의 가르침을 명심하고 주어진 현실에 최선을 다하리라 마음을 다잡고 종부의 본분에 충실해지려 애썼다.

어느덧 세월은 흘러 오래된 종가(宗家), 골 기와집 구 가옥은 철거되고, 내가 마흔두 살 되던 해에 살기 편리한 집을 짓고 지금까지 37년째 살고 있다. 시아버님 작고하시고, 연로하신 집안 어른들 뜻에 따라 1년에 열여섯 번 지내오던 제사 중 섣달그믐 제사, 정월 대보름 제사, 한식 제사, 단오 제사, 동지 등의 제사는 생략했다.

그 후 지금까지 설 추석 명절 차례와 기제사(忌祭祀)만 모시며, 16대 종손인 남편과 내가 맥을 이어가고 있다. 그런데 이번 섣달그믐날

17대 종부인 큰 며느리가 "어머니는 연세도 있는데, 몸 생각 안 하고 왜 그렇게 일을 많이 하느냐?"라며 속마음을 내보였다. 나와 다른 생각을 하는 며느리는 요즘 세상에 여느 집에 없는 사당이 있는 것도 이해할 수 없고, 조상을 모시는 일도 본인에게 와 닿는 일이 아니라고 여기는 것 같다. 하기야 시대가 많이 변했는데 조상 운운하며 고집부리는 늙은 시어미를 신세대들이 이해할 수 있겠나 싶기도 하다. 조상 숭배는 자손의 도리이기에 허례허식 없이 간소하게 격식만 갖춰서 행하면 제사 모시는 일은 어려운 일이 아니라고 나는 생각한다. 그러나 며느리의 논리적 사고와 이성적 판단도 무시할 일이 아니기에 서로의 가치관이 다름을 인정하기로 했다.

내가 한 가문의 종부가 된 것은 숙명일지 모른다. 수백 년 동안 우리 가문에서 수호신(守護神)처럼 여기는, 사당에 모신 4대(代) 조상님을 정성껏 섬기다가 그 어느 날이 오면 종부의 숙명(宿命)도 의무도 내려놓으리라. 그 숙명은 내 것일 뿐 며느리에게 강요할 순 없다. 며느리는 자신의 숙명을 스스로의 몫만큼 받아 안고 잘 감당해 가리라 믿으면서…

명절 손님이 모두 돌아간 식탁에서 손주들이 할미 밥상을 기다린다. 기특하게도 녀석들은 할미 밥이 제일 맛있단다. 문어를 올린 제사, 조상님들의 음덕인가 싶다.

*오지자배기: 붉은 진흙을 재료로 구워서 만든 아가리가 둥글넓적한 그릇.

한마디의 말

양금애

　오늘 아침도 분주하다. 몸이 불편한 남편이 무난히 하루를 시작할 수 있게 잔심부름이며 식사 준비까지 하고 나면 그제야 세수하고 내 모양새를 훑어본다. 내 건강 챙기는 게 목적이지만 얼굴에 남아있을 짜증을 털어내고자 남편 눈치도 봐가며 밖으로 나간다.
　집하고 멀지 않은 거리에 복지센터가 있다. 요가 선생님이 따뜻하고 열심히 가르친다고 하여 높은 경쟁률을 뚫고 힘들게 등록했다. 가보니 인원수가 많지 않아 마음에 들었다. 십오여 년 전에 해본 경력 덕에 새로 시작함에도 비록 나이는 더 먹었지만 까짓거 못하랴 싶었다. 하지만 마음과 달리 그동안 굳은 몸은 거짓 없이 정직했다.
　나는 신출내기 같지 않은 마음으로 시작했다. 그렇지만 동작이 바뀔 때마다 선생님은 내가 신경이 쓰이는지 지적이 끊이지 않는다. 몇 번이고 앞자리 분을 따라서 하라고 한다. 자존심이 상했다. 내 앞사람은 나보다 나이가 훨씬 들어 구십은 족히 넘은 듯싶다. 마음은 더 꼬여서 고개를 반대로 돌리며 내 방식대로 했다. 몸은 생각대로 안 되고 선생님은 매번 앞사람을 따라 하라고 하니 창피하고 화가 나서 더 다니고 싶지 않았다.

내 마음을 눈치 챘을까. 선생님이 내게 와서 살며시 말한다. 앞에 분을 비롯해 다른 두 분도 다리와 허리가 불편하여 거기에 맞추다 보니 수업 진행이 그렇다는 것이다. 다음 시간에는 다른 동작으로 바꾸겠다고 하여 감사한 마음에 기분이 누그러졌다.

정말 그 다음날 요가 수업을 시작하기 전 짧게나마 왈츠도 하고 동작도 변화를 줘서 긴장감과 활기가 돌았다. 오랜만에 다음 수업을 기다리며 설레기까지 했다.

왈츠! 들어본 적은 있지만, 막연히 나랑은 상관이 없을 줄 알았는데 음악만 들어도 이미 춤꾼이 된 것만 같다. 왠지 품격이 높은 춤 같기도 하고 긴장이 되어 분위기가 활기찼다. 다음날도 수업 시간이 되자 선생님은 다리 아픈 분은 앉아 있고 나머지 사람은 일어서라고 했다. 그리고 요가의 한 부분이라며 왈츠의 발 떼기를 가르쳐주셨다. 요기외는 또 다른 팽팽함이 돌고 아침을 음악으로 여니 정신이 맑아지는 기분이었다. 분위기가 화기애애한데 앞자리의 그 할머니는 아주 못마땅한 눈치였다. 갑자기 화를 내면서 춤은 다른 데서 돈 주고 배우고 요가 수업을 빨리하자고 재촉했다. 큰소리에 선생님도 회원들도 깜짝 놀라 멈췄다. 그 양반은 상황 판단이 안 되었던 모양이다. 당신 때문에 분위기를 풀자고 한 건데 미안해하기는커녕 오히려 화를 내니 어이가 없었다. 한참 신나던 흥이 맥없이 풀렸다. 앞자리 양반의 뒤통수가 눈엣가시보다 더 껄끄럽게 미워 보였다.

아무튼, 그 양반 때문에 내 왈츠는 먼 데로 달아나버렸다. 다시 전처럼 누워서 하는 동작으로 수업이 끝났다. 때마침 분위기를 바꿀 요량인지 강사님이 난데없이 양금애님 오늘 손주가 오니까 한턱내라고 한마디 했다. 놀랄 새도 없이 공부 잘해서 미국에서 지원금까지 받아 공부하는 손자가 있다며 자랑을 덧붙인다. 남이 대신해주는 자랑이 이런 맛이던가. 머쓱하게 눈인사를 하면서도 기분은 나쁘지 않았다. 아니 날아갈 듯 좋았다.

하지만 정작 회원들은 별 반응이 없는데 내가 미워했던 앞자리 분이 뒤돌아보더니 불쑥 한마디 한다. 아주 사람 좋은 얼굴로 "앞으로 손주가 꼭 훌륭한 대통령 되겠어요." 생각도 못 했던 뜬금없는 덕담이었다. 나는 당황해서 무슨 답을 했는지도 모르지만 돌아오는 길 내내 그 말에 대해 생각했다. 그 양반은 내가 그렇게 미워한 걸 몰랐을까. 남들도 안 하는 덕담을 하다니, 말 한마디에 얼어붙은 마음이 봄눈 녹듯 녹아내린다.

그러고 보니 내가 얼마나 속 좁고 변덕스러운 존재인가 다시 깨닫는다. 내가 하고 싶은 걸 못하게 됐다고 앞자리 분을 미워했지만, 그분은 다행히도 알지 못했다. 정말 몰랐을까? 내가 저 나이가 되면 그 노인처럼 날 미워하고 원망하는 사람에게 덕담해줄 수 있을까. 날 미워하더라도 모른 체하고 덮으며 진심으로 축하해주고 응원할 수 있을까 아무리 생각해도 쉽지 않은 일이다. 덕담의 그 말 한마디가 얼마나 소중한지 곰곰 생각해본다.

그날, 거기서

조동란

  남들은 결혼하면 대개 1, 2년 정도에 아기가 생기는데 나는 1년은커녕 1년의 열 배나 지나서야 겨우 자식을 얻었다. 이것은 나의 노력이었다기보다는 하나님이 내게 주신 축복이라고밖에 달리 표현할 길이 없다. 무자식 상팔자라고는 하지만 아이가 없어 몸과 마음이 매우 피폐한 채 십 년을 살아온 내게는 커다란 축복이었다.
  별로 늦지 않은 나이에 결혼하고 남편의 직장 때문에 6개월쯤 떨어져 살았다. 처음에는 아이가 생기지 않는 것에 별로 신경을 쓰지 않았다. 같이 살고 있지 않아 그런가 보다 했다. 그러다가 늘 함께 사는데도 임신이 되지 않으니 슬그머니 걱정되었지만, 차일피일하다가 몇 년이 지나고 나서야 병원을 찾았다.
  서울대학병원 산부인과 의사가 나의 주치의가 되었는데 내가 학생 때 강의를 들었던 교수였다. 첫날 남편부터 검사를 하자고 했다. 정자 검사 결과는 정상이었고 그 후, 나는 여러 가지 정밀검사를 하였다. 다른 이상은 없고 배란이 정상적으로 되지 않는 것 같다며 배란촉진 호르몬을 쓰자고 하였다. 그런데도 소식이 없어, 유명하다는 병원을 다 찾아다녔지만, 효과는 없었고 치료받느라 세월만 흘러갔다.

그렇게 몇 년이 흐른 뒤에 이제는 포기하고 양자를 들이자는 의견이 일치했다. 그 소리를 들은 시어머님이 시누님에게 "남보다는 그래도 한쪽이라도 피가 섞인 아이가 낫지 않겠느냐."라고 하며, 남편이 밖에서 낳아 오면 어떻겠느냐고 했다는 소리가 들렸다. 안 그래도 마음 편할 날이 없는데 기가 막혀서 울며불며 남편에게 고했다. 남편은 시어머니께 다시는 그런 말씀 마시라고 단호하게 방패막이를 해주었다. 살면서 그때가 제일 마음고생이 심했고, 그래도 믿을 데는 남편밖에 없다는 고마운 생각도 들었다.

"입양은 아들보다는 딸이 낫겠다. 키우다가 시집보내면 되니까." 등등의 이야기를 하며 친정 올케언니에게 우리 생각을 전했다. 얼마 후 맞춤한 아이가 있으니 데려가겠느냐고 연락이 왔는데, 남편이 마음이 변하여 "아이 없으면 어떠냐. 하나님이 주시는 대로 살자."라고 해서 입양 이야기는 없던 일이 되었다.

아이가 없어서 내가 우울해하고 무기력하게 지내는 것 같으니, 남편이 좀 늦었지만, 공부를 계속해 보면 어떻겠느냐며 대학원 진학을 권유했다. 그 당시에 나는 제약회사 의무실에 근무하고 있을 때여서 서울대학교 보건대학원 야간학부에 입학했다. 얼마 후 친정 올케언니가 서울대학병원에서 유방암 수술을 받게 되었는데 간호해 줄 사람이 마땅치 않았다. 내가 보건대학원에 다닌다니까 오며 가며 들러 좀 도와달라고 하였다. 보건대학원과 대학병원은 같은 울타리 안에 있어서 언니를 간호해 주는 일이 수월했다.

어느 날 언니를 간호해 주러 가는 도중 병원 앞에서 산부인과 주치의였던 선생님을 우연히 만났다. 나를 보자마자 첫 마디가 '그동안 아기 낳았느냐였다. '아직'이라고 하니, 내일이라도 당장 찾아오라며 새로운 시도를 해보자고 하였다. 다음 날 혈액검사를 해보더니 손뼉을 치면서 이제는 되었다며 희색이 만면했다. 내가 병원 치료를 중단한 몇 년 사이 새로운 치료 방법이 개발되었는데, 나의 경우에 적합한 방법이라는 것이다. 그동안 썼던 약은 뇌하수체 호르몬인데 이번에는 유즙분비호르몬 억제제를 쓰면 된다고 했다.

아기를 낳으면 젖을 먹이는 동안에는 임신이 되지 않아서 피임하지 않아도 자연히 터울이 생긴다. 유즙분비호르몬이 배란을 억제하기 때문이다. 혈액검사 결과 나는 아기를 낳지 않았는데도 그 호르몬이 과도하게 분비되는 체질이어서 배란이 억제되었던 것으로 밝혀졌다. 그래서 그 호르몬의 억제제를 쓰면 배란이 정상적으로 되어 임신이 가능하다는 설명이었다. 그동안의 연구 결과를 이제 막 임상에 적용하기 시작했는데 내가 운 좋게 나타난 것이다.

유즙분비호르몬 억제제는 젖 말리는 약이라고도 하는데, 출산 후 모유 수유를 하지 않는 엄마들에게 젖이 나오지 않게 하려고 쓰는 약이다. 그 약을 딱 두 달 먹으니, 기적처럼 임신이 되었다. 그때의 기분을 어떻게 표현할 수 있을까. 나보다 주치의가 더 기뻐하며 성공 사례 케이스로 리포트를 해야겠다고 하였다. 그렇게 우여곡절 끝에 결혼한 지 10년 4개월 만에 우리에게 공주님이 태어났다.

나는 이것이 나와 주치의의 노력보다는 하나님의 축복이라고 생각한다. 아픈 올케언니를 간호하러 다니는 나를 어여삐 여겨 상을 내리신 것이라고. 내가 보건대학원에 다니지 않았더라면, 언니가 입원해서 나의 간호를 필요로 하는 일이 생기지 않았더라면, 나의 주치의를 그날 거기서 다시 만나지 못했더라면, 나는 오늘도 자식 없이 쓸쓸하게 살고 있을 터였다.

　무어라 어떻게 그 크신 뜻에 감사할 수 있을까. 하나님은 저 위 먼 곳에 계시지 않았다. 돌아보니 하나님은 남편의 모습으로, 주치의의 모습으로, 가족의 모습으로 내 곁에 서 있어 주었다는 생각이 든다.

　'심는 이나 물주는 이는 아무것도 아니로되 오직 자라게 하시는 이는 하나님뿐이니라.' 성경 말씀을 되새기며 오늘도 그분의 모습으로 서 있는 이가 누군가 가끔 주위를 둘러본다.

업

한정희

    그해 오월 박물관에 갔다. 그곳(국립중앙박물관)에서 수필반 동아리와 만났다. 전시장이 꽤 붐볐다. 각 전시물에 담긴 시대적 배경과 역사적 내력을 듣노라니 하나같이 소중하다. 선대의 삶과 올곧은 정신이 전시품에서 고물고물 묻어난다. 옛 생활 모습에서 조상의 지혜로운 숨결이 살아 숨 쉬는 듯하다. 뿌리 깊은 옛 관습이나 전통은 후대에게 삶의 근간이다. 선조의 위대한 유산. 조상의 영혼이 깃든 유물을 후대가 잘 보존하여야 하리라. 평생 모은 개인 소장품을 기증한 사례도 눈길을 끌었다. 조상의 얼과 옛 생활풍속을 눈여겨보면서 깊은 생각에 잠긴다.

    오늘, 무슨 까닭으로 이곳에 발길이 닿았을까.

    마침내 세간의 화제였던 '사유의 방'에 들어선다. 어슴푸레한 조명에 시척노 분산이 안 된다. 차츰 어둠이 익고 비로소 사물이 눈에 들어온다. 텅 빈 곳에 고즈넉하니 자리한 얼핏 닮은 듯 다른 두 조각상. 고고한 형상에 숨이 멎을 지경이다. 이른바 반가사유상. 이름대로 한쪽 다리는 책상다리를 한 채 깊은 사유 중이다. 찬연한 형상에 엷은 미소를 머금은 듯 심오한 표정은 무릇 중생의 번뇌를 다 짊어지신 겐가! 감히 범접할 수 없는 핍진한 자태. 미욱한 중생이 그 깊은 뜻 어찌 가늠하랴. 그저 도저한 모습에 취해 우러를 뿐이다. 무량한 지경에 들었다 돌아서는데 자꾸 뒤통수가 켕긴다.

이·뭣·고!

다음은 불교 작품 전시장이다. 불상을 비롯해 크고 작은 조각품이 즐비하다. 해설사의 설명을 듣다 잠시 숨을 돌린다. 그때 거대한 불상 옆에 놓인 아주 작은 형체가 눈에 들어왔다. '업경대(業鏡臺)'라는 안내다. 사자 모양의 받침대와 불꽃 무늬의 조각으로 둘러싸인, 고졸하니 작고 둥근 면경이다. 살아생전 지은 죄를 사후(死後)에 비추는 거울이란다. 오랜 세월의 더께로 유리는 뿌옇고 장식도 거무튀튀하게 바랬다. 염라국 문 앞에서 망자의 업을 비춰야 할 물건이 뜬금없이 예 놓였을꼬.

유독 업경대에 마음이 쓰인다. 사후 이승의 죄를 비춘다지만 혹여 금생의 죄도 낱낱이 드러날까 선뜻 다가서지 못했다. 거울이 제아무리 용한들 내 자취를 일일이 뀄까마는, 도둑이 제 발 저린 심정이다. 어쨌든 호기심을 이기지 못해 거울을 향해 발을 뗀다.

업경대는 현재 전등사(강화도) 대웅보전에 두 기가 있다고 한다. 황색사자와 청색사자 한 쌍으로 목각 사자의 등 위에 화염문(火炎文) 거울이 꽂혔다.(높이107센티미터 폭65센티미터의 복원 품) 망자의 죄업을 드러내 보인다는 거울로 업경륜이라 부르기도 한다. 그곳을 서너 번 갔지만 만나지 못했다. 하기는 마음이 없는데 어찌 보이겠는가. 어쨌거나 악업을 짓지 말라는 은유적 상징물임이 틀림없겠다.

꽤 오래전 이탈리아 로마 여행이 잊히지 않는다. 영화 '로마의 휴일'

에서 남녀 주인공이 들러 유명해진 곳이다. 바로 '코스메딘'성당 한쪽 벽에 자리 잡은 가면 조각품 '진실의 입'이다. 둥근 얼굴(지름 1.5미터)의 모양이 사자를 많이 닮았다. 게다가 눈과 코 입에 구멍을 내 인상이 그리 곱지 않다. 조형물 뒤에서 누군가 뻥 뚫린 눈으로 나를 주시하는 느낌이었다. 전설에 의하면 거짓말쟁이가 그 입에 손을 넣으면 손을 자른다는 게다. 어떤 이는 손을 넣었다 뒤돌아 개선장군인 양 소리쳤다. 까딱하면 불구가 될 판이라 몹시 떨렸다. 떳떳하게 손을 넣지 못하고 쩔쩔매던 자신이 얼마나 찌질했던지. 아무튼 멀쩡한 내 손목에 감격하다 못해 온갖 신을 부르며 약속했다. 절대 구업(口業)을 짓지 않겠노라고.

그런가 하면 영화 '신과 함께(죄와 벌)'도 여운이 생생하다. 간추리자면 주인공인 젊은 소방관이 화재 현장에서 참변을 당한 후, 사후에 펼쳐지는 내용이다. 그가 도착한 곳은 저승의 어느 대기실, 누구나 지옥의 7단계(사십구일)를 거치며 본인이 이승에서 지은 죄를 낱낱이 고해야 한다. 살아생전 쌓은 업에 따라 사후 세계의 왕이 심판한다. 필름이 돌아가는 내내 숨도 제대로 쉬지 못했다. 생경한 지옥의 배경과 괴괴한 음악이 공포감을 더했다. 그러고 보면 로댕의 작품 '지옥의 문'에 조각 된, 나락으로 떨어지는 군상이 아주 터무니없지 않은 모양이다. 필경 이승의 업은 지옥이든 천국으로 연계된다는, 권선징악을 계몽하는 것일 테다.

내가 알기로 누구나 생을 마감하면 이승의 모든 업이 저절로 소멸되는 줄 알았다. 그런데 그게 아니잖은가. 영화는 생전의 죄목에 따라 심판과 벌을 받는다는 게다. 누구랄 것도 없이 청탁과 꼼수가 통하지 않음이 분명하다. 그곳을 다녀오지 않아 진위 여부를 가릴 수 없지만, 살아생전의 행동거지가 매우 소중함을 이름이다. 어느 멘토는 "죄는 보편적인 선을 넘는 행위가 틀림없다." 하고 일깨운다.

　전시장 문을 나서니 해가 설핏하다. 선조들의 유물에서 온고지신의 의미를 새삼 깨닫는다. 또한 반가 사유상과 업경대의 화두를 애써 묻지 않으련다. 혹여 그 심오한 경지를 알아낸들 마음을 고쳐먹지 않는 한 부질없거늘. 눈앞의 모든 현상은 마음의 분별로 일어난다. 하지 않던가. 극락과 나락은 곧 한 마음에서 비롯될진대, 마음 닦는 공부는 차고 넘쳐도 무방하리라.

　아무려나 천수를 다 마친 그날, 이승의 업을 낱낱이 고하라는 그분의 명을 받잡으면, 과연 나는 무어라 아뢸 것인가.

기적소리 너머의 시간

권예자

　서울행 기차에 올랐다. 오랜만이라 그런지 오늘 기차는 낯설 만큼 새롭다. 창밖 풍경도, 차창 너머 사람들도 유난히 신선하게 다가온다. 기적소리 너머로 따라오는 오래된 기억들에 마음이 따스해진다.
　수필을 처음 쓰기 시작했을 무렵, 나는 오창익 교수님의 강의를 듣기 위해 매주 목요일마다 기차를 탔다. 대전에서 영등포까지 완행열차를 타고, 다시 버스를 갈아타고 여의도 문화센터로 향했다. 팔십 분의 강의를 듣기 위해 기차와 버스에서만 다섯 시간을 보내야 했다. 해가 짧은 겨울엔 아침에 집을 나서면 어둠과 함께 돌아오곤 했다. 그 강의는 내게 그만큼 소중했다.
　기차 안에서 나는 시를 짓고 수필을 썼다. 흔들리는 좌석과 창밖 풍경은 창작의 원천이었다. 생각지도 못했던 단어들이 하나둘 떠올랐고, 풍경은 시가 되었으며 마주친 사람들의 표정은 문장이 되었다.
　완행열차의 느림도 내게 많은 것을 가르쳐주었다. 기다림의 미덕, 사소한 풍경의 아름다움, 그리고 지나가는 순간의 소중함을 알게 해주었다. 그 공간은 나만의 서재이기도 했다. 조용한 침묵 속에서 나는 나를 들여다보았고, 세상을 기록했다. 종이 위에 적힌 단어들은 그 여정의 흔적이었고, 그 시간은 내 삶의 가장 창조적인 순간이었다.

직장과 가정을 오가며 바쁘게 살아온 내게, 기차 안은 잠시 숨을 고를 수 있는 작은 쉼터기도 하였다. 마치 내 마음을 어루만지듯 조용히 지나가는 창밖 풍경들. 사람들 사이에 앉아 있으면서도, 오롯이 나만의 시간이 흐르는 곳이었다. 가끔 창문 너머로 떨어지는 빗방울이, 저물어가는 햇살이 나를 어루만져 주는 듯했다.

기차는 나를 또 다른 기억 속으로 데려갔다. 육이오의 흔적으로 어수선했던 어린 시절, 나는 철길 가까운 곳에 살았다. 매일 아침과 저녁, 기적소리가 휘파람처럼 동네를 가로질렀다. 그 소리는 하루를 열고, 닫는 종소리 같았다.

동네 아이들에게 철길은 세상에서 가장 넓은 놀이터였다. 기차가 지나간 뒤 납작해진 못을 자랑하기도 하고, 굴다리 위 침목을 건너며 재주를 뽐내기도 했다. 겁이 많던 나는 그저 철로 위를 반듯이 걷는 것으로 만족했다. 그래도 기차가 지나갈 때면 손을 흔들며 그 뒤를 따라가곤 했다.

요즘은 자가용이 많아지고 도로는 넓어졌다. 사람들은 더 빠른 길을 찾는다. 하지만 나는 안다. 기차처럼 빠르면서도 편안한 운송 수단은 드물다는 것을. 창밖 풍경을 따라 흐르는 그 움직임. 마음까지 흔들리는 그 흐름은, 다른 어떤 교통수단도 흉내 낼 수 없는 따뜻한 정서를 품고 있다.

철로는 얼마나 많은 것들을 실어 날랐을까. 얼마나 많은 이별과 만남, 설렘과 눈물을 지나쳐 왔을까. 기차는 늘 앞으로 달리지만, 창밖 풍경은 뒤로 흘러간다. 세상엔 붙잡을 수 없는 것이 있고, 지나가야만 보이는 것이 있다. 멈춰야 보이는 것이 있는가 하면, 달려야 느껴지는 것도 있다.

멀리서 보면 철로는 반듯한 직선 같지만, 가까이 들여다보면 수많은 곡선과 갈림길이 교차한다. 어떤 선로는 막다른 곳에서 멈추고, 어떤 노선은 다시 이어진다. 인생도 그렇다. 내가 선택한 방향이 늘 정답은 아니었지만, 그래도 그 흐름을 따라 여기까지 왔다.

역에 들어서면 설렘과 그리움이 밀려온다. 떠나는 사람과 남겨진 사람, 그 사이를 잇는 철로는 인생의 축소판 같다. 선로 앞에 서서 나는 스스로에게 묻는다. 지금 나는 어디쯤 와 있을까? 그러나 그 물음은 종착이 아니라 또 다른 출발이다.

기차처럼, 나의 삶도 여전히 달리고 있다. 수많은 기억을 싣고, 아직 쓰지 못한 이야기들을 향해 달려가고 있다. 그 이야기들은 이미 내 안에서 조용히 숨 쉬고 있는 것 같다. 기적소리 너머로 흐르는 시간 속에서, 나는 오늘도 그 숨결을 듣는다.

화 덕

정정연

　맑고 푸른 날 시골집에 왔다. 마당 가 모란은 지고 찔레 향기 스치는데 그리움이 마음 한구석을 두드린다. 친정집에는 철근으로 둥글게 테두리를 만들고 철판으로 바람막이한 화덕이 마당 한쪽에 있다. 할머니 계실 때부터 쓰던 것이다. 나는 화덕에 불 지피는 것을 좋아했다. 불 앞에 앉으면 냄새와 맛에 대한 기억이 되살아난다. 화덕 위에 솥을 올려놓고 불을 지펴 옥수수도 찌고 쑥도 산나물도 삶았다. 장작불에는 감자도 군밤도 구워 먹었다.

　오늘은 아무도 없는 집에서 화덕에 불을 붙인다. 타닥타닥 불꽃이 춤을 추면서 따듯한 온기가 퍼진다. 집을 정리하고 버려야 할 것들을 화덕에 태운다. 어머니가 쓰시던 대바구니를 넣으려다 도로 옆으로 내놓는다. 헝겊으로 한 땀 한 땀 기운 곳이 어머니의 손길이 느껴져서다. 장독 위에 놓고 대추도 말리고 쑥도 담고 호박고지 가지도 말리던 바구니다. 어머니가 돌아가시고 나서는 그 바구니에 아무것도 담기지 않았다. 헛간에서 먼지만 뒤집어쓰고 쓸모없는 것이 되었다.

　벽에 기대어 있던 어머니의 지팡이도 할 일을 다 한 것 같아 불꽃 속에 올려놓는다. 이내 연기와 함께 불꽃이 되어 하늘로 오른다. 또한 번의 이별 의식이다.

　어머니가 지팡이를 처음으로 짚고 서 계시던 모습이 떠오른다. 언젠가 집에 갔을 때 앓고 나서 지팡이를 짚고 마당에서 우리 자매들을 기다리고 계셨다. 딸들에게 아프셨다는 말을 하지 않았다. 딸들이 걱정할까 봐 내색하지 않으신 거다. 그런데 무심하게도 어디가 아프셨냐고 물어보지도 않았다. 이제야 어머니의 허허로운 마음을 조금이나마 헤아릴 수 있다.

　그 후 지팡이는 어머니의 다리가 되었다. 읍내 병원에 갈 때나 다리 건넛마을을 갈 때, 답답하시면 우리 논이 있는 큰 들을 지나 냇가 둑길에 갔을 것이다. 그리고 지난날 딸들이 올갱이도 잡고 옷을 입은 채 첨벙거리며 놀던 모습을 떠올렸을 것이다. 어머니는 무릎 관절이 자주 아팠다. 쪼그리고 앉아 밭을 매서 그런 것 같다. 그 후 노인 보행기를 사다 드린 뒤부터는 지팡이는 한구석에 있었다.

　화덕 위 솥에는 물이 끓고 있다. 부모님이 계실 때는 소족과 사골을 화덕에 고아서 냉동실에 넣어놓고 돌아오곤 했다. 그것이 어머니 아버지의 단백질 공급원이었다. 돌아보면 그때가 행복했다.

　언니 동생도 다시 만날 수 없기에, 그리움으로 아프다. 딸 많은 집 귀한 아들로 태어나 사랑 많이 받고 자란 동생이 갑자기 세상을 떠났다. 나에게는 늘 어리고 귀한 남동생이었다. 잘 보살피지 못한 것이 후회로 남는다. '한 가지에 피었어도 지는 날이 다르다'라는 시 구절이 떠오른다. 화덕 불은 타닥타닥 지팡이를 태우고 언니의 낙서장도 동생의 빈 상자도 함께 타오른다. 마음속에 깊은 흔적을 남기고 눈물을 부른다. 더 많이 사랑하지 못한 것이 후회로 남는다.

화덕 불은 이제 사그라진다. 남은 건 바람에 날리는 재뿐이다. 어머니의 손길 아버지의 위로, 언니의 맑은 모습, 키 크고 훤한 동생의 순하디 순한 욕심 없는 성품, 그리움을 연기로 띄우며 재를 치운다. 모두가 좋아했던 감나무 밑에 따듯한 재를 내려놓는다.

하느님의 윙크
- 호사 3題

조한금

　살아온 세월이 동적(動的)이어서 노후는 정적(靜的)으로 살고 싶었다. 한복을 단정히 입고 앉아 먹을 갈아 글씨를 쓰고 사군자를 치는 모습을 늘 상상했다. 그것만으로도 음전한 여인의 향기와 멋이 느껴졌다. 일필휘지(一筆揮之)의 글씨며 매란국죽(梅蘭菊竹)을 치고 우리 가락과 판소리를 익히는 여인. 그렇게 한유(閑遊)의 밑그림을 그리고 귀촌했는데 착각이란 걸 금방 깨달았다.
　시골살이란 계절을 달리하여 올라오는 잡초와 작정하고 동거하거나 올라오기 바쁘게 뽑아줘야 하는 선택이다. 제초제나 농약 심지어 퇴비도 않고 몇 평의 텃밭에 채소를 심으니 온갖 벌레가 꼬인다. 거기 이른 봄부터 늦가을까지 꽃들 산간도 해줘야 해서 한지(韓紙) 한 장 펼쳐보지 못한 채 붓글씨와 사군자의 꿈은 스러져 버렸다. 달인이나 장인(匠人)이나 명창은 긴 세월 동안 혼을 불어넣고 시간으로 숙성시켜야 완성도가 비례하는 법인데 너무나 가벼이 생각한 내 무식에 실소했다. 그러니 장인의 국보급 연적을 두 점이나 선물 받고도 모셔만 둔 그 아쉬움을 어디에 비할 수 있으랴.

세계적인 도예가 지헌 김기철 선생님은 육척장신으로 9학년 4반 수업 중이시다. 그 어른이 어느 날 전화를 주셨다. 지난번 연꽃의 사슴 연적은 좀 밋밋해 이번에 택배로 보낸 연적은 쌍방울을 달았노라고 웃으신다. 나는 그 연적을 받고 웃을 수가 없었다. 남자 어른의 그 큰 손으로 어찌 저 섬세한 작은 쌍방울을 빚으셨을까? 연적의 연꽃 봉우리는 움푹하여 음을 상징했고 계곡 밑 사슴에겐 쌍방울을 달아 양을 표현하신 그 음양의 조화와 기술에 감탄했다. 그러고 보니 지난번에 주신 연적은 연꽃 봉우리가 위로 솟아 있고 사슴은 쌍방울이 없어 암컷인 것을 뒤늦게 알아차렸다. 연적에 그런 깊은 뜻이. 선생님이 작품을 구상하시면 50년간 흙을 주무른 손이 먼저 반응하여 감각으로 빚어낸다고 하신다. 큰 도자기건 작은 찻잔이건 모든 작품은 선생님만의 독창적인 비법일러니 지금이야말로 많은 세월과 작품을 버리고 얻어낸 신기(神技)로 빚은 모든 작품은 최고의 걸작들일러라.

그러니까 지난 2025년 2월 22일 가톨릭문인협회에서 제1회 문학작품상을 「보랏빛 함성」에 준다는 낭보를 듣고 수상식에 참석했다. 한국가톨릭문인협회 창립 54년 만에 있는 일이다. 그동안 대구에 있는 가톨릭 신문사가 제정한 '가톨릭문학상'은 있었으되 '가톨릭문인협회'가 작가에게 주는 문학상은 이제 시작이다. 한국가톨릭문인협회가 반세기 넘도록 문학상을 제정하지 않았다는 것은 너무 늦었다. 나는 그 상의 첫 번째 수상자의 영예를 안고 수상소감을 이렇게 썼다.

가톨릭문인협회 제1회 작품상에 「보랏빛 함성」이 선정되었다는 전화를 받는 순간 "하느님께 영광!" 하고 대답하였다. 그리고 연초의 희소식에 "오, 빙고!" 하고 속으로 외쳤다. 그러나 그것도 잠시, 내 작품은 '조촐할 뿐인데' 하고 생각하니 이는 분명 하느님이 직접 주시는 상처럼 느껴졌다. 다시 보랏빛 함성을 들춰 몇 편을 읽으며 더욱 송구한 마음이 들었다. 가톨릭문인협회의 내로라하는 문장가들의 좋은 작품이 얼마든지 많을 텐데 어찌 그런 영광이 내게로 올 수 있었는지 심사위원님들이 하느님 수족 같다는 생각이 들었다. 글쓰기 33년에 접어들었는데 아직도 구성이 뭔지 잘 모른다. 뼈대를 세우고 설계 도면대로 짓는 짜임새 있는 큰 건축물이 아니라 초가집의 두 칸 누옥 흙집을 짓는 것이다. 그래도 그게 아담하고 예쁘면 예술 작품으로 봐 줄 만은 할 것이다.

가톨릭문인협회 총회는 일반 행사와 달리 피정이란 이름으로 종일 진행한다. 1부 총회와 시상식, 2부 점심 식사 후 영성 강의와 3부 미사로 마무리한다. 그런데 하느님은 그 미사에서도 나에게 특별한 표시를 하셨다. 미사는 말씀의 전례에 이어 만찬의 전례로서 예수님의 몸이신 밀떡(영성체)을 받아 모심으로 정점에 이르는 것이다. 세례 받은 지 65년 만에 처음 있는 일로 그것도 하느님이 주신 문학상의 작품상을 받고 몸 둘 바 모르게 감격하고 있는데 한술 더 떠 밀떡을 두 개나 주시다니….

성체를 나누시는 신부님 손의 감각을 잠시 둔화시켰을까? 내 왼손 손바닥에 올려진 밀떡을 집어 입에 넣었는데 또 한 개가 옷에 떨어져 얼른 다시 집어 입에 넣고 자리로 돌아오니 하느님이 눈을 찡긋해 윙크해 주신 느낌이 들어 정말 정말 감격스러웠다. 그것은 나와 하느님만 아는 절대로 흔치 않은 불가사의한 표시였다.

행사가 모두 끝나고 우리 부부는 목동 막내딸네로 갔다. 막내딸이

고급 식당을 예약해 놓고 사위와 손녀 세 식구가 멋지게 축하해 주었다. 그 또한 예상 밖의 호사다.

다음날은 지헌 선생님이 점심 같이하자고 꼭 들렀다가라 하셔서 곤지암으로 차를 몰았다. 1년에 한 번 가마에 불 지피는 날은 꼭 가서 축하해 드리고 맛있는 식사도 대접받지만 여느 때 선생님 댁을 방문하기란 여간 어려운데 온 김에 꼭 들르겠노라고 약속드렸던 것. 사모님이 노구의 몸으로 손수 음식을 준비하시니 몸 둘 바 모르게 황감한데 지헌 선생님은 선물이라며 도자기 꽃병을 내게 안겨주신다. 염치없지만 그 귀한 작품을 덥석 받아 안고 꼬리 춤을 췄다. 사모님이 "저렇게 좋아하니 자꾸 주고 싶겠다!" 하신다. 값을 알면 거저 받을 수 없으니 그냥 선생님의 마음을 받은 것이다. 맛있는 점심 식사 후 차를 마시며 담소했다. 선생님의 작품은 오직 선생님만 빚을 수 있는 명품이니, 앞으로 10년은 더 하셔야 한다고 말씀드렸다. 선생님도 남은 생 동안 최대한 좋은 작품 많이 빚겠노라 하신다. 집에 갈 길이 멀어 아쉬워도 일어서니 영감에게 접시와 찻잔 세 개를 또 따로 챙겨주신다. 영감 입이 귀에 걸린다.

당신께선 최고의 도예가로서 그 명성이 세계로 뻗어 계신 데도 하찮은 나를 이렇게까지 대접해 주시니 그 어른의 인품에 한없는 신뢰와 존경과 감사와 사랑을 드린다.

고마운 산야

임양자

짙푸른 초록과 대화하면서 숲속을 걷는다. 무성한 칡덩굴이 마구 손을 뻗어 꽃이 핀 나무를 휘감고 올라간다. 예쁘게 핀 꽃들이 질식할 것 같아 칡 줄기를 손으로 잡아당겨 대충 끊어주었다.

붉고 흰 꽃잎들이 웃으며 '이제 살 것 같습니다, 고맙습니다' 하며 인사를 하는 것 같다. 나도 속으로 좀 힘들었지만 '잘했어' 하며 마음으로 다독여주었다.

계곡물이 졸졸 흐르는 징검다리를 건너자, 산등성이 양지쪽에 보라색 흰색 도라지꽃이 웃으며 우리를 맞이한다. 조팝나무, 떡갈나무, 고로쇠나무 등이 고개를 쳐들고 손을 뻗어 푸른 잎을 펄렁이며 손을 흔든다. 나도 같이 손을 흔들며 답례를 해준다. 구름이 머물다가는 언덕엔 산수유와 진달래가 뒤섞여 제 멋대로 피고 있다.

나는 어릴 때부터 특히 소나무를 좋아했다. 소나무는 우리에게 온몸을 내주어 사람들에게 헌신하는 성자와 같다고 생각되었다. 잎은 송편을 만들거나 술을 담그는 원료가 되기도 한다. 꽃가루는 송화다식을 만드는 재료가 된다. 둥치는 건축, 토목, 선박의 중요한 요소가 된다. 또한 뿌리는 송이버섯의 근간이 되며 복령이라는 한약재로 변하기도 한다. 이 외에도 송진은 공업용으로 쓰이고, 태울 때 나오는 그을음은 먹을 만드는 재료가 된다.

지난날 농촌에서는 지게나 쟁기 등 농사기구를 만들 때 줄기와 가지를 사용했다. 가을이면 낙엽 된 솔잎을 긁어모아 밥을 짓거나 요리할 때 쓰이고, 줄기는 장작이 되어 찬 겨울에 온돌을 따뜻하게 해주는 등 땔감의 대부분을 소나무가 해결해 주었다.

소나무는 우리의 삶과 가장 가까운 자리에서 도와준 혈육 같은 나무다. 사람이 태어나면 새끼줄에 솔가지를 꽂아 부정을 물리쳤고, 죽으면 소나무 관속에 누운 채 솔밭에 묻혀 영혼은 솔바람 소리를 듣는 것이 우리의 운명이다.

산속 어디쯤에서 꿩이 숨박꼭질 하듯 짧게 몇 번을 되풀이해 울었다. 소나무들이 뿜어내는 솔향기가 콧속 깊이 스며든다. 깊게 숨을 들여 마시니 온몸이 개운하고 활력이 솟아나는 기분이 든다. 마음이 좀 우울하거나 몸이 피곤할 때 숲속을 거닐면 위로가 되기도 하며 원기가 되살아나기도 한다. 때로는 그들과 무언의 대화를 나누다 보면 소통이 되는 것을 느낄 때도 있다.

내 인생의 슈룹

박연숙

젖은 청색 비닐우산이 벽에 기대고 서 있다.

비를 맞고 태어난 집, 골목 처마 밑에서 비를 맞고 울고 있는 유년의 나를 본다. 춥고 겁이 나서 벌벌 떨고 있다. 젖은 내 모습을 누가 볼까 봐 혹시 옆집 친구 만호가 보면 어쩌나 하고. 수십 년의 세월이 흘렀건만 예산 향천사의 양철 물고기 풍경을 흔들던 그 바람이 가슴에 휙 지나간다. 우산이 없어 젖은 내 후줄근한 모습에 동네 남자아이를 생각했다니 절로 웃음이 난다.

색채와 냄새가 소용돌이치는 마로니에.

혜화역 2번 출구에서 나오면 왼편에 있는 연극적인 철 조각상이 나를 마중하고 활기찬 초록 물결과 예술의 냄새가 온 감각을 애무한다. 나를 들뜨게 한다. 달달한 냄새에 이끌려 타로점 보는 가게 옆 닭꼬치 가게 다음 달고나에 멈췄다. 두 쌍의 젊은 연인들이 바짝 붙어 앉아 달고나 하트모양을 뜨느라 줄 서서 기다리는 사람들이 보이지 않나 보다. 어릴 적 문방구 옆 연탄 화덕 앞에서 쭈그리고 앉아 국자에 달고나를 만들던 털모자 쓴 아저씨가 지나가고, 그 냄새에 꼴깍꼴깍 침을 삼키며 앉아서 구경하던 나도 기억 속으로 지나간다.

물건을 잘 챙기지 못하는 성격 때문인지 슈룹을 여기저기 두고 다녀서 우산장에 우산이 그득하다. 장우산, 넓고 큰 골프 우산. 양・우산, 투명 비닐우산까지 셀 수가 없다.
　오래전 영국으로 여행을 갔을 때 우울한 날씨 탓인지 여자들이 머리 위에 작은 삿갓 모양의 우산을 쓰고 다니는 것을 보고 신기하게 본 적이 있다. 영국속담에 신사는 우산과 유머를 가지고 다녀야 한다는 말도 있다. 우산은 비가 많이 와서 꼭 가지고 다니라는 말이고 유머는 인간관계를 부드럽게 하는 윤활유와 같은 역할을 한다는 말이다. 영화 '쉘부르의 우산'은 오페라에 가까운 과장이 없는 뮤지컬 영화다. 쉘부르를 무대로 우산 가게를 운영하는 여주인공과 청년의 이루지 못한 사랑 이야기로 대사가 노래로 된 영화다. 컷마다 움직이는 예술사진을 보는 듯하다. 특히 형형색색의 우산을 보는 재미가 다채롭다.
　K-드라마가 세계에 알려지고 특히 영화 '타이타닉' 주인공 디캐프리오가 즐겨 본다고 해서 더 유명해진 '오징어 게임'은 미국 골든글로브 시상식 최우수 TV 드라마 부문 작품상 후보로 지명된 드라마다. '오징어 게임 1'에서는 456억 원 상금이 걸린 서바이벌 게임에 참가한 사람들이 최후의 승자가 되기 위해 목숨 걸고 극한의 상황에 도전하는 게임이다. 동그라미, 세모, 네모, 우산 모양 중 한 개를 선택하는 것이다. 달고나인 줄 모르고 드라마 주인공은 우산을 골랐다. 나처럼 국민학교 시절 우산을 잘 잃어버려 엄마한테 혼난 기억에 우산 모양을 선택했다고 한다. 어떤 사람은 고향의 달 같다고 동그라미를 골랐다. 어느 것이 더 어려울지 불을 보듯 뻔하다. 정해진 시간에 모양을 떠야 하기에 결코, 쉽지 않다. 그렇지 않으면 총을 맞는 끔찍한 게임

이기에, 침을 바르고 햇빛에 녹이기를 반복하면서 시간을 빠르게 접는 절박한 얼굴들을 본다. 온통 땀범벅이다. 이것은 이미 게임이 아니라 죽느냐 사느냐의 문제다.

줄 서서 기다리다가 이제는 추억이 된 어린 시절 비를 쪼르륵 맞았던 그 기억으로 나도 달고나 슈룹 모양을 샀다. 긴 요지로 가장자리 선을 반복해서 그었다. 그래도 점잖은 체면에 침을 바를 수도 없고 좀처럼 쉽지 않았다. 정해진 시간도 없는데 뒤에 줄 서서 기다리는 사람을 보니 초조하기까지 했다. 이게 뭐라고. 결국, 실패하고 헛웃음을 지었다.

아니다. 거기엔 잠시나마 열정의 순간과 뜨겁고 달콤한 몰입의 순간이 녹아 있었다. 추억의 향기를 만지며 달고나와 하나가 된 어떤 미의식일지도 모른다. 망가진 슈룹을 먹으며 색색 향기가 오감을 생동시키는 이 오후를 호주머니에 넣고 거리공연과 각종 퍼포먼스를 천천히 걸으며 구경한다.

행복감 때문일까? 문득 '매슬로우(Maslow)의 욕구단계이론'이 떠오른다. 5단계에서 마지막 5단계인 자아실현의 욕구를 넘어 이제는 소외 받는 사람, 가난에 힘겨워하는 사람, 전쟁터에서 굶고 있는 어린아이들, 독거노인 등에 관심과 사랑으로 지켜보는 따뜻한 마음이 나에게 필요하다고 생각된다. 자아실현을 위한 욕구를 충족하느라 거의 외면하다시피 했던 것들이다.

나도 달고나처럼 달달한 누군가의 슈룹이 되어 어려운 이웃에 관심을 갖고, 사랑을 가진 사람으로 살아야지 결심해 본다.

톡 한두 방울 비꽃이 내린다.

가까운 편의점에 가서 비닐우산을 사야겠다.

'이슬비 내리는 이른 아침에 우산 셋이 나란히 걸어갑니다. 파란 우산 검정 우산 찢어진 우산 좁다란 학교길에 우산 세 개가 이마를 마주 대고 걸어갑니다.' 윤석중 작사 이계석 작곡 '우산' 동요가 귓가에 넘실댄다.

어느새 내 인생의 우산이 되어준 사람들은 누구였나를 생각하며 걷고 있는 나를 만난다.

*슈룹을 미주로 표현

내 고향 덕천리(德川里)

남상태

　내 고향은 경남 의령군 유곡면 덕천리다. 우리나라는 원래 산지(山地)가 70% 이상을 점유하고 있다. 그런데 내가 태어난 곳은 온 사방이 산으로 둘러싸인 두메산골이다. 마산에서 서북쪽으로 40여 킬로 떨어진 고장이다. 교통편도 좋지 않고, 농지도 넓지 못해서 부자라고 해 봐야 논밭 떼기 합쳐서 오천 평 가진 사람도 드문 한촌(寒村)이다.
　동네 앞에는 맑은 시냇물이 흐르는데 웬만한 가뭄에도 마르는 법이 없었다. 그 냇물에는 갖가지 민물고기가 노닐었고, 겨울에는 오리 떼가 날아와 고기떼를 사냥하곤 했었다. 바로 동네 앞 냇가에 수양버들 한 그루가 바람에 흔들리며 춤을 추고 있었는데 태풍 사라호에 뿌리째 뽑히어 지금은 간 곳이 없다.
　봄이면 온 산이 진달래로 벌겋게 물들고, 산자락 곳곳에는 복숭아꽃, 살구꽃이 흐드러지게 피었다. 그래서 민요 '고향의 봄'은 우리 고장 누군가가 작사한 줄 알았다. '복숭아꽃 살구꽃 아기 진달래' 노래를 목청껏 부르노라면 마음은 온통 붉은 꽃으로 물들고, 세상에 우리 동네만큼 아름다운 고장은 다시 없다고 생각했었다.
　여름밤에는 모깃불 피워 놓고 호롱불 밑에서 어른들의 이야기를 들으면서 책장을 넘기다가 잠들곤 했었다. 깜깜한 여름밤에는 동네 앞 냇가에 나가서 아낙네들은 위쪽에서, 남정네들은 아래쪽에서 시원하게 목욕하고 돌아와서 모기장 속에서 드는 잠은 다시없는 단잠이었다. 평화로운 시골 동네, 그때는 도시가 어떤 곳이며 서울이 어떻게 생긴 곳인지 관심도 없었다. 겨울에는 아침 일찍 일어나서 쇠죽 끓이고, 화로에 숯불 담아 사랑방에 들여놓는다. 낮에는 학교에 가고, 집에 돌아와서는 집안일 돕고, 방바닥에 엎드려서 공부한다. 때로는 조카를 업어 재우고 애가 울면 따라 울기도 했고, 밤에는 뒷산에서 우는 올빼미 소리에 겁을 먹고 화장실 가기를 무서워했었다.

초등학교 졸업여행으로 바로 가까운 합천 해인사에 트럭 편으로 가게 되었는데, 출발하는 날까지 급장(반장)인 내가 여행비를 마련하지 못해서 애태웠었다. 출발 당일 아침에야 형님께서 여비를 장만해 주셔서 그 돈을 받아 들고 건너편에 내려오는 트럭을 향하여 안간힘을 다해 신작로 쪽으로 달려가면서 소리를 질러 댔다. 그러나 트럭 기사는 끝내 내 절규를 듣지 못하고 하얀 먼지를 일으키며 멀리멀리 사라졌다. 그때의 아쉬움이 지금도 가슴 한구석에 남아있다.

그 오지에서 손꼽아 기다리는 때가 있었다. 설과 추석 명절이다. 명절이면 깨끗한 옷 갈아입고, 쌀밥 먹고, 떡 먹고, 아무 간섭 받지 않고 뛰어놀 수 있었다. 설날에는 이집 저집 어른들을 찾아다니면서 세배하고, 맛있는 음식 대접받고 덕담 듣고 마냥 즐겁기만 했다.

그 시절 내 머릿속의 전기는 에디슨이 발명해서 불만 밝혀 주는 것으로 생각했지, 오늘날처럼 모든 문명의 중추가 되는 에너지가 될 것인 줄은 꿈에도 생각하지 못했다. 그 당시 우리 고향에서는 밤에는 호롱불 켜

놓고, 그 밑에서 아낙네들은 바느질하고, 남정네들은 책도 읽고 새끼도 꼬았다. 또 아낙네들은 겨울에 엷은 물안개가 솟아오르는 냇물로 손을 호호 불어 가면서 빨래를 했고, 그 빨래를 풀 먹여 숯불 담은 긴 손잡이가 달린 다리미로 양쪽에서 맞당기며 다렸다. 디딜방아 찧어 밥해 먹고, 두레박으로 우물물 길어 마시고, 밤길 걸을 때는 등불이나 관솔불 켜 들고 다녔어도 불편하다고 생각하지 않았다.

그때는 '전기가 있었으면' 하는 생각은 해 보지도 못했다. 그러나 요즘 세상에는 전기를 떠나서는 단 하루도 살 수가 없다. 모든 산업의 동력이 되고 전자 산업의 중심 에너지가 되고 있다. 거리에 가로등이 없고, 집에 전등, 텔레비전, 등 가전제품 중 하나라도 없다면 현대 가정생활을 할 수 없을 것이다. 이제는 엘리베이터, 에스컬레이터에 전기 공급이 안 된다면 고층건물은 존재하지 않을 것이다. 그러나 그 시절에는 병원의 의원도 손 진맥과 청진기로 진찰해서 치방히고 치료해 주었었는데, 그것이 최선인 줄 알았다. 지금은 전기 전자기기로 진찰하고 치료한다. 모든 생활이 전기를 이용하지 않는 것이 없고 심지어는 전파를 통해서 지구상의 어디서든지 서로 마주 보고 웃고 우는 세상이 되었다.

내가 이런 순박하고 행복이 가득한 전기 없는 세상을 벗어나게 된 것은 읍에 있는 중학교 진학 때부터이고, 그때에야 비로소 전기에 조금 눈뜨게 되고 문명의 혜택을 받기 시작했다. 그리고 얼마 안 가서 내 고향에도 문명의 물결이 밀려와 집집마다 전등불이 켜지고, 텔레비전이 들어오고, 동네에서는 확성기 소리가 쩌렁쩌렁 울려 퍼지고, 가로등이 온 마을을 환하게 밝히고 있어, 전등 불빛의 혜택을 못 보는 것은 오직 맹인뿐인 세상이 되었다.

　내 고향은 망우당 곽재우 의병장 홍의장군이 태어나셔서 임진왜란 때 의거하여 나라를 구한 충의의 고장이기도 하다. 의병은 자진해서 하나뿐인 목숨을 걸고 오직 구국일념의 숭고한 정신으로 병기·병력 모든 면에서 절대 열세였는데도 불구하고, 왜군과 싸워 나라를 구하였다. 나는 그 위대하고 숭고한 정신을 후손에게 일 년에 한 번씩이라도 일깨워 주기 위하여 '의병의 날'을 국가 기념일 제정을 발의하여 전국 의령군향우연합회의 목적사업으로 채택한 지 10년 만에 의령군의 국회 청원을 통해 뜻을 이루었다.

　이렇게 자랑스럽던 내 고향은 전기 대신 더 밝고 따뜻한 정(情)이 있었고, 정으로 엮인 유대로 모두가 굳게 결속되고, 가족끼리 이웃끼리 손을 마주 잡고, 웃으면서 행복하게 살아왔다. 그러나 지금은 그 두텁고 따뜻했던 정이 엷어졌고, 또 인정도 메마르고 물질만능의 세상이 돼 버렸다. 재물 때문에 형제간에, 친인척간에 갈등과 다툼이 일고, 극단적 개인주의가 팽배해졌다. 그 따뜻했던 정은 어디로 가고 이제 차가운 물질문명만 남았단 말인가.

　하지만 수구초심(首丘初心)이라 했다. 뉘라서 고향을 그리지 않으랴. 돌다리로 건너던 시내를 지금은 높다란 콘크리트 다리로 건너게 됐다. 꼬불꼬불하던 논밭 언덕이 반듯반듯하게 정지되고, 동네 앞 냇가의 물길도 바로잡아졌다. 논밭 길도 넓혀져서 시골 같지 않은 시골이 되어 옛 시골 모습은 간데없지만, 그래도 내 고향에 들어서면 따뜻한 정감이 나를 보듬어 준다. 호롱불 밝히던 시절에 정으로 밝히며 정으로 유대를 굳게 다지던 그때의 내 고향이 매양 그립다.

아시아인의 정서를 엿볼 수 있는 식문화
- 비빔밥, 덮밥, 볶음밥

이여진

 아시아는 주식이 쌀이라서 어디서든지 밥을 주 메뉴로 한 식단이 대부분이다. 특히 일본, 중국, 말레이시아, 싱가포르 등 여러 국가를 여행하면서 볶음밥, 덮밥 등이 나의 허기진 마음과 배를 채우기에 손색이 없었다. 그러나 우리나라 사람들이 즐겨 먹는 비빔밥은 외국 식당의 메뉴에는 찾아볼 수 없다는 점이 조금 아쉬웠다.
 외국 여행을 하다 보면 가장 불편한 점이 먹는 문제를 해결하는 것이다. 여행 초반에는 외국의 이국적인 풍경과 호기심이 발동해서 그 나라의 음식을 섭취하는 것이 당연하다고 받아들인다. 그러나 시간이 흐를수록 고추장이나 김치 등이 어느 순간부터는 그리워지기 시작한다. 그래서 기내식을 주는 국적기를 타면 꼭 일회용 고추장을 챙기는 습관이 생겼다. 외국에서 볶음밥이나 덮밥 등을 먹을 때 챙겨간 일회용 고추장으로 비벼서 먹는 맛은 또 하나의 별미를 제공하니깐.
 요즘 K-POP이 외국인들에게 어필하고 있다면, 그에 발맞추어 K-FOOD도 덩달아 뜨고 있다. 그중에서도 특히 한국을 대표하는 비빔밥이 대세다. 이는 드라마, 유튜브, 먹방 등의 한류 콘텐츠의 시너지 효과가 파급된 영향이다. 오래전 축구 월드컵과 드라마를 통해 한동안 '치맥'이 우리 사회에서 엄청난 파장을 일으켰던 적이 있다. 그러나 그 원료가 우리 고유의 한국 음식은 아니다. 그래서 요즘은 그 자리를 한국의 전통 음식인 비빔밥이 메꾸고 있는 것은 좋은 현상으로 생각이 든다. 한국인이 사랑하는 비빔밥은 영양의 조화는 물론이거니와 사회 구성원의 화합과 조합을 아우르는 우리의 정서와도 맞물리기 때문이다.

비빔밥이 문서에 나타난 기록으론 19세기에 발견된 『시의전서(是議全書)』라는 한글 조리서가 있다. 한자로는 '골동반(骨董飯)'으로도 표기되지만, 그것은 원래 중국 요리고 현재 우리가 알고 있는 비빔밥과는 차이가 있다.

한국의 비빔밥과 비교할 수 있는 것으로는 일본의 덮밥(돈부리)이 있다. 밥 위에 생선이나 고기 한 종류를 올려 넣는 것으로 재료가 섞이지 않는다. 밥이 주식인 나라에서 한국은 갖가지 재료를 서로 비비면서 먹는 습성이 있고, 일본은 재료 한 가지 특성만을 고집하는 특성이 있다. 이는 일본인들이 재료를 이미 섞어버린 음식이 제공되면 음식물 쓰레기라는 인식을 지니고 있기 때문이라고. 일본인은 타인과 관계 맺는 걸 어려워한다. 이는 좋게 말하면 타인을 간섭하지 않고 배려하는 자세로도 인식된다. 그런 성향은 음식 문화에도 그대로 반영된다.

한편, 한국의 비빔밥, 일본의 덮밥과 비교될 수 있는 것이 중국의 볶음밥이다. 중국인들은 모든 음식을 볶고 튀기는 것이 국민 정서라 밥알도 길쭉하고 어디로 튈지 모르게 가볍다. 중국에서 볶음밥은 '차오판'으로 불린다. 차오판은 세계 각지에 퍼진 중화요리 중에서 가장 대표적인 요리에 해당한다. 차오판은 주방에서 요리하고 남은 찬밥과 재료를 솥에서 볶아 먹기 시작한대서 유래했다고 전해진다. 또한 중국인들은 아침에 주로 계란볶음밥을 즐겨 먹는다고 한다. 근데 중국에서 '계란볶음밥'을 먹는 걸 금지하는 날도 있다고 한다. 그 이유가 무엇인지는 정확히 알 수는 없으나 그들이 그 요리를 얼마나 자주 먹는지는 가늠할 수 있다.

중국의 도시를 여행하면서 먹는 볶음밥은 가격도 저렴하고 어느 식당에서나 메뉴판에 있어서 자주 시켜 먹곤 했다. 근데 그때 느낀 맛은 전혀 느끼하지도 않고 밥이 고슬고슬하면서 밥 위에 얹은 새우나 돼지고기 등의 재료에서는 각각 고유한 맛이 난다. 중국에서는 조리사의 요리 실력을 볶음밥으로 판단한다고 하는데 그 이유를 이제야 알게 된 것이다. 중국인 요리사들이 웍을 사용할 때 밥알들이 공중에서 흩날리면서 춤추는 듯한 장면이 연출되는 장면을 보게 된다. 그야말로 그 요리의 맛은 힘과 화력과 재료의 조화로움에서 완성된다.

은퇴 후에 일본을 자주 여행하면서 느끼는 것은 음식도 그렇지만, 식당의 분위기도 우리와는 다르다는 것도 저절로 체득하게 되었다. 국내 여행을 할 때 한식집에 들어서면 갖가지 냄새와 더불어 왁자지껄한 분위기가 연출된다. 혼자 식사를 하는 경우보다, 가족 또는 친구나 지인들과 삼삼오오 식탁에 둘러앉아서 식사하는 모습을 자주 보게 된다. 그래서 어쩌다 혼자 식사를 하게 될 때는 괜히 주눅 들고 눈치가 보인다. 그러나 일본 식당에선 음식들도 다 일인용으로 세팅되어 나오고 어떤 곳은 도서관처럼 칸막이도 설치되어 있는 것이 신기했다.

그야말로 혼자 음식을 향유 하는 진심이 느껴지는 문화다. 일본의 식문화를 단적으로 알 수 있는 것이 '고독한 미식가'다. 그 드라마는 남자 주인공이 출장지에서 혼자 여유롭게 그 지방의 음식을 음미하는 것이 주요 레퍼토리다. 그에 반해 한국에서 방영되는 '한국인의 밥상', '허영만의 백반 기행'은 여럿이 음식을 먹으면서 서로 유대감과 공동체 의식을 강조하는 것이 일본 드라마와 다르다. 개인주의 성향이 있는 일본과 달리 한국은 음식을 공유하고 여럿이 어울리면서 식사하는 편이다. 일본에선 개개인 맛의 특성에 대해 음식이 맞춤형으로 제공되지만, 한국에선 다수의 입맛을 만족시켜야 하는 강박감에서 자유롭지 못하다.

아시아인의 정서 중에 한국인의 '정(情)', 일본인의 '와(和)', 중국인의 '꽌시(關係)'는 모두 타인과의 관계를 중요시하고 공동체 사회를 조화롭게 유지하기 위한 프레임이다.

한국, 일본, 중국의 이러한 정서를 아우르며 함축시켜 주는 것이, '밥'이라는 생각이 든다. 쌀 한 톨 한 톨이 서로 융합되어 '밥'이라는 결정체를 만들어 내고, 그것을 취하는 방식에 따라, 비빔밥, 덮밥, 볶음밥의 형태로 그 나라의 식문화가 자연스럽게 형성되는 것이다.

이처럼 쌀을 주식으로 하는 아시아에서 쌀을 요리하는 방식과 향유하는 방법이 다르다는 것은 흥미롭다. 아시아에서 밥은 단순한 음식이 아니라 공동체의 상징이자 정서적 연결고리로 작용한다. 한국에서는 밥을 비벼서 먹고, 일본은 덮밥으로, 중국인은 불의 화력을 순간적으로 이용해서 볶아서 먹는다. 그 과정을 살펴보면 그 나라의 국민성을 엿볼 수 있다.

즉, 한국의 비빔밥은 다양한 재료를 조화롭게 섞어 화합을 중시하는 정서와 연결되고, 일본의 덮밥은 깔끔하고 정돈된 방식으로 개별성을 존중하는 문화와 관련이 있다. 또한 중국의 볶음밥은 강한 불의 화력을 이용해 즉각적으로 완성되는 방식이 대륙 특유의 역동성과 직관적인 성향을 반영한다. 이러한 성향은 음식이 단순히 배를 채우는 행위를 넘어 문화, 역사, 삶의 방식을 담고 있다는 것을 시사해 준다.

아시아를 여행할 때 가장 맛있게 먹었던 경험은 일본의 가이세키 요리를 먹었던 때, 마카오에서 딤섬이나 닭고기 죽을 먹었을 때가 제일 기억에 남는다. 마카오는 동양인과 서양인의 입맛을 아우르는 퓨전 음식이 대세이지만 무엇보다도 죽을 아주 맛있게 요리할 줄 아는 나라다.

유럽 여행을 할 때는 밥과 고추장이 무척 그리웠다. 한국 식당도 없는 편이고, 하다못해 편의점에서 햇반을 구하는 것도 어렵다. 어쩌다 한국 식품판매대에서 발견될 때도 있지만 가격이 비싸서 망설였던 경험도 많다.

아무튼, 여행지에서 먹는 대부분의 음식은 지역의 풍미와 그곳의 분위기가 더해지면서 오감을 만족시킨다. 익명성을 지닌 채 낯선 곳에서 대접을 받으며 음식을 맛보는 기분은 여행을 통해서만 느낄 수 있는 열락이라고 할 수 있겠다. 물론 가격에 비해서 맛도 없고, 어떤 때는 바가지를 쓴 것처럼 낭패를 본 적도 많고, 종업원들의 무례를 접했던 경우도 종종 겪은 적도 있지만.

드라마 '내 이름은 김삼순'에서 여주인공이 "인생 뭐 있어?" 하면서 양푼에 담겨있는 쌀밥 위에 갖은 채소를 얹고 그 위에 화룡정점인 고추장을 비비면서 먹는 장면이 문득 떠오른다. 자기가 좋아하던 직장 상사의 마음을 얻지 못한 상실감을 매운 고추장으로 범벅된 비빔밥을 한입 가득 우겨놓으며 속상한 마음을 달래려고 하는 그 장면은 오랫동안 내 뇌리에 남아 있다.

인생에서 숨길 수 없는 게 세 가지가 있다고 하는데, 그것은 기침, 사랑, 가난이라고 한다. 그녀는 트림을 내뱉으며 겉으로는 포만감을 의도적으로 나타내지만, 결국에는 그녀의 눈자위가 붉어지는 것은 매운 고추장 탓만은 아닐 것이다.

글을 쓰는 중에 문득 떠오른 삼순이의 비빔밥 장면은 마치 마음속에 오래도록 남은 필름 한 컷 같다. 그 여주인공이 털털하게 외친 "인생 뭐 있어?"라는 말에 이상하게도 마음이 울컥했다. 겉은 태연한 듯하지만, 그 말끝엔 삶의 쓸쓸함과 단단한 체념이 절묘하게 뒤섞여 있었으니까.

비빔밥이란 음식엔, 그 말처럼 단순한 듯 복잡한 감정이 고스란히 담긴다. 매캐한 고추장 한 숟가락이 밥과 어우러질 때마다, 어쩐지 말로는 다 담을 수 없는 나의 마음도 함께 풀어질 것 같다. 삶이란 그렇게, 조미되지 않은 날것들의 나열 같기도 하다가, 어느 날엔 다짜고짜 그 모든 걸 한데 쓱쓱 비벼버리고 싶을 만큼 무던해지기도 한다.

쓱쓱 비빈 밥을 입에 넣는다는 건, 곧 나 자신을 토닥이는 의식과도 같다. 무언가 다 망가진 것 같은 날에도, "그래도 밥은 먹자."는 말처럼 강하고 따뜻한 주문이 또 있을까.

4.
연잎처럼

'오포산'의 박하를 통해서

임영희

처음에는 친구들이 '오포산'으로 가면 학교에 빨리 간다고, 지름길이라고 해서 가게 되었다. 산길로 가다 보면 까마중도 보이고 좋은 냄새도 나서 오포산으로 가는 길을 좋아했다. 친구들이 할아버지에게서 들었다며 말해 주어서 오포산이라고 하는 이름의 뜻을 알게 되었다. 일제강점기 시절에는 이 산 정상에서 정오인 오시를 알리기 위해 대포를 발사하였다고 하여 붙여진 이름이라고 했다.

이 산은 대구 특별시 봉산동에 있는 해발 78m의 나지막한 구릉으로 봉산동이라는 이름도 이산과 연관이 있었다. 중국 전설 속 상서로운 새인 봉황이 앉았던 산이라는 의미로, 신령스러운 산이 있는 동네라는 것이다. 그러나 우리가 그 산으로 다닐 때인 1950년대의 오포산은 육이오전쟁 이후에 미군 통신대가 주둔하면서 산봉우리를 깎았다고 한다. 그래서 초등학생인 우리가 힘들지 않게 다닐 만한 산이 되었다는 것이다.

산에 대해서 이런저런 이야기들을 나누며 우리는 즐겁게 등교를 하고 향기가 좋은 풀 냄새도 맡았다. 나중에 그 풀의 이름이 '박하'이고 향기뿐만 아니라 심신을 건강하게 한다고 들었다. 박하를 비롯하여 그런 종류의 약초를 허브라고 해서 나는 허브를 좋아하게 되었다. 그리고 놀란 것이 있다. 중세의 유럽에서는 그러한 허브를 이용하여 사람들을 고쳐주는 여인들을 마녀로 지칭하여 화형을 했고 따라서 그런 여인들은 숨어서 살았다고 했다. 정성 들여 기른 허브로 열을 내리고 상처를 치유하는 것을, 마법으로 여겼다고 하니 안타깝다.

인쇄술이 발달하여 허브의 효능도 기록되어 전해졌다. 과학적으로 실험하였고, 관찰하여 증명하였다. 따라서 점차 학문적 의학으로, 대체 의학으로 옮겨가게 된 역사도 알게 되었다. 지금은 음식에도 넣고 화장품에도 넣고 약으로도 쓰인다. 향기가 좋다 보니 약이라고 본다면 그렇게나 좋은 약이 또 있겠나 하는 생각이 든다. 박하 아이스크림도 좋아하고 박하가 들어간 초콜릿이나 커피도 좋아한다. 나는 피부의 기초 화장품으로 허브의 기름을 사용한다. 주변 지인들에게 선물을 고를 때도 허브로 된 건강용품을 신호한다. 스트레스에 좋은 효능을 보여주며 불면증에 효과가 있는 라벤더와 항균 효과가 있어서 여드름에 좋은 티트리, 항염 효과가 있는 카모마일 등이다.

국내에서 키우기 어려운 허브를 잘 길러낸 상수 허브랜드를 알게 되어 방문하였다. 피부 관리와 스트레스와 불면증 해소 등을 위한 아로마치료법의 기름을 둘러보았다. 신선한 허브의 잎과 꽃을 활용한 건강음료와 꽃밥 등의 메뉴로 식사도 하였다 먹는 꽃으로 장식하고 '바질'과 '로즈마리'와 '타임' 등을 넣어 향미를 더한 영양밥과 샐러드와 된장국이 나왔다. 꽃밥은 정말 예쁘고 향이 좋아서 먹기가 아까웠다. 허브의 항산화와 소화 촉진 효과로 정말 맛있게 먹었다.

건조 허브로 차를 내리고, 베개에 넣어 쓸 수 있는 '포푸리'와 천연

비누 등 허브 상품도 구경하였다. 얼굴용 기름을 판매하시는 아주머니의 조언으로 피부 관리 제품으로 쓰기 위해서 제라늄 기름을 샀다. 그리고 불면에 좋다고 해서 작은 '라벤더' 화분을 품에 안고 귀가하는 버스에 올랐다. 그런데 정말 신기하게도 버스 안에서 짧으나마 달게 잤다. 깨니까 기분이 상쾌했다. 이러한 경험으로 나는 평생을 허브와 함께 향기로운 삶을 살고 있다. 그런데 상수 허브랜드가 IMF를 겨우 지났지만, 코로나 팬데믹을 이기지 못하고 폐허가 되었다는 안타까운 소식을 듣게 되었다. 상수 허브가 다시 회생하기를 간절히 원해서 "다시 한 번 더 허브의 대 동산으로 태어나기를 바랍니다." 하고 빌어본다.

가깝고도 먼 나라인 일본이지만 화산이 터질까 두려워하지 않고, 심한 지진 후에도 복구에 힘을 쏟는다. 활화산으로 융기된 새로 생긴 '쇼와신산'을 통해서 일본은 지금도 점점 더 커지고 있는 신생의 나라라고 일본인들은 자랑한다. 그러한 기개를 가진 일본인들의 좋은 점은 우리도 배워야 하지 않을까 하고 생각해 본다. 허브를 좋아해서 라벤더의 계절인 여름에 북해도에 갔다. 첫 번째 여행에서 허브 농장인 '팜 도미타'에 가게 되었다. 라벤더 융단의 규모와 향기에 취하여 꽃들 사이를 거닐다가 벤치에 앉아서 바라보았다. 하지만 라벤더를 이용한 상품을 하나도 보지 못하고 왔기 때문에 나는 또 한 번의 허브 여행을 하기 위해서 여름 끝자락이지만 북해도 여행을 계획한다.

지금도 간혹 꿈속에서는 봉산동 집의 백일홍 나무 밑에서 세수를 한 후에 학교에 갈 준비를 한다. 그리고 허브로 행복한 삶을 살게 해 준 박하가 숨을 쉬고 있는 오포산을 걸어서 학교에 가고 있다.

가시 둥지

문 남 선

  수 십년지기 문우와 식당에서 식사하다가 독수리 둥지와 새끼 독수리의 조련 과정에 관한 이야기를 들었다. 독수리가 '하늘의 제왕'이라는 기본적인 지식만 알고 있던 참이라, 귀가 후 독수리에 대한 정보를 조회하던 중, 새롭게 알게 된 많은 사실에 신선한 충격을 받았다.
  독수리는 매과에 속하는 맹금류(猛禽類)로 높은 나무 위나 고산 절벽 위에 둥지를 튼다. 그리고 번식기가 되면 네 개가량 알을 낳고 40~50일 정도의 부화 기간을 갖는다고 한다. 또 알에서 깨어난 새끼가 둥지를 떠날 때까지 대략 2~3개월이 걸린다고 한다. 특히 독수리 중에서 용맹하기로 유명한 검독수리는 철저한 일부일처제를 유지하며 부부에 대한 신뢰와 정성 또한 지극하고 새끼 돌봄에도 많은 시간과 정성을 투자한다니 그저 놀라울 따름이다.
  독수리는 5,000피터(1ft=0.3048미터, 약 16킬로)까지 날 수 있다는네 정말 대단하지 아니한가. 세계 최고봉인 에베레스트(8,848m)의 높이를 생각하면 어느 정도 높이인지 조금은 상상이 간다. 이렇게 높이, 그리고 멀리 날 수 있는 독수리에 대한 비밀은 아마도 그들의 가시 둥지에서 찾아볼 수 있지 않을까 싶다. 독수리는 둥지를 틀 때, 일부러

뾰족한 나뭇가지나 날카로운 조각 또는 찔레나무 등으로 기초공사를 다진다. 그리고 그 위에 얼기설기 동물의 가죽 등을 덮고 마지막에는 토끼털이나 쥐 털 등을 얹어 푹신하게 만든다.

새끼의 비행 훈련을 시켜야 할 시점이 되면, 암수 독수리는 일부러 둥지 밖에서 먹이를 먹으며 애원하는 새끼들을 외면한다고 한다. 이는 새끼들이 둥지 밖으로 스스로 나오도록 유인하기 위함이다. 하지만 새끼들에겐 둥지 밖이 공포의 세상일 터. 쉽게 나오지 못하면 어미는 둥지 속의 토끼털 또는 쥐 털을 조금씩, 조금씩 밖으로 버린다. 뾰족한 가시에 몸이 찔리는 고통을 참다못해 결국엔 둥지 밖으로 나올 수밖에 없게 될 것이다. 그 순간 새끼는 본능적으로 필사적인 날갯짓을 할 것이다.

그 과정이 끝나면 다음 단계인 멀리, 그리고 높이 날기 훈련이다. 어깨에 새끼를 얹고 높은 하늘과 세찬 기류 속을 비행할 때, 한 번도 경험하지 못한 둥지 밖의 세상에서 새끼인들 얼마나 놀라고 당황할까. 그런데 그 비행 과정에서 몇 번씩 날개를 잠시 접어가며 허공에 새끼를 떨어뜨린다고 한다. 그러다 허공에서 혼비백산한 새끼가 본능적으로 날개를 퍼덕이다 떨어지면 암컷과 수컷이 번갈아 새끼를 받고 떨어뜨리기를 반복하며 고난도의 비행 훈련을 숙지시킨다. 특히 고공에서 난기류를 탈 때면, 날개를 편 채 온몸을 온전히 기류에 맡기고 기류의 저항이 적은 곳까지 이동해야만 살 수 있다는 것을, 난기류와 맞닥뜨렸을 때의 체험으로 가르친다.

고난도의 훈련이 끝나면 수고한 새끼를 위해 바닷가 너른 바위 같은 곳에 맛있는 성찬을 준비해 놓는다. 멀리, 높이 날면 멋진 세상을 구경하며 맛있는 음식을 먹을 수 있음을 스스로 깨치게 한다니 정말 놀랍지 않은가. 하지만 이런 고난도의 훈련 과정에서 절반의 새끼는 목숨을 잃는다고 한다. 그리하여 살아남은 독수리는 다시 하늘의 제왕으로 태어나는 것이다. 가시 둥지와 독수리의 훈련 과정을 생각하면 '하늘의 제왕'이라는 별명이 결코 그냥 얻어지는 것이 아니라는 점을 알았다. 뭐든지 어렵게 얻는 것이 귀한 것이기 때문이다.

대부분 넘어질세라 손 붙잡고, 멍들까 호호 불며 나약하게 자식을 키워내는 우리네 부모들이다. 가시 둥지와 새끼 독수리의 조련법에 대해 한 번쯤은 우리 인간이 주목하며 본받을 삶의 방식이 아닐까.

사과와 애플

황덕중

　내게 사과는, 붉은 사과가 주렁주렁 달린 나뭇가지를 휘어잡고 제일 잘 익은 놈으로 하나 뚝 딴다. 기운 자랑하듯 맨손으로 반을 쩍 소리 나게 쪼개어 한 입 크게 베어 물어 어적어적 씹어 먹는 사과, 그 사과다. 또는 아내가 매일 아침 깨끗하게 까서 접시에 담아 주는 새콤달콤한 사과 역시 사과다. 그리고 내게는 그런 사과 말고 다른 사과도 있다.

　내가 월남전 참전 시에, 투이호아 한·미·월 합동 검문소 '체크 포인트 투 파이브(chck point 25)'에서 근무할 때이다. 한국 헌병과 미국 헌병 한 명씩과 월남 경찰관 한 명이 합동으로 근무하고 있었다. 그런데 미군이나 한국군에게는 간식으로 사과가 무더기로 지급되는 날이 있었다. 근무 나가면서 으레 몇 개씩 가지고 가서 나도 먹고 월남 경찰에게 주기도 했다. 미군 헌병도 그렇게 했다. 월남 경찰은 매우 고마워했다. 파인애플이나 바나나 또는 야자열매 등 그 지방의 과일은 흔했지만, 사과는 매우 귀한 곳이 월남이기 때문이다.

　한번은 지나가던 보급차가 우리에게 사과를 한 박스 주고 갔다. 그걸 모두 처리하기가 난감했다. 월남 경찰에게 주고도 많이 남았다. 때마침 가끔가다가 놀러 오는 여남은 살 먹은 그 앞 동네 여자아이가 왔다. 우리는 수북이 쌓인 사과를 모두 그 아이에게 가져가라고 했다. 여자아이는 집으로 달려가더니 자기 키만큼 큰 자루를 가지고 와서 거기에 모두 담았다. 그리고 그것을 한쪽 어깨에 걸머메고 질질 끌다시피 하며 찻길을 건너 정글 속 자기 집으로 향했다. 우리 셋은 그 모습을 보며 웃었다. 그때 미군이나 월남인의 웃음은 어떤 의미였는지 모르지만, 내 웃음은 웃음이 아니었다. 내 어머니의 얼굴이 떠오르는 가슴 아픔이었다.

나는 이렇게 노상 사과만 보면 6·25 피란 시절에 얽힌 어머니와 사과의 장면이 떠올라서 가슴이 저리다. 게다가 스티브 잡스가 들고 있는, 한 입 베어 문 사과를 보면 더욱 그러하다. 한 입 베어 문 사과가 애플사(Apple社)의 로고라면, 한 입 더 베어 먹고 버린 사과는 처참한 피란 생활 속의 아픔이고, 그 고통 속을 살아 넘긴 내 어머니와 일그러진 내 얼굴이다.

6·25전쟁 당시, 갑작스러운 중공군 개입으로 원주까지 밀려 내려간 우리 피란민들은 허기를 메울 길이 없었다. 거지도 그런 거지가 없었다. 어머니는 집집마다 찾아다니며 일자리를 구하고 또는 구걸하여 자식들의 배를 채워 주기에 급급했다. 그러는 과정에서 어느 큰 집 부엌일 돕는 자리를 하나 구했다. ㄱ 집도 난리 통에 생계가 어려워지니까 사랑채의 방들을 비워 양색시들에게 세를 주고 밥도 해주며 돈을 받았다. 어머니는 부엌일을 해주며 어머니와 나의 끼니를 약속 받았다. 나는 끼니때만 되면 부엌 뒤 쪽마루에 걸터앉아서 밥을 먹었다. 그래도 늘 허기졌다. 그러면서 그 집 바깥마당에서 시간을 보냈

다. 누나와 동생은 수용소 움막에서, 수용소에서 주는 수숫가루로 죽을 쑤어 먹고 있다가, 저녁때 어머니가 가져다주는 음식으로 허기를 달래며 살았다.

그날도 나는 바깥마당에서 혼자 놀고 있었다. 그러다가 우연히 대문을 통해서 안마당 쪽을 들여다보게 되었는데, 문이 열려 있는 사랑방에서 내던진 먹다 남은 사과 하나가 안마당에 데구루루 굴렀다. 맥주를 마시고 있던 미군 병사가 안주로 먹다가, 대충 몇 입 베어 먹고 버리는 것이었을 것이다. 그런데 조금 있다가 부엌에서 어머니가 얼른 나와서 그걸 집어 들고 다시 부엌으로 들어가셨다. 조금 후에 어머니는 그걸 행주치마에 숨겨 나와서 여기저기 눈치 보며 나에게 주셨다. 얼른 먹으라는 시늉을 하셨다. 받아 들고 보니 물로 깨끗이 씻은 그 사과는 대충 몇 입 베어 먹고 버린 사과였다. 어머니도 그걸 한 입이라도 베어 물고 싶었겠지만, 그냥 고스란히 내게 주신 것이리라. 어머니는 다시 부엌으로 들어가셨고, 나는 그걸 게 눈 감추듯 알뜰히 갉아먹었다.

이후로 사과만 보면 어김없이 이 순간이 생각나며 가슴이 아리다. 그리고 월남 소녀가 자기 가족을 위하며 낑낑거리며 가져간 사과도 어김없이 생각난다. 그 사과는 집에 가지고 가서 가족들과 또는 이웃들과 맛나게 나누어 먹었기를 바란다. 그러나 베트콩에게 압수당해서 적군에게 좋은 일하는 것으로 끝났는지도 모른다. 어쨌든 왠지 그 소녀도 잊히지 않는다. 그 가녀린 소녀의 실루엣이 그녀의 가족과 베트콩들의 환영(幻影)에 뒤섞여 떠오르는, 사과와 소녀와 월남 정글의 추억이다.

롭 야노프(Rob Janoff)라는 사람이 디자인했다는 '애플'은 다양한 의미를 내포하고 있다. 일단은 뉴턴의 만유인력 발견에서 영감을 얻었다는 의미를 담고 있다고 했다. 또한 성경 속 금단의 열매가 주는 의미, 즉 인간의 지식과 깨달음의 시초라는 의미라고도 한다. 그리고 한 입 베어 문 자국을 넣은 것은 애당초에는 체리나 토마토 모양과 구분되게 하려는 의미였다고 했다. 그 베어 문 사과(bitten apple)의 bitten은 bite의 과거분사이므로 bite가 원형이며, 그 bite는 byte와 발음이 같으므로 나중에 잡스 회사 컴퓨터의 정보 단위를 나타내는 bit를 함축하고 있는 것으로 연관 짓는다.

이렇게 한 입 베어 문 사과는 세계 최고의 기업을 상징하는 로고로 빛난다. 그래서 그것은 엄청나게 큰 의미를 지닌 사과이지만, 내게는 내 일상의 사과가 아니고 애플일 뿐이다. 너무나 큰 의미의 애플이다. 잔잔한 인간의 정감이 어린 새콤달콤한 사과가 아니다. 그러함에도 한 입 베어 문 자리는 나의 가슴을 친다. 그 자국만 없어도 그 애플은 그냥 사과일 수도 있겠으나, 그 자국으로 해서 내 어머니의 사과를 연상시키는 애플은 죄가 많다. 그냥 온전한 사과였으면 애플사의 로고로서 세계적으로 빛나는 존재로 우뚝 서지는 못했을지라도 나를 노상 어머니의 사과로 연이어 주는 잔인함은 없지 않았을까?

한 입 베어 문 사과 애플은 위대하다. 그러나 베어 문 자리가 더 많은 사과, 별로 먹어 볼 여지도 없는 사과는 더 위대하다. 적어도 내게는 그러하다. 내 어머니가 자싯물에 미군 병사의 이빨 자국을 깨끗이 씻어서 내게 주신 그 사과, 그것은 그냥 평범한 사과일 뿐이다. 아니 평범하지도 못한 사과이다. 쓰레기통에나 들어가야 했을 사과이다. 그래도 사과만 보면 제일 먼저 떠오르는 것은, 내 어머니가 행주치마 속에 감추어 가지고 나와서 내게 주신, 그 자싯물이 뚝뚝 떨어지고 이빨 자국이 듬성듬성한 사과다.

사제 화가 사진전에서

조순배

흰 물결 미술관에서 전시 중인 '빛의 노래' 작가와의 만남이 있다는 문자가 왔다. 얼마 전부터 이 전시에 대해 알음알음으로 알고 있던 터라 호기심에 일찍 도착하여 전시실을 돌아본다. 작품명이 모두 무제이다.

빛이라고 표현해야 할까, 색이라고 말해야 할까. 형체는 자유로웠고 주황인 듯하면 노란빛이고 남빛인 듯하면 푸른빛이 번져있다. 초록 노랑 남빛이 서로에게 번져 신비로운 색으로 다시 태어난다. 먹빛 속에서는 회색과 연둣빛이 보인다. 물결처럼 흐르다가 한 마리 새가 되어 날아가고, 승무를 추는 여승의 가사 자락이다가 궁중 무희의 춤사위로 아른거린다.

남색 옥색 연두 노랑 주황 먹색 회색 흰색으로 어우러진 추상화. 작가가 나타내고 싶었던 그 세계는 알 수 없지만 부드럽고 사유로운 선과 신비로운 빛 앞에 오래 서 있다. 모든 빛깔이 내 안으로 들어와 설렘으로, 슬픔으로, 즐거움으로 번진다. 이곳에 오기 전까지 짙은 안개 속을 걷는 것 같이 답답하던 기분이 조금씩 맑아지고 있다.

어느새 많은 사람이 전시장을 메웠다. 당황한 주최 측은 우리가 신발을 신고 다닌 관람실 바닥을 닦지도 않고 그 자리에 앉으라고 한다. 사람들은 잠시 머뭇대다가 할 수 없다는 듯이 그대로 앉는다. 잠시 뒤 걸음걸이가 약간 부자연스러운 노인이 들어오신다. 의자에 앉아 주위를 둘러보는 작가의 얼굴은 평화롭고 미소는 부드러웠다. 천주교 사제이면서 화가인 김인중 작가님. 연세가 82세라 한다.

본인의 소개와 왜 신부가 되었으며 그림을 그리게 되었는지 말씀한다. 김 신부는 소신학교에서 미술 강사를 하다가 1969년 단돈 100달러를 들고 스위스로 떠났다. 밤에는 일하고 낮에는 프리부루 대학에 다녔는데 미술 강의보다 신학 강의에 관심을 더 가졌다. 어느 날 대학 은사님께서 주선한 전시회에 오셨던 대학 지도 신부님이 수도회 입회를 권하셨는데, 그때가 1970년이다.

사제서품을 받고 파리 수도원에서 사제 생활을 시작했다. 그 뒤 수도원 지하실에서 나름의 기법을 익혀 열심히 그림을 그렸다. 김 신부의 첫 작품은 프랑스 앙굴렘성당이다. 스테인드글라스는 화가가 그림을 그리면 장인이 그 그림을 유리에 옮겨 700도 이상에서 네 번이나 구워 제작된다. 그림을 그려준 뒤 삼 개월 뒤에 작품을 볼 수 있으며, 처음 작품은 전통 기법에 따라 유리를 잘라서 다시 그 자리에 납으로 이었다. 스테인드글라스는 중세시대 문맹자들에게 교리를 그림으로 가르치는 중요한 역할을 했다.

그 뒤 1999년 프랑스 에브리 대성당의 제작을 맡게 되면서 커다란 납 선을 과감하게 없애고 동양화 붓과 서양의 라이프로 유리에 직접 그림을 그려, 누구도 모방할 수 없는 기법으로 750도 고열에서 24시간을 구워냈다. 서로에게 스며드는 색깔들을 막지 않고 자신만의 세계를 자유롭게 그렸다. 작가는 자신의 이런 그림이 무지개가 되어 하늘과 땅을 연결한다는 생각과 상처받은 사람들의 마음이 치유되는 희망의 빛이 되기를 바란다고 한다.

그림을 보면서 짓눌린 가슴에서 풀려나는, 무언가 무거운 짐을 벗은 가벼운 느낌을 받은 이유를 이제야 알 것 같다. 내게 나도 모르는 상처가 있던 것일까. 그렇다면 지금의 이 잔물결 같은 기분은 그 상처가 치유되었다는 걸까.

좁은 공간에서 바닥에 앉은 채 이야기를 듣다 보니 허리도 아프고 다리도 아프다. 나만 그런 것은 아닌 듯 다른 사람들도 살짝 다리를 오므렸다 폈다 한다. 하지만 그 누구도 불편한 표정을 짓기는커녕 점점 신부님 미소를 닮아가고 있다. 모두의 얼굴에 잔잔한 미소가 물감처럼 번지고 있다.

드디어 만남의 시간이 끝났다. 사람들은 무언가 아쉬운지 전시장을 떠나지 않고 그림 앞에서 서성거린다. 나도 사제 화가의 무제 앞에 선다. 어느 미술 평론가는 "김인중 신부의 그림은 하늘에 쓴 시다. 천사가 그림을 그린다면 그의 그림과 같을 것이다."라고 말했다. 빛이 춤을 추는 것 같은 색채와 여백에서 나는 하늘에 쓴 시를 읊고 천사의 그림을 본다.

두 번째 인연

박정미

 올해도 어김없이 우리 집 부엌 창가에 황금빛 능소화가 찾아와 살포시 미소 짓는다. 예전보다 꽃송이는 더 풍성하고 황금빛은 곱다. 우리가 창문을 통해 능소화를 만난 지는 올해가 16년째다. 항상 이맘때면 만나는 기쁨에 가슴이 설렌다.
 오늘 외출하고 돌아오는 전철에서 해프닝이 있었다. B문우와 함께 전철을 탔는데 노약자석을 찾아가 보니 다른 날보다 승객이 많았다. 다행히 두 정거장 정차하고 나니 노약자석 중앙에 앉은 승객이 내렸다. B문우는 나를 손짓하더니 그 자리에 가서 앉으라고 했다. 잠시 망설이다 냉큼 가서 덥석 앉았다. 하필이면 출발과 동시에 앉다 보니 내 육중한 몸이 기우뚱하며 왼쪽에 앉은 70대 초반으로 보이는 여성분 허벅지와 엉덩이를 밀쳤다. 그분은 아팠는지 얼굴을 찡그렸다. 나는 미안해 몸 둘 바를 몰랐다. "많이 아프셨죠? 미안합니다." 했지만 그녀는 아무 말이 없다.
 그런데 어디서 많이 뵌 듯했다. "혹시 '우리 춤' 선생님 아니세요?" 했더니 맞다고 했다. "유 선생님, 안녕하세요." 반갑게 인사하니, 어떻게 아느냐는 눈치다. "선생님, 저 모르셔요. 박정미예요." 그제야 알았다는 듯이 반가워한다.

　두 번째 이어진 인연이다. 그리 오래전이 아니었는데도 서로를 몰라봤다. 우연한 만남은 그동안 궁금했던 이야기꽃으로 피었다. 다행히 선생님께서는 나를 많이 기억하고 있었다. 수필 공부하고 오는 길이라고 했더니, "화요일에 수업한다고 했는데?" 한다. 수요일로 바뀌어서 '우리 춤' 수업하고 시간이 안 맞아서 못 갔다고 했다.

　나는 60대 초반에 문화센터에서 한국무용을 배운 적이 있다. 서초구 페스티벌 경연대회에 나가기 위해 단원들과 열심히 연습하다가 버선발에 미끄러져 넘어지면서 왼쪽 손목 골절을 당했다. 하필이면 소고춤 연습 중이었다. 경연대회 때마다 우리 단원은 우승도 했고 우승기를 가져오기도 했다. 연습은 열렬했다. 나는 손목부상으로 한국무용은 포기했고 그 후 6년여 동안 무료하게 지냈다.

　어느 날 지인을 따라 동작구문화센터로 가서 '우리 춤' 수강 신청을 하게 되었다. 유 선생님과의 첫 번째 인연이었다. 우리 춤은 한국무용 퓨전이라 배우기가 쉽고 재미도 있었다. 2년여 동안 즐겁게 배웠다. 그러던 중 코로나19 팬데믹으로 휴강하게 되었다. 3년이 지난 후 유 선생님은 다시 개강했지만, 나는 사정이 여의치 않아 등록을 못 했다.

　유 선생님의 춤사위는 고매하고 아름다웠다. 제자들은 열심히 배워서 선생님처럼 춤을 추고 싶었지만 쉽지 않은 춤사위였다. 우리는 유 선생님을 많이 부러워하며 존경했다. '우리 춤'은 전통 민요와 트로트까지 음악 장르도 다양하다. 더군다나 내 취향은 고전적인 전통 한국무용보다는 우리 춤사위가 더 재미있고 잘 따라 할 수 있어 좋았다.

　수업 종료 마지막 춤은 가수 이선희의 '인연' 노래였다. 깊은 음색에 묻어 나오는 애절함은 가슴을 절절하게 했고 내가 제일 좋아하는 춤이기도 했다. 마무리 퓨전 체조는 클래식 음악 '소녀의 기도'로 천천히 심호흡하며 스트레칭 체조로 갈무리했다. 마지막 춤과 체조는 내 삶의 활력소가 되기도 했다. 그럼에도 계속 이어가지 못한 것은 더 마음이 끌린 다른 인연 때문이었다.

두 번째 인연은 또 있다. 작년 이맘때 우리 동네 뒷산 정자에서 만난 인연이다. 나는 초면인 듯했는데 다정하게 미소 지으며 반기던 내 또래의 지인. "어떻게 저를 아세요?" 했더니 20여 년 전 우리 동네 통장 일을 10여 년 맡아서 일했다고 한다. 그때 내가 '불우이웃돕기 성금'이나 '적십자 회비 성금'을 수금할 때 후하게 내주어서 일하기가 수월했다고 했다. 듣고 보니 가물가물했지만 나도 어렴풋이 생각이 났다. 기억해 주어서 고맙다고 하니, 자기가 더 고마웠다고 화답했다. 우연히 두 번째 만난 인연이었다.

모든 인연은 소중하다. 불교에서는 옷깃만 스쳐도 인연이고 우연은 없다고 했다. 살면서 내가 만난 인연은 많기도 하지만 기억에 가물가물한 인연이 더 많을 것이다. 왜소해진 선생님의 모습이나, 비만해진 내 모습이 서로에게 낯설어 인연의 끈을 놓칠 뻔했지만, 다행히 잊지 않고 서로가 기억하고 있었다. 잠시의 만남이었지만 기억이 인연을 이어준 소중한 시간이었다. 두 번째 만남은 미약했으나 인연의 정체성을 놓치지 않고 조각조각 엮어 보고 싶은 인연들이다.

매년 이맘때면 부엌 창가에 찾아와 소식을 전해주는 능소화 인연처럼, 우리도 가끔 소식을 전하며 사는 보고 싶은 인연이고 싶다. 나이가 드니 흩어지는 구름보다는 아름답고 좋은 기억을 잘 갈무리하며 살아야겠다는 생각이 든다.

따뜻한 훔쳐보기

이명지

문득 혼자라고 느껴질 때 한 권의 사진집을 꺼낸다. 헝가리 출신 사진작가 앙드레 케르테스(André Kertész)의 『ON READING』이다. 표지를 넘기면 삶의 이면을 비추는 따뜻한 시선이 담긴 사진들이 펼쳐진다.

허름한 담벼락 아래 흙투성이 세 소년이 맨발로 쪼그려 앉아 책 한 권을 함께 들여다본다. 길거리 담벼락에 의자를 내어놓고 앉아, 고개를 90도로 꺾어 무언가를 읽고 있는 할머니. 예쁜 커튼이 드리워진 창틀에 앉아 책을 읽고 있는 단아한 여인. 무대 의상이 걸린 분장실의 긴 의자에 엎드려 책을 보는, 피에로 복장을 한 배우의 모습도 있다. 창틀이나 베란다에 앉아 조각 햇볕을 쬐며 책을 읽거나, 옥상에서 일광욕하며 독서 하는 사람들을 먼 거리에서 포착한 사진도 있다. 모두가 '읽는 중'이라는 공통점 하나로 연결되어 있지만, 각기 다른 장면 속에 담긴 삶의 이야기는 제각각이다. 남은 생의 시간이 얼마 되지 않아 보이는 노인이 침대에 앉아 책을 읽고 있는 모습은 그중 가장 먹먹한 사진이다. 얼굴엔 고요한 평온이 깃들어 있고, 책을 든 손엔 숭고함 마저 느껴져 마음에 잔잔한 감동이 밀려온다. 무언가에 깊이 몰입하고 있는 사람의 모습처럼 아름다운 것이 있을까.

사진작가인 아들에게 자랑하듯 책을 보여주니 고개를 절레절레 흔들며 말한다. "이젠 이런 사진 못 찍어요. 초상권 침해야." 감동의 여운을 자르는 뜻밖의 반응에 실망감이 들었다. 책을 무릎 위에 올려놓고 다리만 찍은 사진을 보며 "이런 사진 찍다간 몰카 범죄자 되기 딱이지."라며 농담처럼 말했지만, 복잡한 현실 인식이 느껴져 우리는 함께 씁쓸해졌다.

딸아이는 유치원에 입학하는 손녀에게 다른 사람의 호의를 함부로 받아들이면 안 된다거나 몸에 손을 대면 "안 돼요!" 하고 소리쳐야 한다며 사람 조심시키는 법을 먼저 가르쳤다. 무엇이 사람을 이렇게 이 간시켰을까. 사랑과 믿음만 가르쳐도 모자랄 어린아이들에게 의심과 경계부터 가르쳐야 하는 세상이 서글프고 안타깝다. 사람 사이의 정과 따뜻함은 이제 무엇으로 표현해야 하는 걸까.

그래도 나는 여전히 누군가 책을 읽고 있는 모습을 보면, 눈길을 떼지 못한다. 책장을 넘기는 손끝의 조심스러움, 페이지에 잠긴 얼굴의 고요함, 세상에서 잠시 비켜서서 고독의 단맛을 즐기는 표정. 이런 장면을 마주하면 나도 모르게 숨을 죽이고 그 사람의 시간을 살짝 훔쳐보고 싶은 충동이 인다.

'훔쳐보기'는 우리 안에 오랜 세월 숨어 있는 본능이다. 중세 영국의 전설에도 훔쳐보기가 등장한다. 바로 '레이디 고다이바' 이야기다. 남편 영주가 책정한 과도한 세금에 고통 받는 백성을 위해 영주의 젊은 아내 고다이바는 남편에게 항의한다. 그러자 남편은 비웃듯 말한다. "당신이 벌거벗고 영지를 한 바퀴 돌면 세금을 깎아주지." 영주는 그녀가 감히 그럴 수 없을 거라 생각했지만, 그녀는 긴 머리카락으로 겨우 몸을 가린 채 말을 타고 거리로 나섰고, 백성들은 존경의 마음으로 창문을 닫고 커튼을 내렸다. 그러나 몰래 내다본 한 남자가 있었으니 양복점 점원 '톰'이었고 그 순간 눈이 머는 벌을 받았다고 전해진다. 이후 영국에서는 다른 사람을 엿보는 호색한을 피핑 톰(Peeping Tom), 즉 '훔쳐보는 톰'이라 부른다.

어쩌면 훔쳐보기의 원조는 예술이 아닐까. 에두아르 마네의 '풀밭 위의 점심'을 보면, 숲속에서 소풍을 즐기는 남녀의 모습이 그려져 있다. 옷을 입고 있는 두 남자와는 달리, 여성은 벌거벗은 채 우리를 응시한다. "뭘 봐?" 하고 묻는 듯한 그 시선은 우리가 보는 동시에 누군가에게 보여지는 존재라는 사실을 깨닫게 한다. 나는 거기서 그 두 존재를 모두 지켜보고 있는 또 한 사람, 마네의 시선도 느낀다.

훔쳐보기는 단지 '보는' 행위가 아니라, '해석하는' 행위다. 카메라의 렌즈 너머에서, 붓끝에서, 글자의 행간에서 타인의 삶을 몰래 들여다보며 그 안에서 자신의 감정에 말을 걸어오는 무엇을 발견할 때 이야기가 시작된다. 예술도 결국 사람의 이야기이기에 궁금하고 감동하고 끌리는 것이다.

너무 많은 경계가 사람과 사람 사이를 멀게 만들고 있는 요즘이다. 게르데스의 사진들이 따뜻한 이유는, 삶의 행간을 들여다보는 진지한 시선에 사랑이 깃들어 있어서다. 피사체인 대상에 무례하지 않고, 다가가는 대신 멀리서 지켜보며 그들의 고요를 존중하고 있는 것이 느껴져서다. 그것은 따뜻한 훔쳐보기였다.

나는 1970년대에 찍은 이 흑백 사진집을 곁에 두고 자주 꺼내 본다. 의지할 데 없는 고독에 잠긴 날이면 혼자의 고요함이 얼마나 귀한지를 깨닫게 해주어 좋다. 사진 속 시선을 따라가다 보면 내 안의 오래된 이야기, 따뜻함, 그리움 같은 것들이 되살아나 평화로워진다.

　오늘도 나는 책을 읽고 있는 누군가를 조용히 훔쳐본다. 그들이 읽는 책 속 사람들의 이야기는 어떤 것일까? 그들은 지금 무엇에 그토록 빠져들어 있을까? 독자로서의 궁금증이자 작가로서 호기심이다. 어쩌면 그들에게서 나를 읽고 있는지 모르겠다.

흔들림과 비움

이원환

연잎 줄기는 가늘고 연약하지만 완강했다.
큰 잎에 쏟아지는 빗줄기를 받쳐 들다가 벅차면, 더 이상 머뭇거리지도 참지도 않고 흔들어 비워낸다. 연잎의 흔들림은 불안이 아니라 균형이고, 바람 없이도 스스로 만들어내는 흔들림이며 비움이다.
마이산과 여수, 보성 차밭과 순천만을 거쳐 맏아들과 함께한 남도 여행의 마지막 밤, 우리는 전주 덕진공원에 가기 위해 한옥마을에서 묵었다. 아침 식사는 80년 전통 삼백집의 콩나물국밥에 달큰한 모주가 제격이었다. 24년 전 장인과 마지막으로 남도 여행을 떠났을 때, 첫 코스가 덕진공원의 연꽃 자생지였다. 그날, 연꽃같이 잔잔하게 미소 짓던 모습이 아직도 그립다. 맏사위와 유달리 정겹게 지내셨던 장인과 아련한 추억이 서린 곳이라, 세찬 소나기가 몰아쳤지만 비를 핑계로 그냥 지나칠 수 없었다.
새로 단장한 1만 3천 평의 연꽃 자생지에서도 비바람은 거세게 몰아쳤다. 우산으로 간신히 머리만 가릴 수 있을 정도였다. 콩을 볶듯 퍼붓는 폭우가 한 시간 넘게 계속되자 대부분 관람객은 서둘러 돌아갔지만, 아들과 단둘이 남아 연꽃의 매력에 흠뻑 젖어 들었다.

솥뚜껑만 한 연잎들이 연거푸 고개 숙이며 빗물을 쏟아내는 장면, 폭우 속에서도 흐트러짐 없는 연꽃의 은은한 자태를 보며 여행의 피로가 말끔히 씻겨 내려갔다. 옷이야 몽땅 젖어도 상관없었다. 그토록 세찬 비에도 다친 꽃잎 하나, 찢긴 연잎 하나 없으니 놀라울 따름이었다. 빗방울이 때리고 바람이 몰아쳐도, 연꽃은 조용히 고개 숙여 인사하듯 단아함을 잃지 않았다. 적당히 리듬을 타며 제 몸 하나 잘 간수 하고 나머지는 다 비워내니, 더 이상 무겁지도 상할 일도 없는 듯했다. 새삼 연잎의 지혜에 경탄했다.

흔들림과 비움의 멋을 생각한다.

삶도 재즈 음악처럼 흔들리며 리듬을 탄다. 정해진 악보 없이 즉흥적으로 흘러가지만, 미묘하게 흔들리는 리듬이야말로 재즈의 생명력이다. 너무 정확하면 기계적으로 되고 너무 흔들리면 엇박자가 된다. 단순한 흔들림이 아니라, 균형과 조화, 인내와 유연함이 함께 담겨 있어야 한다. 자연 또한 흔들림을 통해 힘을 기른다. 대나무나 꽃대는 바람에 흔들리며 쓰러질 듯 휘어지지만, 다시 곧게 일어선다. 비바람을 이기려 똑바로 서서 버티기만 했다면 부러지고 말았을 것이다. 흔들리며 나무는 더 깊고 멀리 뿌리를 내린다. 흔들림 속에서 버리고, 흔들림 속에서 버티는 법을 아는 것이 자연의 지혜가 아니겠는가!

지난겨울 큰 눈이 내렸을 때, 내가 사는 향린동산에 수많은 나뭇가지가 꺾여져 찻길을 막아, 마을이 사흘 동안 고립된 적이 있었다. 잎이 많고 가지가 촘촘한 나무들은 눈의 무게를 견디지 못하고 피해를 보았지만, 전정을 잘한 나무와 가지가 유연한 나무들은 아무 탈 없이 견뎌냈다. 몸이 가볍고 가지가 유연한 나무가 스스로 살아남을 수 있는 진정한 강자였다.

세상 만물은 흔들리면서 제 몫을 다한다.

시계추는 쉼 없이 흔들리면서 시간을 만들어내고, 그네는 흔들리면서 아이들의 웃음을 품고, 저울은 흔들리면서 균형을 잡아 무게를 재고, 축구. 농구. 배구. 탁구. 골프도 팔과 다리의 흔들림 속에서 정확한 순간의 힘을 발휘한다. 비움 없는 욕심과 과도한 몸놀림은 결국 실점으로 이어진다.

우리의 마음 또한 자주 흔들린다. 흔들림은 살아있음의 증거이다. 기쁨과 슬픔, 희망과 절망, 사랑과 미움 사이를 오가며 흔들린다. 어떤 날은 의욕이 넘치다가도, 어떤 날은 마음이 내려앉는다. 그런 날은 수렁에 빠진 듯 허우적대기도 한다. 더 가지려고 애쓰고 버티는 대신, 흔들리며 비움의 흐름을 타야 시계추처럼 제자리를 지킬 수 있다.

여행 가방을 쌀 때, 이것저것 챙기느라 흔들리다 무거워진 짐처럼, 결국 절반도 쓰지 않고 되돌아온 물건들처럼, 마음의 여유를 갉아먹는 욕심을 내려놓을 일이다.

비 오는 날은 흔들리며 비울 줄 아는 연잎의 지혜를 만나러 가자!

바람 부는 날은 흔들리며 뿌리 내릴 줄 아는 갈대와 대나무의 인내를 배우러 가자.

쓸데없는 걱정, 과한 집착, 불필요한 자존심으로 흔들리던 마음, 비우고 홀가분해지자!

연잎처럼, 대나무처럼, 시계추처럼, 스윙 재즈처럼 – 흔들리며 살아도 좋으리!

펠리컨의 기도

한정순

　아들 내외와 함께 캘리포니아 북서부 여행 셋째 날을 맞았다. 어젯밤은 오래곤주 유진에서 한국인이 운영하는 모텔에서 잠을 자고 아침 일찍 길을 나섰다. 태평양을 끼고 플로렌스 주립공원을 향해 고속도로를 달리고 있었다. 바다사자가 산다는 해식 동굴이 있다 하여 잠시 들렀다. 바다사자는 한 마리도 없었지만, 시원스레 펼쳐진 수평선과 해안 절경이 바다사자를 대신해 기쁨을 안겼다.
　상대적으로 기념품 가게는 만원이다. 그들 틈에 끼어 여기저기 둘러보는데, 진열장 안에서 새 한 마리가 눈길을 끌었다. 이는 내 두 번째 수필집에도 등장했던 펠리컨이다. 가격표를 보니 36.95불이다. 너무 비싸다 싶어 내려놓고 돌아섰다.
　그런데 한 바퀴를 둘러봐도 다른 것은 눈에 들어오지 않았다. 오로지 조그마한 나뭇등걸에 두 발을 딛고 서서 목을 길게 빼고 몸통만큼 큰 입을 벌려 하늘을 우러른 펠리컨 모습만이 눈앞에서 아른거렸다. 그를 보는 순간 내 젊은 날이 떠올랐다. 다시 펠리컨 앞으로 갔다. 마침, 아들도 거기 있었다. 아들에게 "나, 이거 맘에 드는데!" 했더니 "그럼 사세요." 하기에, 좀처럼 여행지에서 기념품을 사지 않던 내가 거금을 들여 바닷새를 모셔 왔다.

　함께 태평양을 건너온 펠리컨은 지금도 내 책장 앞에서 기도 중이다. 그가 원하는 것이 무엇인지 알 수는 없지만, 적어도 배고파 먹이를 구하는 외침은 아닌 듯하다. 하기야 생존에 필요한 것이 어찌 먹이뿐이겠는가. 짝을 잃은 외로움도 있겠고, 자식을 떼어놓은 아픔도 있었겠지. 만만찮은 세상사가 어찌 저에겐들 비켜 가겠는가.

　내게도 아픈 세상사가 나를 단련시키던 때가 있었다. 지아비는 새처럼 둥지를 떠났고, 나는 섬에서 시집살이로 연명하고 있었다. 기술이라고는 밥하고 빨래하는 기술밖에 없었으니, 앞날이 캄캄했다. 동물도 살아남기 위해서는 사냥하는 법을 배워야 하듯, 나도 무엇인가 살길을 찾아만 했다.

　뜻이 있는 곳에 길이 있다던가? 때마침 인천에서 자취하며 학교 다니던 친척 조카가 있어서 단칸방을 함께 쓰며 밥과 빨래를 해주기로 했다. 따라가겠다고 울며불며 떼쓰는 어린 아들을 할머니께 떼어놓고 쌀 한 말 들고 더부살이를 시작했다.

　그리고 육 개월 속성과정으로 양재학원을 졸업했다. 그나마 양재를 택했던 것은 시누이가 양장점을 했기에 거기서 조금 배운 것이 도움이 되었다. 졸업과 동시에 기술자로 취직은 했으나 경험 부족으로 실수하기 일쑤였다. 비빌 언덕조차 없는 몸. 암흑 같은 미래는 하늘의 달도 별도 보이지 않았다. 그 슬픔, 그 막막함, 펠리컨의 입보다 더 간절한 것은 방 한 칸이었다. 그렇게 양장점을 전전하고, 때로는 재단대에서 쪽잠을 자며 기술을 익혔다. 내 가게를 열기까지는 꽤 오랜 시간이 흐른 뒤였다.

그가 마음에 들어 사 오기는 했지만, 벌겋게 충혈된 눈을 보면 애처롭기도 하다. 무엇이 그리 간절한지 눈에서는 눈물이 뚝 떨어질 것 같다. 흠이라면 짧은 다리와 몸통만큼 큰 입이지만, 그가 벌린 입만큼 간절함이 더 커 보였다. 그래도 생김은 참으로 우아하다. 긴 목과 훤칠한 키. 부리와 배는 갈색이고, 목은 흰색이며, 등과 날개와 다리는 옅은 회색이다. 크기는 약 15센티 남짓이다. 비록 숨 쉬는 생명체는 아니지만, 날아갈세라 가만히 만져보면 온기가 느껴질 정도다. 부드럽기는 깃털 같다. 수지를 특수 가공 처리해 만들었다는데 얼마나 정교한지 살아있는 듯하다. 만든 이의 자부심인가? 사진과 사인, 배지와 설명서까지 달아놓았다. 그가 나를 대신해 기도해 주는 것 같아서 동거함이 즐겁고 든든하다.

그 옛날 섬에서, 떼어놓을 때 울며불며 매달리던 하나뿐인 아들이 이제 며느리를 볼 정도로 세월이 흘렀다. 손자 결혼식에 갔다가 서부 여행을 즐겼다. 이제는 그때만큼 답답하거나 외롭거나 슬프지도 않다. 아들도 나도 있는 것에 감사하면서 각자의 자리에서 충실하게 살고 있다. 행복한 삶이다.

나의 할아버지 김시현

김영방

　1966년 1월 3일 저녁, 할아버지 김시현은 파란만장한 생을 뒤로 하고 세상을 하직하셨다. 돌아가시기 전 할아버지는 할머니에게 "권 동지 미안하오. 내가 조국 독립을 위해 몸 바쳐 투쟁했는데 반쪽 독립밖에 이룩하지 못했소."라고 하셨다.
　우리 할아버지가 돌아가실 때 내 나이가 13살, 초등학교 6학년이었다. 우리 4남매는 몹시 추운 겨울날 시청 앞 광장에 차려진 사회장 장례식장에 앉아 갈색으로 얼어붙은 수많은 국화꽃 화환을 보며 할아버지가 대단한 분이라는 걸 어렴풋이 느꼈다.
　사회장 장례는 9일장이 되어 1월 11일 10시 시청 앞 광장에서 군악대의 조악이 울려 퍼지고 조포가 터지는 가운데 거행되었다. 장례위원회 9인의 고문 중에 당시 현직 대통령 박정희가 으뜸에 이름을 올렸다. 영결식을 마친 영구는 할아버지의 뜻대로 경북 안동시 예천군 선영으로 운구되어 고향에 안장되셨다.
　김시현 할아버지는 일제강점기에 오직 조국의 독립을 위해 헌신한 독립운동가로서 그의 삶은 역사적 한 장면을 장식하고 있다. 할아버지는 1911년 일본 명치대 법학과를 졸업하고 1917년 35세에 고향 안동으로 돌아오셨으며 1919년 5월 중국 상해를 거점으로 김구, 김원봉 등과 교류하셨다. 그는 주로 국내에서 독립 자금을 모아 해외의 독립운동가들에게 자금을 전달하는 재무부장 역할을 하였다고 한다. 그 과정에서 일본 경찰에게 체포되어 모진 고문과 감옥 투옥의 반복으로 몸은 만신창이가 되어갔지만, 불굴의 의지는 더욱 강해져 있었다.

1920년 9월 일제 관헌에 검거되어 국내에서 1년 옥고를 치르게 된다. 그리고 다시 중국으로 망명하여 '극동민족대회'의 대표로 선정되어 모스크바에 간 것이 1922년 2월이다. 이때, 약소민족대회가 '크렘린궁'에서 열렸고 소련 이외의 극동 지역 참가자는 한국을 비롯한 9개 국가였다. 한국인은 김규식, 여운형, 홍범도 등이 포함된 56명이 대표로 파견되었다. 모스크바에서의 회의는 13일 동안 진행되었고 크렘린궁에서 레닌의 연설을 들을 수 있었다. 할머니 권애라도 여성 대표 중 한 명으로 이곳에 참석하였으며 모스크바 대회 기간 중 평생의 반려자 김시현의 구애를 받아 결혼하게 된다.

톨스토이의 『부활』을 탐독하고 카투사 등 등장인물에 잠 못 이루던 문학소녀 권애라에게는 모스크바의 생활이 꿈같은 시간이었다. 모스크바 교외에서 그리 멀지 않은 문호 톨스토이의 고택을 탐방하고 노을 진 설야를 개썰매 차를 타고 달려서 돌아오며 40세의 김시현과 25세의 권애라는 이역만리 동토의 모스크바에서 앞으로 전개될 인생 역정을 상상도 못 한 채 행복한 시간을 보냈다.

권애라: 선생의 고향은 어디세요?
김시현: 경상도 안동입니다.
권애라: 경상도 안동 땅은 낙동강이 흐르는 좋은 곳이군요.

김시현: 권양은 공산주의를 찬성합니까? 반대합니까?
권애라: 저는 나이가 어려 잘 알지는 못하지만, 공산주의는 이해할 수가 없습니다.
김시현: 우리는 어디까지나 민족주의의 가치를 지켜야 합니다.
권애라: 우리의 민족주의는 생활 속에서 일제에 대한 분노를 가지고, 감격을 가지고, 희망을 지니고 일을 하여야 되는 게 아니겠습니까?

이때부터 이들은 서로를 동지라 부르며 각자가 해야 할 일을 찾아서 코민테른을 뒤로하고 헤어져야만 했다.

김시현은 스스로 철학이 있었다. 민족적 자각심과 자주력만이 살길이며 민족 자각심을 환기하고 그 사상적 자주력이야말로 항일 투쟁의 강력한 힘이 된다고 생각하였다. 상해의 임시정부 일을 돕던 김시현은 길림으로 가 그곳에서 의열단에 가입하고 국내 조직에도 관여하였다. 당시 의열단장 김원봉으로부터 최대의 신임을 받고 함께 활동하게 되면서 1920년 조선총독부 폭탄 투척 사건, 1922년 일본 육군대장 다나까 저격 사건 등에 활약하였다. 그중 1923년 조선 총독 및 고관 암살사건 및 당시 일본 경찰 간부인 황옥과 공모하여 무기 반입을 해 일본 관공서 파괴를 계획하다 체포된 사건은 영화 '밀정'으로 제작되어 강한 메시지를 남겼다.

영화에서 황옥(송강호 분)은 조선인 출신이지만 일본 경찰로 독립운동 세력을 감시하면서 독립운동가 김시현(공유 분)과 접촉하게 되고 결국 폭탄을 안동으로 운반하는 것을 돕지만 갈등과 혼란 속에 발각되어 둘은 10년 형을 언도 받는다.

1929년 1월 29일 김시현이 오랜 복역 끝에 대구 형무소에서 출감하고 권애라는 그 형무소 정문 앞에 8살 된 아들을 데리고 기다리고 있었다. 권애라는 몰라보게 수척하여 건강이 악화된 김시현을 보고 놀랐다. 우선 고향 안동으로 가서 섭생할 것을 권했으나 그는 고개를 저었다.

"나의 섭생은 독립운동으로 해야 하오. 권 동지, 오늘 내가 이만한 건강을 챙겨가지고 출감한 것도 실은 독립 투쟁의 일념 때문이외다."

권애라는 더 권유하지 않았고 그것으로 또 작별하였다. 김시현은 그 길로 만주의 길림으로 떠났고 권애라는 서울과 개성을 들르며 이 것저것 신변 정리 후 아들을 개성의 친정에 맡기고 중국 소주로 망명 길을 떠났다.

김시현은 여기저기 자금을 모아 너른 토지를 사들여 표면상으로는 농장 경영으로 보이게 하였고 실은 그 안에 독립군 양성기관을 만들고자 하였다. 그러나 중국 관헌에게 체포되어 또다시 감방에 갇혔다가 오래전 알고 지낸 중국인 검찰관의 도움으로 3개월 만에 석방되었다.

이처럼 할아버지는 불사조처럼 살아나는 불가사의한 인물이었다. 그 후 의열단은 남경에 비밀 군관학교를 세우고 독립군 양성계획을 실행하여 1기에 50명씩 졸업생을 총 3기까지 배출하였다. 일제의 추적에 걸려 또다시 체포된 김시현은 1939년 9월 나가사키 형무소에서 출감한다.

1940년 김시현이 서울에 도착하여 부인 권애라와 아들 김봉년을 만나 처음으로 가족이 함께하였다. 그때 권애라는 중년인 45세, 아들 김봉년은 20세의 청년이 되어 있었다. 그 후로도 김시현, 권애라 각각 독립 활동으로 헤어져 지내다가 1945년 해방을 맞이하였다. 권애라와 김봉년은 중국 신경 감옥에서 석방되어 김시현과 안동에서 만나 처음으로 가정을 이뤄 살게 되었다.

지금의 안동시 풍산읍 현애리 358번지의 본가는 현재 경상북도 문화재로 지정되어 있을 만큼 규모를 갖춘 고택이다.

고향에서 민주국민당에 입당한 김시현은 이듬해 1950년 5월, 제2대 민의원 선거에서 경북 안동 갑구에 출마하여 여유롭게 당선되었다. 그의 나이 67세였다. 그는 6월 초에 가족을 데리고 서울로 올라왔으나 1950년 6월 25일 6·25사변이 발발하여 미처 피신도 못 한 채 인민군에 연행되었다.

석 달 동안 연금되었다가 맥아더 사령관의 인천상륙작전이 성공하여 인민군이 북으로 퇴각하면서 서울에 남을 수 있었다. 해가 바뀌어 1952년 1월 정기국회의 개회와 더불어 대통령 이승만, 국무총리 장택상 이하 12부 장관 이름도 공고되었다. 무수한 인명의 참혹한 살상이 있었던 1952년 봄 6·25사변 2주년 기념식에서 이승만 대통령 저격 사건의 배후에 연루되어 김시현은 또다시 검거되었다.

1960년 4월의 4·19의거는 김시현에게 다시 한 번 빛을 주었다. 12년 군림한 이승만 정권이 막을 내리고 무기수 김시현은 형 집행정지로 석방되었다. 김시현은 한 달 후 7월 29일 79세 고령으로 제5대 민의원 선거에서 고향 안동 갑구에 무소속으로 출마하여 당선되었다. 그리고 5대 민의원 최고령 당선자가 되어 개원 국회의 국회의장이 되었다.

김시현의 국회의원으로서의 두 번째 의정 생활은 본인의 의지와 무관하게 종료되었다. 1961년 5월 16일 새벽에 일어난 군사 정변 때문이었다. 군사혁명위원회는 곧 국가재건 최고회의로 개칭되었다. 의원직을 잃어 야인이 된 할아버지는 생애의 태반을 감옥살이로 보내면서 당한 고문의 후유증으로 혀와 이가 성한 곳이 없어 말이 새어 나왔으며 평소 청주를 마시지 않으면 통변이 안 되어 고생하셨다.

김시현의 사회장 명은 대통령 박정희의 지시로 된 것이었다. 나라를 위해 일생을 살아온 고인에 대한 국가의 마지막 예는 참으로 초라했다. 돌아가신 후 사면 복권도 이루어지지 않아 그 흔한 훈장 하나 주어지지 않았고 국립묘지에 묻힐 자격도 주어지지 않았지만, 그의 곧은 정신만은 우리 가족과 나에게 깊은 울림을 준다.

2024년 봄, 큰 집 종손인 정일오빠와 함께 오랜만에 안동의 할아버지 묘소에 가서 잔디 사이에 풀도 뽑고 비석도 새로 정비하였다. 우리 형제들은 할아버지께 술잔을 올리며 할아버지, 할머니는 하늘나라에서 아직도 나라 걱정을 하고 계실 것 같다고 얘기하며 웃었다. 나는 영원한 애국 동지 두 분의 생은 우리 후손들의 가슴에 생생히 자랑스럽게 살아있다고 말씀드리고 싶었다.

*참고문헌
이종률『김시현과 권애라 구슬전기』, 권광욱『권애라와 김시현』, 하구『김시현 추모학술강연회』

꼬부기가 온다

이용섭

> 사람이 온다는 건 실은 어마어마한 일이다.
> 그는 과거와 현재와, 그리고 미래가 함께 오기 때문이다.
> 부서지기 쉬운
> 그래서 부서지기도 했을 마음이 오는 것이다.
> 그 갈피를 아마 바람은 더듬어 볼 수 있는 마음.
> 내 마음이 그런 마음을 흉내 낸다면
> 필경 환대가 될 것이다.

정현종 님의 「방문객」이라는 시다. 시인은 사람과 사람과의 만남을 그만큼 귀히 여기는 까닭에 크게 환영하며 맞게 된다는 의미일 것이다. 방문객을 맞는 것조차 어마어마한 일이라 했거늘, 70이 되는 나이에 첫 손주를 맞게 된다는 것은 그야말로 어마어마한 사건이 아닐 수 없다.

크리스마스이브. 아기 예수 탄생의 기쁜 소식을 많은 분과 함께 나누고자 성탄 전야 미사 참례를 했다. 밤늦게 집에 돌아와 휴대폰을 열었는데, 아들의 문자메시지가 와 있었다. '미사가 끝나면 늦더라도 전화해 달라.'는 것이었다. 결혼해 분가한 아들에게 무슨 일이라도?

저녁 근무를 마치고 역시 밤늦게 돌아온 아내와 함께 조심스러운 마음으로 전화했다. 우리는 가족 간 통화를 할 때 언제나 스피커폰으로 한다. 밤 11시가 넘은 시간임에도 아들과 며느리의 목소리가 밝았다.
"성탄 축하드려요. 저희가 성탄 선물을 카톡으로 보내드리니 기쁘게 받아주셔요."

일시 통화를 멈추고 가족 단톡방 화면을 열었다. 태아 사진과 함께 심박동 소리가 담긴 동영상이었다. 최근의 어수선한 비상계엄과 탄핵 정국으로 꽉 막혀있던 가슴이 뻥 뚫리는 기쁨에 나도 모르게 환성을 질렀다. "오오, 축하한다. 그동안 너희들 애썼고 정말 고맙구나."라며.

결혼한 지 4년이 넘도록 없던, 아들 내외가 간절히 바라고 준비하던 임신 소식이었다. 아들은, 거북이처럼 늦게 와준 태아가 장수하기를 바라는 마음에 태명을 '꼬부기'라 지었다 했다. 어린 시절 꼬물꼬물 느림보처럼 굴어 꼬북이라고 불렸던 자신의 별칭이 좋았기 때문이라는 설명도 덧붙였다. 그날 밤 나는 예비 할아버지가 된 들뜬 마음에 쉽게 잠들지 못하고 까만 밤을 하얗게 지새웠다.

그 며칠 후 우리 네 사람은 아들이 예약한 분위기 좋은 식당에서 만났다. 아내와 나의 결혼 40주년 축하를 위한 자리였다. 꽃다발을 들고 온 며느리의 얼굴이 환했다. 손가방에는 임산부임을 알리는 핑크빛 배지가 앙증맞게 달려 있었다. 지하철이나 버스에서 분홍색 임산부 배려석을 볼 때마다 며느리의 얼굴이 떠올라 마음이 아팠다. 직장을 그만둔 후 재취업 대신 임신을 위해 전념하는 며느리의 노력을 알기 때문이었다. 우리 부부는 아들 내외로부터 결혼 40주년 축하 꽃다발을 받았다. 그리고는 며느리를 꼭 안아주며 더 큰 축하 인사를 건넸다. 며느리 손가방에 달려 있는 분홍 임산부 배지는 그 어떤 훈장보다 훌륭해 보였다.

정현종 시인이 '방문객은 그 사람의 과거와 현재와 미래가 함께 오기 때문에 어마어마한 일이다.'라고 노래하였듯, 오랜 기다림 속에서 꼬부기가 우리에게 온다는 일은 미래가 오는 것이다.
　우리 사회에서 손주의 위력은 실로 대단하다. 할머니들은 손주에 관한 이야기가 나오면 끝이 없다. 오죽하면 손주 자랑 한 번 할 때마다 만 원씩 내라는 말이 나왔을까. 그런데 할아버지도 예외는 아닌 것 같다. 모처럼 만난 친구들도 손주 이야기가 나오면 내 눈치를 슬금슬금 보며 저희끼리 손주 자랑에 푹 빠진다. 심지어 휴대폰의 프로필 사진도 손주로 채워져 있다. 지난주 글공부의 합평 시간, 한 문우가 손주와의 일상을 내용으로 한 수필을 낭독했다. 장문의 글이었음에도, 모두 그 이야기에 공감하며 경청하였을 정도니 더 말해 뭐할까.
　나라의 분위기가 시끄럽고 어수선한 형국임에도 첫 손주가 생긴다는 소식에 그 많은 걱정이 사라지는 걸 보면, 나도 이미 손주 바보의 대열에 오른 예비 할아버지이지 싶다.
　오는 8월이면 꼬부기가 올 예정이라 한다*. 오래전 내가 태어나면서 우리 부모님에게 미래로 다가갔듯, 꼬부기도 우리에게 새로운 미래로 나타날 것이다. 알 수 없는 미래지만 성탄 선물로, 기쁨의 메시지로 우리에게 온 꼬부기. 그 손주를 위해 내 마음의 묵은 때를 닦아 길을 내고 넉넉한 마음의 융단을 깔아 환대 해야겠다. 이렇게 준비한 그 길로 꼬부기가, 우리의 미래가, 건강하고 밝은 모습으로 다가올 수 있기를 간절히 소망하면서.

*작년 성탄메시지로 온 꼬부기는 올 8월 13일에 건강하게 태어나, '설윤'이라는 자기 이름을 가졌다.

지구 탑승기

김익래

나는 1945년 어느 봄날 지구에 탑승했다. 어디를 가는 건지 왜 탔는지 아무것도 알지 못한 채 그저 태워졌다. 내가 스스로 탄 것도 아니지만 내 마음대로 내릴 수도 없는 불확실성 여정의 시작이었다. 내가 탄 지구는 어떤 에너지원도 특별한 동력 장치도 없이 시속 1,700여 킬로미터로 스스로 돌며, 초속 30여 킬로미터의 속도로 태양 둘레를 돌고 있단다. 특정된 목적지도 없이 매일 매일 똑같은 궤도로 일정한 거리를 되풀이 운행한단다.

나는 그 지구상에서 그리 썩 좋지도, 그렇다고 그렇게 썩 나쁘지도 않은 대한민국이란 나라의 강릉이란 곳, 어느 벽촌 모퉁이에 탑승 등록을 하였다. 그리고는 지금까지 70여 년을 지구의 승객으로 지구를 타고 있다. 70여 년!, 나이테의 숫자상으로는 어쩌면 길게 느껴질 수도 있는 시간이지만, 커피 한잔 마주하고 회상에 잠겨 보면 마치 한 편의 아침 드라마같이 짧디짧은, 마디마디의 시간으로 급행버스를 타고 지금 막 도착한 것 같은 스쳐 지나간 시간일 뿐이다. 이제 나는 언젠가 곧 내 의사와 관계없이 지구에서 내려질 것이며, 분명한 것은 나에게는 타고 왔던 시간 보다 내려야 할 시간이 더 짧다는 것이다.

어차피 시간은 비가역적으로 과거에서 미래로만 흐르는 것이니깐.

지구에 막 태워졌던 어린 시절 지구는 그저 재미있고 흥미롭고 신비스러운 곳이었다. 집 앞 보리밭에 포탄이 떨어지고 멀리 앞산에서 총알이 날아오는 전쟁의 공포 속에서도 길거리의 탄피 주워 장난감 만들고, 새알 줍고 메뚜기 잡아 배고픔이 뭔지 모른 채 그저 눈꽃 밭을 뒹굴며 뛰어노는 강아지같이 단순한 원색 체의 즐거움뿐이었다.

구구단을 외우며 시험지 냄새에 익숙해져 갈 즈음, 지구 탑승이 무면허 공짜가 아님을 알게 되면서 이내 신비롭고 흥미롭기만 하던 지구의 모습은 점점 회색빛으로 변해갔다. 그러다 함수와 미적분이 머리를 짓 누릴 때 경쟁의 갈등과 번뇌를 알게 되고 그때의 지구는 이미 검붉은 모습을 드러내기 시작했다. 이렇게 지구 모습의 변화 속에서 짜여진 사회적 시스템을 통해 정의와 불의, 선과 악의 분별력을 익혀가며 사랑과 미움, 행복과 불행, 기쁨과 고통이 엇갈리는 여정을 지금까지 보내고 있다.

커다란 둥근 항체!, 그 지구 표면에는 수십억의 탑승객들이 한낱 먼지 같은 존재로 묻어서 지구 도는 대로 따라 돌며 지구여행을 하고 있다. 그들은 아침 해가 뜨니 일어나야 하고, 때가 되니 밥 먹어야 하고, 어둠이 오니 자야 하고…. 나의 여정도 그저 정해진 좌석에서 지구 도는 대로 따라 돌면서 여기까지 온 건 아닐까.

지구의 승객들은 자기가 탑승 된 장소에 따라, 자기를 태워준 사람에 따라 편안한 환경 속에서 여정을 시작하는 사람도 있고(금수저라 하던가), 열악한 환경 속에서 불편한 여정을 시작하는 사람도 있다.(흙수저라 하던가) 그러나 비록 이렇게 태생적으로 불공평한 환경을 지닌 채 탑승 되었다 해도 다행히 지구는 '시간'이라는 귀중한 선물을 누구에게나 차별 없이 공평하게 나누어 주어, 그 시간을 어떻게 얼마나 효율적으로 활용하느냐에 따라 이 숙명적 수저를 뒤바꿔 가질 수 있는 기회를 주고 있다.

어느 날 나는 두 아이를 지구에 동승시켰다. 태워준 사람도 나고 탑승 좌석도 나에 의해 정해졌으니 첫 출발 환경은 나와 같을 수밖에 없다. 그리고 그들은 내가 타고 왔던 길을 똑같은 모습으로 같이 타고 갈 것이다. 그리고 또 어느 날 나를 태워주셨던 아버님이 92년간의 여로를 마치고 하차하셨다. 과연 아버님께서는 지구 탑승 여정을 어떻게 보내셨을까? 이 지구에는 수천수만 년 동안 수만 수억 명의 승객이 타고 내리지만 그들의 탑승기는 그 누구도 알 수 없는 그들 자신만의 고유 영역일 것이다.

이 지구는 내가 타고 있으므로 존재하고 내가 하차함과 동시에 나와 함께 사라진다. 내가 있기에 지구도 태양도 존재한다. 길옆의 코스모스도, 길바닥의 돌부리도 모든 만물이 내가 있기에 나를 위해 존재한다. 이렇게 많은 것을 내게 베풀어준 지구, 오직 나를 위해 존재하는 지구, 이제 남은 탑승 기간 더 많은 것을 얻어내고, 더 많은 것을 깨닫기 위해 어찌 시간을 아끼지 않을 수 있겠는가. 돌연 초조함이 엄습하며 생존의 욕구가 달아오른다.

마음을 다잡으니 지구의 모습도 다시 달라져 보인다. 번뇌와 영욕으로 찌들었던 검붉은 모습이 점점 하얗게 희석되어 가고 처음 탑승할 때 그 동심의 원색 체 모습으로 다시 돌아왔다. 지금 지구에는 보고 싶은 것도 많다. 듣고 싶은 것도 많다, 먹고 싶은 것도 많다. 들리는 것 보이는 것 모두가 아름답다. 모두가 맛있다. 몇 해 전 김형석 교수의 100세 맞이 인터뷰에서 "100년을 살아보니 그래도 지금이 가장 행복하다." 그 말속의 뜻이 내 감성을 따뜻하게 적시어 준다.

　세상에 나쁜 경험은 없다고 했던가. 시간은 흐르는 것이 아니고 쌓이는 것이라 하지 않았나. 시간은 꿈을 배반하지 않는다고 하지 않았나. 지나가 버린 날의 자신과 견주지 말고 현재의 자신을 소중히 여기면서 지구에서 내려질 순간까지 그가 베풀어준 시간이란 선물을 아껴 요리하며 남은 여정을 보랏빛으로 디자인해 보도록 하자.

화 해

조 성 예

잠자리에 들은 남편의 얼굴이 평화롭다. 십여 년 전에만 해도 꼴도 보기 싫었던 남편이다.
"아이들 대학 등록금, 학자금, 식당 경영비로 빌려간 돈이니 양심 있으면 주겠지. 압박을 가하고 닦달을 해야 받지요?"
"갚지 않으려고 명의를 돌렸는데, 포기해."
"명의를 돌린 지 5년 이내면 받을 수 있어요. 변제하지 않으면 법대로 하겠다고 해요!" 악을 쓰며 받아오지 못할 경우, 이 방에 들어오지 않을 거라 말하며 베개를 들고나왔다.
잠이 오지 않아 책을 보려고 해도 활자가 눈에 들어오지 않았다. 새벽 4시, 깊은 밤이지만 나는 잠들지 못했다. 물도 마셔보고 거실을 왔다 갔다 해보아도 마음은 진정되지 않았다. 남편과 행복했던 결혼사진도 꺼내보고 즐겁게 여행 다닌 사진도 보았지만, 모두가 싫었다. 남편은 친구에게는 은인이고 한없이 관대하지만, 그 돈을 알뜰살뜰 모은 내게는 포기하라고 쉽게 말하다니 정말 속이 뒤집어질 노릇이다.
마음의 공허함을 달래기 위해 산과 들로 헤맸다. 어디인지는 모르나 드넓은 논 주변에 둠벙*이 보였다. 맑고 깨끗한 물에 얼굴을 비추니 낯설기만 했다. 남편이 빌려준 돈을 받지 못하면 어쩌나, 대안이 떠오르지 않았다. 물속으로 들어가면 편안할 것만 같아 운동화를 벗었다. 몸이 물속으로 스밀 때 갑자기 유리창 깨지는 듯한 목소리와 함께 손이 우악스럽게 어깨를 낚아챘다.

"이게 무슨 짓이에요! 산 사람은 살아야지, 살다보면 살아지는 거예요!"

어디서 나타났는지 모르는 아줌마가 나를 끌어안고 울었다. 나도 그분의 가슴에 안겨서 한참을 울었다.

아줌마는 아이들이 어릴 때 남편이 교통사고로 돌아가셨다고 했다. 살아갈 길이 막막해 아이들을 데리고 이곳으로 온 적이 있단다. 그때 5살과 7살 된 아이들이 잠자리를 잡으려고 뛰어다니며 노는 모습이 얼마나 행복해 보였는지 죽으려는 마음을 바꿨다고 했다.

그날 이후, 대학병원 정신과에서 치료를 시작했다. 약을 먹으니 잠은 물론이고 공허한 마음이 천천히 사라졌다. 42킬로로 줄었던 몸무게가 서서히 원상태로 돌아왔고, 성당에도 갈 수 있었다.

"주님, 잘못은 남편이 했는데 왜 제가 괴롭고 고통 받아야 합니까?"
"마음껏 미워해라." 주님은 늘 내 편이었다.
"아가야, 모든 걸 내려놓고 용서해라."라는 음성이 들렸지만, 마음 한쪽은 여전히 무겁다.

늦가을의 서늘한 바람이 부는 날, 아파트를 몇 바퀴 돌다가 시장으로 향하는 버스를 탔다. 정주영 회장은 그의 자서전에서 새벽시장을 가면 의욕과 활기를 찾을 수 있어 좋아한다고 했다. 나도 그 맛을 느끼고 싶었다.

여름내 먹지 못했던 굴을 잔뜩 사서 어리굴젓을 담고, 회도 먹고, 굴 생채를 담으리라. 부지런한 사람들로 시장은 활기로 가득 찼고 펄떡펄떡 뛰는 생선가게의 조기가 눈에 들어왔다. 남편이 좋아하는 민어, 조기는 사지 않으리. 내가 좋아하는 굴과 멍게만 사리라. 청과, 채소 시장을 돌아도 남편이 즐겨 먹는 것만 보여서 아무것도 사지 못했다. 나무 의자에 멍하니 앉아 생각해 보니 지금까지 남편 위주로 장을 보고 밥상을 차리며 살아왔음을 알았다.

얼마나 시간이 지났을까. 사과, 배, 조기, 민어를 한 보따리 사고 나니 점심 차리는 습관으로 갑자기 마음이 급해졌다. 무거운 보따리에 택시를 타는 호사를 누려볼까 망설이다가 뛰어가서 버스를 탔다. 밤을 새우고 종횡무진해서인지 버스에서 잠이 들었다.

어두운 겨울이 지나가고 햇살 따뜻한 봄이 시작이다. 남편이 팔달산 아래 식당으로 가자며 손을 잡으려 한다. 아직은 아니라며 뿌리쳤다. 제대로 싸워보지도 못했는데 오늘 담판을 지으리라. 밥이 모래알이고 뭇국의 고기도 짚 씹는 식감이다. 조기 살을 발라 내 밥그릇에 얹는다. 지금까지 내가 남편에게 해 줬던 일이다. 매운탕에 들어 있는 생선도 꺼내서 가시 하나 없이 발라주고 조기, 민어도 노릇노릇하게 구워서 먹기 편하게 담아준 일을 나한테 그대로 하고 있다. 지난날 허물의 빚을 갚겠다고? 어림없지. 수저를 놓고 식혜를 마신다. 자기 몫도 밀어주어 사양하지 않고 마시니 조금 숨통이 트인다.

나뭇잎은 새잎처럼 뾰족이 나오고 벚꽃은 덜 튀긴 옥수수알처럼 수없이 달려있다. 양지바른 곳에 손수건 두 장을 펴고 앉았다. 성질 급한 진달래는 방긋 웃는다. 마음으로 웃어주며 '네 앞에서 싸우면 예의

가 아니지.'

청천벽력처럼 남편이 뇌수술 판정을 받았다. 입원시키고 집으로 오니 폐가처럼 느껴지고 집안은 따뜻하건만 온기 없이 서늘함이 감돈다. 가족 대기실은 침묵, 긴장감으로 무겁다. 초조한 눈빛들, 의사에게 운명을 맡긴 사람들, 절체절명의 순간이다. 최선을 다하는 수술실. "담당 의사에게 은혜로운 은총을 주소서." 기도가 울컥, 눈물바다가 된다. 5시간의 수술, 내 간구를 들으셨을까. 혼신의 힘을 다했을 의사에게 온몸을 굽힌다. 하느님께 온전하게 맡긴다.

가슴 밑바닥에 곪아서 터질 것 같은 울분과 원망, 내 상처에 소금을 뿌린 일, 독사의 독이라도 뿜고 싶었던 내 생의 비관, 천형 같은 죄도 눈 녹듯 녹은 날이었다. 대기실의 보호자는 이름이 불리면 '희, 비'가 엇갈린다. "수술이 잘되었다." 하면 뛸 듯이 기뻐 가족끼리 부둥켜안고 빙빙 돈다. "수술시기가 늦었다." 눈물이 통곡으로 변한다. 영혼이 하느님께로 가면 "천당이다. 지옥이다."가 이런 기분일까.

부부는 싸워도 한방에 자야 한다던 엄마의 말이 떠올라 남편이 퇴원하는 날, 나는 베개를 안고 헤헤거리며 안방으로 들어갔다.

*둠벙 : 못 따위의 작은 저수지를 가리키는 말의 사투리. '웅덩이'의 방언.

우리 엄마 시집가네

류현숙

　어미 우렁이가 새끼들에게 제 살을 떼어 먹이고 빈 껍질이 되어 둥둥 떠내려가면 새끼 우렁이들이 "우리 엄마 시집가네!" 한다던 엄마 이야기가 가끔 생각난다. 엄마가 젖어오는 눈빛으로 들려주시던 그 이야기는 어미 된 자의 숙명을 이야기한 듯하다. 빈집 되어 물살에 휩쓸려가는 어미를 보고 철없는 자식들이 "우리 엄마 시집가네!" 한다는 이야기를 떠올릴 때마다 코끝이 아리다.

　어느새 6월 초, 여름이다. 선홍빛 햇살이 창가에 서성이는 시간, 책을 읽다 설핏 잠이 들다 깨었다. 그럴 때마다 의식과 무의식의 경계 사이에서 방황하는 영혼 속으로 아릿한 슬픔이 밀려온다. 마치 청보리밭에 일렁이는 푸른 물결처럼 밀려왔다, 사라지고 또다시 밀려왔다 사라지곤 한다.

　잠결에 카톡을 보니 남동생이 한 장의 사진을 올렸다. 윤기 나는 백발의 엄마가 허름한 의자에 앉아 사진 찍는 아들을, 놀란 듯한 표정으로 바라보는 장면이다. 깊이를 알 수 없이 말려 들어간 눈동자, 자글자글 주름진 피부, 살이란 살은 다 빠져서 거죽과 뼈만 남은 얼굴이 "누구세요?" 하며 묻고 있는 듯했다. 마치 길을 잃어버린 어린아이 같은 불안과 두려움이 가득했다. 엄마의 그런 모습을 보자 "흑" 하고 울음이 터졌다. 주체할 수 없는 슬픔이 복받쳐 침대에서 몸을 일으키자마자 엄마를 찾아 집을 나섰다. 길을 걷는 동안에도 전철에 올라서서도 눈물이 쉴 새 없이 흘렀다.

우리 엄마는 우렁이 엄마다. 남편 때문에 편한 밥 한번 먹지 못했고 오 남매를 키워내느라 잠 한번 제대로 자지 못했다. 엄마는 평산 신씨 종갓집 맏손녀로 태어나서 온 집안의 사랑을 독차지하고 자랐다. 외할머니께서 열셋을 낳으셨지만 겨우 셋을 건졌을 뿐이었는데, 첫 번째로 건진 맏딸이었으니 얼마나 귀하고 소중했겠는가.

하지만 시대적 상황은 목숨 부지하기도 어려웠다. 일제 말부터 해방을 거쳐 6·25전쟁의 소용돌이 속에서 내일을 기약할 수 없는 나날들이었다. 엄마가 성장하자 할아버지는 땅굴을 파고 그 속에 엄마를 은신시켜 가며 지켜내셨다. 열아홉 되던 해 이웃 마을에 양반 자손 하나 있다는 말을 듣고 달랑 보따리를 안고 밤 중에 류씨 집안으로 들어가게 된다.

사람의 운명이라는 것은 참 알 수 없는 것 같다. 금쪽같은 섬김을 받으며 살던 이 처자는 시집이라는 것을 오자마자 전쟁터로 떠난, 아직 얼굴도 낯선, 신랑마저 없는 시집살이를 해야 했다. 6년만인가 돌아온 신랑과 부모님 모시고 살다 시골살이를 청산하고 서울로 상경하였다. 상경 후 엄마는 이른 새벽에 일어나 연탄불에 밥을 지어 자식들 먹여 학교 보내고 시장으로 달려가 장사를 했다. 어디서 그런 힘과 용기가 나왔는지 모를 일이었다. 아버지가 삶의 의욕을 잃고 몸져 눕자, 엄마는 세상 무서운 것이 없었는지도 모른다. 병든 남편, 눈망울 초롱초롱한 오 남매를 생각하면 엄마는 어떻게든 살길을 찾아야만 했다. 맨몸으로 세상과 맞서 남편을 지키고 자식을 키워낸 엄마는 살을 떼어 먹이는 우렁이처럼 살았다. 아버지의 유공훈장을 찾을 수 있었다면 그렇게 고생하지 않고도 살 수 있었으련만 안타까웠다. 아버지가 쉰 젊은 나이에 세상을 떠나셨을 때 엄마 나이 마흔일곱이었다.

엄마가 마주한 세상이 얼마나 혹독하였을까. 어린 시절 하얀 옷을 입고 초파일이면 섬진강 변에서 진도 아리랑을 목청껏 부르며 덩실덩실 춤을 추던 젊고 어여뻤던 엄마의 모습이 눈에 어린다. 그 시간은 엄마가 자신의 한을 풀어내는 시간이었다. 엄마의 진도 아리랑을 들으면 절로 눈물이 났다. 구성진 목소리가 듣는 이의 심금을 울렸다.

엄마는 여장부였다. 장사도 잘하였고, 부동산으로 큰 수익을 내기도 했다. 하지만 그 과정에서 딸들 가슴에 멍이 들었다. 고루 손이 갈 수 없는 상황을 견디는 것도 힘들었지만, 아들과 딸을 편애하는 엄마 때문에 많은 상처를 받았다. 금쪽같은 오빠 그늘에 살던 내 마음에는 오빠에 대한 질투와 시기, 엄마의 편애에 대한 반감이 쌓였다.

결혼생활을 하면서 엄마가 필요할 때가 많았다. 하지만 엄마는 그림의 떡이었다. 거리상으로도 멀었고 오빠의 애들을 봐주고 있었기 때문이다. 그래서 모든 일을 혼자 감당하면서도 맘속으로 엄마를 찾고 있는 나를 발견하곤 했다. 있어도 없는 것 같은 엄마, 그런 엄마의 모든 것을 이해하는 척 괜찮은 척하며 살았다. 그렇게 살았다. 오빠를 잃고 혼절한 엄마를 보며 조금 고소해하기도 했던 나, 그런 내 맘 때문에 괴로웠다. 난, 마치 카인의 후예처럼 겉돌았다.

동생 집에 도착해서 엄마를 보자마자 어린아이처럼 엉엉 울었다.

엄마는 "누구여~어? 나는 생각이 안 나야." 한다. 윤기 나는 백발로 쪼그라져서 한 줌밖에 안 되는 몸으로 이제는 혼이 나가버린 허깨비 같은 엄마 모습이 속 빈 우렁이 어미처럼 어딘가로 떠나가는 듯 여겨졌다. "엄~마, 어~엄마~아~아." 어딘가로 떠나가는 엄마의 영혼을 불러내듯 아픈 손가락 같던 딸도 알아보지 못하는 엄마를 그렇게 불렀다.

희미하게 남겨진 시간 속으로 꽃잎처럼 떠내려가는 엄마를 바라보며 "우리 엄마 시집가네."라는 우렁이 새끼처럼 어리석고 무심했다는 자책으로 오열했다. 거친 삶의 언덕에서 자신도 모르게 상처 준 딸에게 엄마는 언젠가 미안하다고 했다. 너를 잘 챙기지 못해 정말 미안하다고. 그 말을 듣고도 풀리지 않았던 내 맘을 이제는 내려놓는다. 한참을 목청껏 엄마를 붙잡고 어린아이처럼 울면서 그 울음 속에 어쩌지 못했던, 어쩌지 못하는 모녀간의 아쉬웠던 순간들을 흘려보냈다.

딸로, 아내로, 어미로 산다는 것 그것이 여자의 일생이다. 엄마는 딸로서는 행복했고, 아내와 어미로서는 헌신했다. 여자의 일생 중 어미로 산다는 것은 숭고한 소명의 길이다. 태내에 새 생명을 품는 순간, 여자였던 것도, 딸이었던 것도, 아내였던 것도 잊고 살게 된다. 어미라는 이름보다 더 숭고한 소명이 또 있을까.

나도 여자로 태어나 딸로, 아내로, 어미로 살았다. 제 살을 떼어 먹이듯 키워낸 자식에게 아픔을 주었다는 것도 잊고, 살아온 세월도 비워내며, 무(無)로 돌아가는 엄마 모습에서 다가온 나의 내일을 본다.

발자국을 따라

이봉길

　눈이 내린 날 서둘러 산을 찾는다. 산 들머리에서 어렴풋이 보이는 길을 따라간다. 비스듬한 오르막길, 산모롱이를 돌아서자 길 흔적은 찾을 수가 없다. 잠시 주변을 둘러보고 기억을 더듬어 방향만 잡아 올라가기로 한다. 겨울나무는 열매와 잎을 발밑에 재우고 눈과 한 몸 되어 서 있다. 나무들 사이를 아침부터 소란 피우며 지나기가 겸연쩍다. 조용히 한 걸음씩 전진한다. 사각사각 눈 밟는 소리만 들릴 뿐 새도 늦잠을 즐기는 듯 고요하다. 땀이 난다. 무거운 배낭을 메고 눈길을 내며 가야 하는 긴장감에 목을 감은 머플러가 갑갑하게 느껴지고 두터운 방한복이 후텁지근하다. 이대로 곧장 올라가면 산등성이에 다다를 수 있을는지. 비탈에 선 나무를 잡고 오르며 목을 빼고 올려다보고 또 뒤돌아보게 된다. 내 발자국도 뒤처지지 않고 부지런히 따라온다.
　얼마나 왔을까, 숨돌릴 새도 없이 오르기에 열중하다 문득 발치를 내려다보니 코앞에 다른 발자국이 찍혀있다. 둥근 발바닥과 몇 개인지 분명치 않은 발가락 자국들이 내 앞을 가로질러 오른편쪽으로 이어진다. 걸음을 멈추고 주변을 둘러본다. 오늘 아침 나보다 한발 먼저 숫눈에 자국을 남긴 친구는 어디로 가고 있을까.

산행 중에 가끔 짐승 발자국을 만난다. 대개 능선길에 찍혀있는 산양이나 고라니의 쌍발굽 자국이다. 최근에는 길섶을 파헤치며 먹이를 찾는 뭉툭한 멧돼지 발굽이 남긴 푹 파인 흔적을 자주 보지만, 막상 눈 산행에서는 보기 힘들다. 그런데 오늘 만난 이 발자국은 서울 근교 산에서는 흔히 볼 수 없는 어떤 상위 포식자의 발자국이 분명해 보인다.

비탈에 선 박달나무에 기대서 물 한 모금 마신다. 여기까지는 산등성이 삼거리만 생각하며 진행 방향을 잡아 왔지만, 정작 어느 쪽으로 가야 정상으로 이어지는 주 능선을 만날 수 있을지 가늠할 수가 없다. 배낭을 추스르다 몸이 휘청, 나무를 잡으니 투실투실한 나무껍질들이 투둑투둑 눈 위에 떨어진다.

저만치 머리 위쪽에 소나무 가지 사이로 하늘이 보이지만, 곧바로 올라갈 수 없는 가파른 비탈이고 정확한 위치는 알 수가 없다. 발목까지 쌓인 눈을 푹푹 찍고 앞서간 둥근 발자국을 한참 내려다보다 나도 그 발자국을 따라가 보기로 마음먹는다.

나를 앞서간 그가 궁금하기도 하지만 한편으로 두려운 마음도 들었다. 하지만 건장한 네발로 쉬이 올라갔다면 지금쯤 뿌옇게 구름안개에 싸인 건너편 산까지 갔으리라고 짐작해 본다.

비탈은 점점 가팔라지고 자꾸만 미끄러진다. 엎드려 땅에 손을 짚는다. 눈 위에 선명한 둥근 발자국에 손을 넣어본다. 내 주먹과 크기가 꼭 맞다. 성큼성큼 미끄러지지 않고 네발 걷기가 편하다. 금세 익숙해진다. 지금 네 발로 걷는 나, 이 산에 사는 너를 뒤쫓아 간다.

227

둥근 발자국을 따라온 지 얼마 되지 않은 것 같은데, 뒤돌아보니 조금 전 쉬었던 곳이 한참 아래로 보인다. 바위틈을 타고 뻗은 소나무 뿌리를 잡고 오르는데 후드득 눈덩이가 내 등에 떨어진다. 커다란 바위가 눈앞을 막아선다. 고개를 들어 올려다보니 눈에 익은 능선길, 그 바위와 노송이다.

아, 너나 나나 같은 길을 가고 있구나.

5.

고요한 항해

안개

전혜경

아침에 일어나 베란다 창문을 열다 말고 깜짝 놀랐다. 안개가 자욱해 앞이 전혀 보이지 않아서다. 아파트 가까이에 있는 초록빛 산들과 바람결에 명랑하게 흔들리던 나뭇잎들마저 모두 안개 속에 잠겨있었다. 태초의 신비처럼 고요하고 몽환적인 풍경이다.

오래전, 교회 지인들과 강릉 오죽헌으로 가던 길에도 짙은 안개를 만난 적이 있었다. 승용차 유리창 밖은 연기가 가득한 듯 아무것도 보이지 않았다. 운전하던 지인은 전조등을 켜며 "천천히 빠져나가면 되어요." 하고 우리를 안심시켰으나, 뒷좌석에 앉아 있던 나는 차창 밖의 자욱한 기운에 오히려 친근감이 느껴졌다.

그 무렵, 내 마음이 바로 그와 같아서다. 한창 책과 씨름해야 할 청소년 시기인 작은딸은 신세계처럼 등장한 PC게임에 빠져 있었다. 딸이 몰입해 들어간 그 가상의 세계가 몹시 원망스러웠고, 그 모습을 지켜보기만 해야 하던 나는 답답하기만 했다. 오죽헌의 안개는 운전이 능숙한 지인 덕분에 바로 빠져나올 수 있었지만, 딸로 인한 나의 안개는 한참 더 이어졌다.

김승옥 소설가의 『무진기행』에서 주인공은 안개 짙은 고향 무진을 찾는다. 겉으로는 성공했지만 마음속 상처는 여전히 안개처럼 흐릿하기만 하다. 무진에서 만난 여인이 '안개 때문에 미칠 것 같다'라며 절박하게 호소할 때, 주인공은 그녀에게서 전쟁과 가난, 병으로 얼룩졌던 자신의 과거를 본다.

사전에서 안개는 '대기 중의 수증기가 응결해 지표면 가까이에 작은 물방울이 부옇게 떠 있는 자연 현상'이라 정의한다. 소설 속 주인공에게 안개가 과거의 잔상이었다면, 나에게는 가상 세계에 갇힌 딸의 모습 그 자체였다.

친정아버지는 그런 나를 보며 "시간을 믿어라, 세월이 지나면 다 해결 되더라."고 하셨지만, 당시 내 귀에는 전혀 와 닿지 않았다.

아버지께서 돌아가신 후 장례식장에서 전혀 예상치 못한 딸의 모습을 보게 되었다. 생각보다 더 슬프게 울던 딸이 "다시 일어선 내 모습을 외할아버지께 보여드리고 싶었는데, 그러기 선에 돌아가셔시 너무 아쉽다."라고 하는 것이다. 어린 시절 총명하다는 칭찬을 많이 들던 딸은 스스로 게임에서 벗어나고 싶었지만, 마음대로 되지 않았다고 고백했다. 딸 자신도 자욱한 안개 속에서 길을 잃고 있었던 모양이다.

이후 딸은 조금 늦게 대학을 졸업하고, 대학원에서 상담 심리학을 전공해 방황하는 청소년들을 돕는 소울 메이트가 되었다. 딸의 방황은 또 다른 세계로 건너가는 다리가 된 것이다.

얼마 전 내 생일날, 딸이 건넨 카드에 이렇게 적혀있었다. "엄마 나를 오랫동안 기다려줘서 고마워, 덕분에 내 길을 찾을 수 있었어." 우리 집 사정으로 여러 번 전학해야 했던, 딸의 뿌리를 지켜주지 못했던 미안함이 늘 남아있었는데, 그 편지가 내게 조금은 위로가 되었다.

영국 시인 워즈워드는 그의 시 「무지개」에서 '아이는 어른의 아버지'라고 했다. 돌이켜보면 나를 키운 건 순탄하게 자기 길을 걸어간 큰딸이 아니라, 안개 속에서 나를 견디게 한 작은딸이 아니었을까 싶다.

현관문을 열고 밖으로 나서니 아침에 자욱하던 안개는 어느새 걷히고 있었다. 온 세상을 덮을 듯 드리웠던 안개도 햇살이 퍼지자 조금씩 물러나고 있었다.

'시간을 믿어라.'라던 아버지 말씀은, 인생 또한 자연의 이치와 크게 다르지 않음을 일깨워주는 금언으로 남았다. 돌아가신 지 14년 된 아버지가 오늘따라 더욱 그립다.

맘마와 지지

신혜경

'맘마'는 주로 유아들이 엄마를 부르는 말이고, 먹을 것을 의미하며, 전 세계적으로 사용되는 표현이다. 태어나서 맨 먼저 배우는 말이 '맘마'와 '지지'다. 먹을 것을 줄 때는 맘마라고 가르치고 더러운 것을 먹으려 하면 지지라고 말린다. 에덴동산에도 선악과가 있었듯이 아무리 귀여운 아기라도 금지의 언어는 있어야 한다. 유아는 무엇을 보든 입으로 먼저 가져간다. 먹는 것과 못 먹는 것, 깨끗한 것과 더러운 것을 구별할 줄 모른다.

"희우야 지지!" 난임으로 결혼 5년을 넘겨 간절히 기도하던 조카의 아들 희우가 태어나 처음으로 내 집에 왔다. 아가가 음식을 먹다 말고 꼬물꼬물 힘들게 의자에서 내려앉아 식탁 밑에 떨어뜨린 오믈렛 조각을 집어 입으로 옮기는 순간 나는 무심코 소리 질렀다. 움찔, 서툴게 "지지"라 따라 하며 까르르 웃는다. 다시 입으로 넣으려 해서 거푸 "지지" 하며 말렸다. 또 까르르 웃는 아가를 보며 손짓으로 '안돼' 하는데 주방에서 일하던 조카가 "고모, 희우가 뭐 잘못했어요?" 묻는다. 상황 파악한 조카가 "괜찮아요. 바닥 더럽지 않은데…." 아가들은 그러면서 크는 거라는 듯. 조카사위가 미소 지으며 희우 손의 오믈렛 조각을 집어 든다.

캐나다에서 출생하고 공부하고 캐나다인 신랑 만나 결혼, 검사로 바쁜 일상을 '똑소리'나게 하는 조카에게 한마디 했다. "귀하다고 아이를 위생 관념 없이 키우면 안 되지." 서재에서 원고 작성하던 남동생이 거실로 나오며 "누나가 아이를 안 키워 봐서 그래요." 매일 "또 아비들아 너희 자녀를 노엽게 하지 말고 오직 주의 '교훈과 훈계'로 양육하라.(에베소서 6:4)"라는 말씀을 붙잡고 기도하며 잘 키우고 있다고. 딸 편을 든다.

위 말씀은 '맘마'와 '지지' 두 가지를 동시에 언급하고 있다. '맘마'의 의미로 '교훈'이란 말을 쓰고 '지지'란 의미로 '훈계'란 말이 쓰이고 있다. 그런데 맘마는 저절로 익힐 수 있지만 지지란 말은 학습을 통해서만 터득하는 것. 요즘 아이들은 '맘마'는 알아도 '지지'라는 말은 잘 모르는 것 같다. 엄마들이 지지라는 말을 잘 쓰지 않기 때문이다. 아이들이 무엇인가 입으로 가져가도 그냥 내버려두고 '지지'라고 가르쳐 주는 엄마들이 그리 많지 않은 것 같다.

자유방임주의와 과보호 속에서 자라는 아이들은 한마디로 '지지' 학습을 받지 못한다. 그래서 되는 것과 안 되는 것이 있고, 욕망이 있어도 참고 절제해야 하는 경우가 있다는 사실이 몸에 배지 않게 되어 버린다. 어린이 비만증이 부쩍 늘어가고 있는 것도 지지의 절제를 모르고 자란 아이들의 한 단면이다. 식생활만 아니라 모든 행동이 그렇다. 식당이나 마트 같은 공공장소에서 눈살을 찌푸리게 하는 아이들이 많다. 폐가 되는 일을 해도 부모는 재롱으로 생각한다.

자유방임의 유아 교육이 문제다. 어린이 교육뿐이겠는가. 사회 전반에 만연한 어려운 철학 용어나 경제 용어가 아니라 지지라는 그 단순한 유아 언어 속에 숨겨져 있는 의미를 찾아야 하지 않을까. 먹을 것과 못 먹는 것, 깨끗한 것과 더러운 것을 분별할 줄 모르는 데서 생겨난 것이 바로 부패요 비리가 아니겠는가. 온·토·새*에서 주신 말씀을 떠 올린다.

'맘마'와 '지지'는 아이들에게 최초의 학습이다. 이 두 언어를 어떻게 익히느냐에 따라 아이의 평생이 좌우될 수 있다. 맘마와 지지는 가치관이 형성되기 전에 선·악을 구분하는 가장 확실한 기준으로 질서와 규율을 익히고 욕망 억제를 배우게 한다. 우선 '맘마'에서 애정과 사랑을 배우고 '지지'에서 도덕과 규범을 배운다. 지지란 말은 그저 만지지 말라는 뜻만 아니라 그만하라 의미도 포함하고 있다. '지지' 없이 자란 아이는 버릇없는 아이가 되고 '맘마' 없이 자란 아이는 심리적 고아가 될 확률이 높다. 이 두 가지는 자녀 교육의 가장 소중한 가치로서 적절한 균형을 유지해야 한다. '맘마' 없는 '지지'는 형벌이자 고통이 되어 두려움만 남기고, '지지' 없는 '맘마'는 자녀를 마마보이로 만들기 때문이다.

부모들이 자녀를 지나치게 사랑한 나머지, 좋다는 것은 다 해주면서도 훈계하는 일에 나약한 모습을 보인다. 그 결과 부모로서의 진정한 권위가 실추되고, 그 나약함이 자녀를 불행하게 한다. 부모의 권위는 하나님께서 주신 것이니 반드시 행사되어야 한다. 올바르게, 자녀의 유익을 위하여 사용되어야 한다.

훈계에도 원칙과 기준이 있어야 한다. 최고의 원칙은 '삶으로 보여주는 것'이고, 최고의 기준은 '사랑과 용서'다. '칭찬'과 '격려'와 '수용'

이다. 이것이 '맘마의 3요소'이다. 칭찬은 아이가 자신감을 가지게 하며, 대인관계를 원만하게 하고, 모든 일에 유연하게 대처할 응용력을 키우고, 매사에 긍정적인 시각을 갖게 한다. 칭찬받고 자란 아이는 적극적이며 끈기를 갖게 된다. 또한 칭찬은 다른 사람을 생각할 줄 아는 사고력 향상과 일에 대한 열정을 갖게 한다. 때로 칭찬 없이도 춤출 수 있는 고래가 되게 한다.

이렇듯 '맘마'와 '지지'는 균형을 이뤄야 하며 부모는 이 둘이 균형을 이루도록 하나님께 지혜를 구해야 한다. 그것이 가장 성경적 자녀 교육법이다. '결과 겪게 하기'의 방법도 필요하다. 자녀가 자신의 실수에 따른 결과를 겪어야 할 때 부모가 해결해 주는 것은 스스로 배울 기회를 박탈하는 것이다. 따라서 부모는 자녀가 치러야 할 책임과 대가를 스스로 치르는 것을 지켜보는 마음가짐이 필요하다. 너무 벅찬 경우에는 자녀 모르게 간접적으로 돕는 방법도 있다. 이 모든 과정도 훈계다.

사랑하는 조카도 아래 말씀 기억하며 먼 캐나다 땅에서 언제까지나 아들 희우를 하나님의 마음에 합당한 선한 영향력을 끼치는 지혜롭고 건강한 자녀로 양육하기를 기도한다.

> 마땅히 행할 길을 아이에게 가르치라 그리하면 늙어도 그것을 떠나지 아니하리라.(잠언 22:6)

> 네 자식을 징계하라 그리하면 그가 너를 평안하게 하겠고 또 네 마음에 기쁨을 주리라.(잠언 22:17)

*온・토・새: 우리 교회가 정한 매월 첫째 토요일 영아에서 노인에 이르기까지 온 가족이 함께 모여 예배와 기도하는 새벽 예배임.

파이브미닛 피니쉬

박애준

걱정이 산더미다. 예민해진 탓에 식도염은 더 기승을 부리고, 무릎이 계속 시큰거려 걷는 일조차 쉽지 않다. 한 달 분량의 약봉지들이 트렁크의 절반을 차지한다. 아들은 공항 검색대에서 오해를 받을 수 있으니 영문 처방전이라도 챙겨야 하지 않겠냐며 놀란다. 설렘과 걱정이 교차하는 남미 여행의 출발은 그렇게 시작되었다.

일행은 60대에서 70대 초반의 은퇴자 열여섯 명과 리더 한 명으로 33일간 생사고락을 같이할 것이다. 페루 리마 공항에 첫발을 디딘 새벽엔 찬란한 햇빛과 태평양의 시원한 바람이 두 팔 벌려 나를 맞아주었다. 상큼한 해안 길을 걸으며 낯선 공기를 폐부 깊숙이 들이마신다. 아! 얼마나 고대하고 기대했던 공기란 말인가? '드디어 내가 여기에 왔다!' 바다를 향해 소리쳐본다. 가슴 한복판이 확! 트였다. 쿠스코로 이동하자 일행 대부분은 고산증으로 힘들어했지만, 나는 오히려 점점 더 쌩쌩해진다.

다음날, 오얀따이땀보 유적지를 둘러본 뒤 마추픽추를 향한 페루레일에 올랐다. 우루밤바 계곡을 가르는 기차의 창밖엔 붉은 황토물이 일렁인다. 이국적 풍경 속의 기차여행이라니 내가 꿈을 이룬 게 분명했다. 황홀한 아침, 드디어 마추픽추 행 버스를 탔다. 지그재그로

20여 분을 오르는 계곡은 태고의 신비를 체험하게 했다. 게다가 우기에는 보기 드문 화창한 날씨가 우리를 축복해 주었다. 태양신을 중심으로 한 잉카유적들이다. 해시계 역할을 하는 석축 건축물, 농사를 위한 수로 시설 등 감탄이 절로 나온다.

이후, 우리는 볼리비아 우유니 사막 마을에서 사흘간을 머물렀다. 60년대 어린 시절을 떠올리게 하는 곳이다. 냉장, 냉동시설 없이 육고기를 매달아 놓고, 다양한 과일을 파는 시장에서 저녁 간식과 도시락을 준비하며 먼지투성이가 되었지만, 현지인들과의 몸짓 대화로 정다운 시간을 보냈다. 새벽 3시, 별이 떨어지는 소금사막의 일출을 보기 위해 일행은 서둘러 깨어났다. 그런데, 사방이 온통 캄캄한 암흑이어서 당황했다. 온 마을이 정전이란다.

우리는 핸드폰 불빛에 의지해 겨울옷을 겹겹이 껴입고 지프로 30분을 달렸다. 마침내 맞이한 우유니 사막은 영상으로 보던 것과는 전혀 달랐다. 머리 위로 펼쳐진 은하수와 쏟아지는 별빛에 함성이 저절로 터졌다. 혼을 빼앗기며 하늘 우러르기를 얼마간, 여명이 밝아오며 사방으로 끝없이 펼쳐진 소금 바다는 가슴을 뻥 뚫어 놓았다. 온통 은빛으로 반짝이며 끝없이 펼쳐진 벌판은 감동의 세례를 퍼부었다. 지금, 이 순간! 내가 이곳에 서 있음에 감사의 눈물이 흐른다.

소금 호텔에 도착 후, 휴식을 취하려 했으나 뽀얀 먼지의 도로 위에서 다양한 의상으로 치장한 어린이들의 관악 행렬이 우리를 유혹했다. 어린이날 축제를 부모들과 함께 9일 동안이나 즐긴다고 했다. 축제 참여의 행운을 얻은 우리는 아이들과 함께 거리를 누비며 어린 시절을 추억했다.

사흘간의 우유니 여정을 마치고, 볼리비아 국경을 넘어 칠레로 이동하는 날이다. 시시각각으로 변하는 사막 투어는 잠시도 눈을 뗄 수가 없다. 방금 화산이 지나간 것 같은 검붉은 사막에서부터 플라밍고가 노니는 호수, 과나코가 뛰노는 푸른 들판까지 변화무쌍한 잉카밸리의 지프 이동은 신의 화폭을 달리는듯했다. 사막의 대피소에서 현지인 헬퍼들이 준비해준 야채수프 한 접시로 끼니를 대신해도 마냥 가슴이 벅찼다.

페리토 모레노 빙하의 짜릿한 트레킹 체험 또한 잊지 못할 순간이었다. 무거운 아이젠을 신고 쇠고랑 찬 죄수처럼 저벅거리며 한 걸음씩 빙하 위를 내딛는 순간은 우주를 걷는 듯했다. 천둥 같은 빙하의 무너짐 소리가 들린 후, 그레이 호수 속으로 잠수하는 빙하조각과 물보라는 장관이었다. 크레바스를 직접 들여다보는 짜릿함도 맛볼 수 있어 감사한 또 하루였다.

하루 전 엘찬텐에서 3시간 워밍업 트레킹으로 피츠로이*를 바라보았지만, 오늘은 좀 더 가까이 다가가 직접 느껴보기로 했다. 이른 아침, 피츠로이 봉우리가 그림자로 드리운 산정호수를 향해 출발했다. 가장 경험해 보고 싶었지만, 한편 가장 염려했던 트레킹 코스다. 하지만 예전의 등산 때처럼 발이 가벼웠고 일행들과 함께함에 전혀 지장이 없었다. 보통 10시간 정도 걸린다지만 평지 수준이며 마지막 40분 정도만 고갯길이라 스틱이 필요하다고 했다. 지나는 관광객들과 인사를 주고받으며 걷다 보니, 빙하가 녹아 흐르는 계곡물도 만나고, 다양한 주변 환경의 변화에 시간 가는 줄 몰랐다.

막바지 고갯길에서 일행 중 가장 연로한 팀원이 몹시 힘들어하며 내려오는 관광객들에게 수시로 남은 시간을 물었다. 나는 등산할 때

배운 힘내기를 실천하기로 했다. '남은 시간은 오직 5분뿐입니다. 힘내십시오! 이제 5분 후면 도착합니다.'라며 "파이브미닛 피니쉬!"라고 외쳤다. 함께한 팀원 중에 목소리가 카랑카랑한 S가 반복하여 "파이브미닛 피니쉬!"를 외치자, 나머지 일행 모두가 따라서 복창했다. 마침내 오른 정상, 옥빛 산정호수는 우리의 눈을 파랗게 물들게 했다. 그 황홀함은 감히 말로 형용할 수가 없었다. 눈물이 저절로 흘러내렸다. 함께라서 가능했던 완주, 서로를 북돋우며 마음을 위로했던 시간, 영원히 잊지 못할 순간이었다. 비록 남들보다 1시간 20분이 더 걸렸지만, 우리는 결국 해냈다.

그 순간, 어린 시절 웅변대회에서 외쳤던 구호가 떠올랐다. "뭉치면 살고, 헤어지면 죽는다!"라고 했던. 함께이기에 더는 그 어떤 어려움도, 남은 일정도 문제없다며 서로 부둥켜안고 기뻐했다. 고락을 함께한 일행은 이구아수 폭포의 웅장함을 같이 즐기며 기뻐할 수 있었고, 숙소와 먹거리의 불편함도 서로 이해하고 감내할 수 있었다. 우리는 이구아수 폭포의 거대한 '악마의 목구멍' 속으로 그동안의 모든 시름을 던져 넣었다. 부질없는 염려와 고통, 체력과 나이의 한계는 결국, "함께"라는 용기로 이겨냈다.

나는 깨달았다. 내 인생의 가장 깊은 골짜기 앞에서도 "파이브 미닛 피니쉬!"를 외칠 수 있다면, 그 어떤 시련도 두렵지 않다는 것을. 그 외침은 나를 일으켜 세우는 삶의 주문이었다. 그리고 함께 걷는 이들의 소중함을 알게 한 뜻깊은 여정이었다.

*피츠로이: 세계 5대 미봉 중 하나로, 아르헨티나 파타고니아에 위치해 있으며 3,375m 높이의 봉우리로 불타는 고구마란 별명과 엘찰텐(늘 구름과 눈이 흩날려 연기를 뿜는 산)이라고 불리는 아름다운 봉우리다.

나만의 전래동화

박 경 란

　서울. 대한민국의 수도이기도 한 도시.
　나에겐 제2의 고향이기도 하다. 14살 중2 여름 방학식을 하자마자, 큰 외삼촌 손을 잡고 한번 타면 12시간 걸리는 서울로 상경한 게 어언 반세기가 지났다. 꿈에도 그려보지 못했던 내 유년으로부터의 탈출은 참으로 한 번에 멀리도 뛰었다. 내게 서울은 커다란 도시가 아니라 꿈에라도 그리던 엄마 품이었다. 한 번도 온전히 부모의 손길을 제대로 받질 못하고 이리저리 외갓집을 몇 년씩 전전하며 더부살이해야 했던 나의 어린 시절. 서울은 먼저 동생들을 데리고 새아버지의 직장을 따라 상경한 엄마와 동생들이 사는 내 집으로의 귀환이었을 뿐. 별로 신기할 것도 감회 같은 건 더더구나 없었다.
　외가댁 육 남매의 장남인 큰 외삼촌은 평소에는 묻는 말 외엔 조용하지만, 술만 들어가면 주정이 심한 편이어서 가끔 시비가 있어 외할미의 속을 무던히도 썩였다. 그럼에도 할미에게는 그저 착한 내 새끼였다. 한참 후에야 나는 삼촌이 왜 그랬는지 알 것만 같았다. 모두가 가난 때문이었다. 힘겨운 가난에, 무서운 책임에서 벗어나 보려 발버둥 쳐보지만 뜻대로 되는 게 없으니, 술이 답이었다. 전쟁이 훑고 간 아픈 상흔들에 모두가 궁핍했던 시절, 집집마다 저녁이면 남정네들의 술주정에 살림들이 나뒹구는 소리가 다반사였다.

그런 중에 외손녀인 나의 더부살이까지 몇 년이나 보태어져 삼촌의 한입이라도 덜자 하는 모진 결심이 어린 조카의 등을 떠밀고 있었다. 그 결심을 술 없이 또 어찌 감행하랴. 12시간 순환 열차가 느림보 거북이처럼 쉬었다 가기를 반복하는 내내 내겐 삶은 달걀과 사과 몇 알 안기고선 마신 술이 깨기 전에 또 마시고 계속 술에 절어 있었다.

내 나이 겨우 14살이었지만 나이에 비해 조숙했던 터인지 그때도 그런 삼촌이 원망스럽지 않고 충분히 이해됐다. 아니 오히려 삼촌의 결심에 속으론 박수를 치고 있었다. 삼촌은 나의 깜찍한 내심은 모른 채 자신의 매정함을 애써 감추려 연신 술병을 통째로 들이키고 있었다. 밤을 꼬박 새우는 내내 내 눈길을 애써 외면한 채. 몇 번을 졸다 깨도 좀처럼 종착역인 서울은 멀었다. 칠흑 같은 어둠이 차창 너머로 펼쳐지고 새벽으로부터 도시가 열리고 있을 즈음 별빛 같은 불빛들이 물방울처럼 차창을 수놓는, 고대하던 서울은 우리를 한꺼번에 쏟아 놓았다.

교복을 입은 채로 책가방과 옷 가방만 들고 기차에 오른 게 점심 무렵이었는데 용산역에 발을 디딘 건 다음 날 새벽 네 시쯤 되었으려나. 그 새벽의 용산역은 어린 내 눈엔 을씨년스럽고 험상궂은 노점상의 꾸러미들이 켜켜이 쌓여있었다. 이따금 짙은 뻬에로 화장을 한 여자들이 군인 아저씨들을 상대로 호객행위를 하는 모습 외엔 별로 신기할 것도 휘황찬란한 것도 없었다. 시간이 새벽이고 시장 근처라서 더 그랬지 싶다. 어쨌건 나의 서울 상경기는 어이없게도 환상이 실망과 두려움으로 바뀌는, 별반 반겨주는 이 없는 천덕꾸러기 삶의 시작이었다. 도착만 하면 까짓 삼촌 손을 놓고 어디론가 혼자 튀어 보려던 조카의 발칙한 음모를 눈치챘는지 여름인데도 한기가 느껴지던 새벽공기에 내 손을 꼭 쥔 삼촌의 우직한 손에는 힘이 잔뜩 들어 있었다. 아니 도망칠 엄두도 안 나게 손을 놓치랴 꼬옥 잡은 건 되려 나였다.

사연이야 어쨌건 외삼촌의 결심으로 나는 서울시민이 되었고, 반겨주는 이 없던 서울 생활이었지만 가족이랑 함께 산다는 것만으로도 외갓집에 얹혀사는 기분을 면할 수 있어 마음만은 편했다. 서울은 나의 삶의 일부가 아닌 전부라 해도 과하지 않다. 적어도 유년으로부터의 탈출의 무대였으니까.

그로부터 몇 년 후 스무 살도 되기 전 또다시 서울에서 달랑 혼자가 되었으니, 드디어 나의 독무대가 주어졌다. 요즘 아이들이 자주 하는 대박! '나 혼자 산다!'였다. 하지만 주어진 무대가 그리 녹록치 않음을 그 어린 나이에 어찌 알았으랴. 할미가 입이 아프게 해대던 서울은 가만있어도 코 베어 간다던…. 그럼에도 살아내야 하는 절박함이 항시 도사렸던 긴장된 삶의 연속, 아무 울타리도 없던 내 처지에 도시의 삭막함 속에 던져진 들고양이 마냥 눈을 번뜩이며 살 수밖에 없었던 나의 숙녀기. 서울은 참으로 많은 것을 알게도 잃게도 했다.

정에 굶주렸던지, 사람을 잘 믿었던 탓에 힘들게 벌어 빌려주고 못 받은 건 수도 없고, 다시는 그러지 말아야지 했지만, 천성이 어딜 가나 새치가 희끗한 이 나이 되고도 남의 궁한 처지를 외면하지 못해 지금도 헛짓거리를 한다. 생각해 보면 그들이 다 나보다 나은 처지였건만 한 푼어치 보태줄 이 없는 생판 객지에서 무슨 오지랖인지. 그렇게 어딘가 모르게 쫓기듯 늘 허덕이며 살았던, 아니 살아내야만 했던 시쳇말로 흑수저였던 내게 서울은 잃은 만큼, 아니 그보다 더 큰 삶의 지혜를 안겨주곤 했다.

근면, 성실. 그 시절의 모두에게 중요했던 그 따분한 단어들이 나에게는 가장 절실한 삶의 모토가 되었다. 그렇게 서울에서의 홀로서기는 나를 가냘픈 소녀에서 넘어져도 다시 일어나는 오뚝이 같은 원더우먼으로 변신 시켜갔다.

세월이 흐르고 딸들이 어렸을 적, 잠자리에 들기 전 나는 이러한 나의 어릴 적 이야기들을 마치 전래동화 들려주듯이 해줬었고, 딸애는 잠도 안 자고 눈을 반짝이며 듣고는 했다. 전래동화에는 항상 교훈이 있듯이 나의 이야기에도 나름의 전하고 싶은 교훈들이 있었다.

몇 년 전 큰딸이 회사에서 대화중에 후배 직원이 물었다고 한다. 어떻게 선배는 똑같은 수입에 결혼자금을 그리 저축했냐고, 자기들은 쓸 것도 모자라 항상 빚인데. 그 질문에 답하길, 쓰고 남는 돈은 결코 없다고 쓰기 전에 저축부터 하고 나머지를 수입에 맞게 써야 한다고. 저도 모르게 엄마의 말을 인용했다고 하니, 고맙게도 딸애는 어미의 전래동화를 헛들은 게 아니었다.

그렇게 나에게 가장 특별했던 제2의 고향, 서울을 미련 없이 버리고 아담한 땅에 집을 지어 경기도민으로 산 지도 벌써 9년째다. 하루에도 수십 번씩 서울을 오가는 전철이 눈앞에서 펼쳐지는 내가 선택한 마지막 고향. 자연으로 돌아갈 나이가 다가오고 있음일까. 이제는 흙 내음, 풀내음이 좋다. 번잡하고 정신없는 도시, 손에 있는 휴대전화기 하나로 만사가 다 해결되는 과학의 홍수 속에서 나는 점차 밀려 나고 있는지도 모른다. 그동안 치열하게도 열심히 살아낸 서울은 나의 아이들이 또 열심히 살아낼 것이고, 나는 이제 조금은 여유롭고 천천히, 앞만 보고 달리던 그 길을 뒤도 돌아보면서 되새김질 할 생각이다.

서울하고도 용산역은 정말 눈부시게 변했다. 12시간 순환 열차가 데려다주던 그 역엔 뱀의 머리 모양을 한 초음속을 달리는 KTX가 두세 시간 만에 사람들을 태워 오고간다. 세월은 반세기나 훌쩍 나의 이마에 계급장을 그려놓았지만, 그때 그 여름, 삼촌이 손 놓으면 도망칠 궁리만 하던 그 새벽 도시의 차가움은 나의 마음속에 계급장보다 더 진한 한 줄을 그어놓았다.

나에게는 아메리카 드림과도 같았던 서울 드림. 노을이 붉게 수놓은 잔잔한 강물 위로 나의 치열했던 젊음도 그렇게 불그스름한 빛을 발한다. 저물어 갈 때의 모습이 가장 뜨겁고 아름답듯이 나 역시 그러하겠노라 스스로에게 다짐해 본다.

서울이여 안녕~ 그리고 내 젊은 날도 안녕~

출장 다니는 꿀벌

정태효

며칠 전 늦은 밤, 과수원을 운영하는 지인에게서 뜻밖의 전화가 왔다. 요즈음 사과꽃 수분이 이루어져야 할 절정의 시기인데 꿀벌이 보이지 않는다는 것이다. 사과꽃 수분이 제대로 이루어지지 않으면 올해 농사를 망칠 수 있으니 우리 꿀벌 10통만 과수원에 갖다 놓자는 부탁이다. 목소리에는 깊은 우려와 상심이 가득했다. 꿀벌이 사라진다는 각종 매체의 소식이 드디어 이웃 과수원까지 영향을 미치니 피할 수 없는 현실이라는 게 느껴졌다. 다음 날 우리는 꿀벌을 과수원에 데려다 놓고 소문(巢門)을 열어 주었다. 기다렸다는 듯이 문을 박차고 사과꽃으로 달려가는 꿀벌들. 그제야 과수원 주인의 얼굴에 빙그레 웃음이 번졌다.

우리도 최근 벌통을 열 때마다 긴장이 된다. 며칠 전 내검(內檢)할 때만 해도 괜찮던 벌통이 어린 벌 몇 마리만 덩그러니 남아 있기도 하고 꿀벌 사체가 수북해 놀랄 때도 있다. 사라지는 꿀벌을 지켜보는 일은 봄, 여름, 가을, 겨울을 함께 한 친구를 잃는 것 같아 여간 안타까운 게 아니다. 주위에서는 꿀벌을 키우고 있는 우리에게 꿀벌이 왜 사라지냐는 질문을 자주 한다. 꿀벌이 사라지는 이유는 농약과 살충제,

기후변화와 서식지 파괴 등 온갖 원인이 거론되지만, 정작 왜 집을 버리고 떠나는지 명확한 답은 우리도 전문가도 내리지 못하고 있다.

양봉장 근처 산 아래에는 이웃 마을 사람이 부치는 밭 몇 뙈기가 있다. 어느 날 드론으로 콩밭에 농약을 치는 것이다. 그렇게 농약을 치면 꿀벌이 죽으니 안 된다, 양봉장 근처에서 드론으로 농약을 살포하면 법적인 규제를 받을 수 있다고 설득해도 막무가내였다. 다행히 꿀벌도 콩 농사도 별 탈 없이 마무리되었지만 아찔한 순간이었다.

꿀벌이 농약을 살포한 곳에 다녀와 벌통 안으로 들어가면 벌통 안에서는 연쇄적 피해가 일어난다. 수만 마리가 밀집되어 움직이는 벌통 안에 잔류성 농약이 빠르게 번지기 때문이다. 농약 피해를 당한 꿀벌은 죽기도 하고 벌통 밖으로 나가 버리기도 한다. 여왕벌이 살아있어도 산란능력이 떨어져 일벌 개체 수가 감소되니 벌통은 순식간에 무너진다.

'바로아응애(Varroa destructor)'라는 기생충이 있다. 응애 암컷은 꿀벌 유충이 있는 방에 산란한다. 부화한 어린 응애는 꿀벌 유충과 번데기의 체액을 빨아먹으며 자란다. 체액을 빨린 꿀벌은 기형으로 태어나고 몸이 약해져 수명이 짧다. 바로아응애가 양봉장에 확산하면 벌통 세력이 급격히 약화 되며 꿀벌이 사라지는 결과로 이어진다. 마치 농작물에 퍼지는 병충해나 사회 전체로 퍼지는 전염병과 유사하다. 벌통 안에서 일어나니 별것 아니라고 생각할 수 있지만, 꿀벌의 실종은 자칫 자연의 멸종과 인류의 식량에 영향을 끼친다는 것은 이미 알고 있는 사실이다. 수명을 다한 꿀벌이 사라지는 것도 안타깝지만 질병이나 재해로 인해 꿀벌이 집단으로 폐사하는 경우는 더더욱 참담하다.

꿀벌이 부족해서 사과꽃 수분이 이루어지지 않으니 과수원 주인 또한 얼마나 난감했을까. 무심코 먹는 사과 한 알도 꿀벌이 다녀간 사과와 그렇지 않은 사과는 맛과 모양이 다르다는 것을 처음 알게 되었다. 사과 중앙에 자리 잡은 잘 여문 씨앗도 수분이 제대로 이루어졌을 때 가능하고, 그것이 사과의 맛과 크기, 모양을 결정하는 요인이었다. 꿀벌의 노고와 하늘이 품고 땅이 내어준 생명의 온기가 사과 한 알에 오롯이 담겨 있다는 진리에 숙연해진다.

"꿀벌이 수분을 안 한 꽃은 붓으로 인공 수분을 해줘야 해요."

붓을 손에 들고 사과나무로 향하는 과수원 주인의 뒷모습을 바라본다. 줄어드는 꿀벌의 개체는 거대한 생태계의 한 축이 무너지는 도미노 현상의 시작이며, 우리의 무분별한 행동이 초래한 필연적인 결과일지 모른다는 생각에 가슴이 답답하다.

우리 꿀벌들이 며칠간의 출장을 마치고 돌아왔다. 무사히 임무를 마치고 왔다는 듯 꿀벌들의 날갯짓 소리가 어느 때보다 힘차게 들린다. 기특하다. 윙윙 다시 꽃을 찾아 날아가는 소리가 무너지고 있는 생태계를 회복할 수 있다는 메시지로 들린다. 몇몇 녀석들이 벌써 어느 꽃을 다녀왔는지 뒷다리에 노란 꽃가루를 달고 왔다. 꽃가루는 생명과 생명을 이어주는 다리이며, 내일을 잇는 희망의 끈이다.

과수원에 탐스러운 사과가 주렁주렁 열리기를 소망하고, 꿀벌들이 건강하게 자라기를 바라는 마음은 자식을 위해 기도하는 어미의 마음이나 다름없다. 벌통을 다독이고 내려오는 길, 어둑어둑 해가 지는데 민들레꽃에 앉아 부지런히 꽃가루를 뭉치고 있는 꿀벌이 보인다.

"이 녀석아, 어두워지면 집 못 찾아가니 그만 일하고 어서 가야지."

녀석의 엉덩이를 토닥여 주는 마음으로 민들레꽃을 살살 흔들었더니 알았다는 듯 양봉장 쪽으로 날아간다. 그제야 우리도 마음 놓고 집으로 내려온다.

육십 번째

손병미

    생일 선물을 받았다. 예전에는 화려한 포장지로 정성껏 싸여있는 선물 상자를 풀며 '뭘까?'라는 궁금증에 손길이 바빴었다. 그러나 요즈음은 봉투를 받거나 투명하고 솔직하게 날아오는 선물을 받는다. 어쨌든 좋다. 선물이란 그날이 '나만의 날'이라는 큰 의미를 주기 때문이다. 육십이 되던 해에는 조금 특별한 선물을 받았다. 이름하여 '효도 선물'이라나! 환갑잔치라는 단어가 옛말이 되어버린 지금. 두 딸이 준비한 가족여행, 우리는 그렇게 르네상스의 발상지인 이탈리아로 날아가 가본 적 없는 도시 위주로, 먹어본 적 없는 음식을 먹으며 신선한 새로움을 탐닉하는 귀한 시간을 가졌다.

    생일은 일 년에 한 번은 꼭 찾아오는 날이지만 육십이라는 숫자가 주는 압박감은 생각보다 무거웠다. 백세시대를 살아가고 있는 요즘, 환갑의 의미는 퇴색되었지만 나 스스로에게는 인생을 묻고 되돌아보며 앞으로의 삶을 깊이 생각하게 하는 대단히 큰 날이다. 아니 날이라기보다는 무게감 있게 흐르는 세월이다. 인생의 변곡점처럼 뭔가 대단한 결심이 있어야만 할 것 같은 생각에 찬찬히 내 삶의 내용들을 챙겨본다. 알차게 보냈다고 여겨지는 날들 속에 구멍이 숭숭 뚫린 허망함이 보였다. 허나, 그것이 인생이지! 잘 버무려서 맛과 멋이 스며들며 어우러지는, 회오리 같은 용솟음이 있었기에 오늘의 내 모습이 있는 거겠지. 이제는 뒤돌아보는 일을 그만두어야겠다는 생각이다. 건전한 반성이라고 해도 그 시간이 길어지면 고단함으로 이어지기 때문이다. 중요한 건 바로 지금이다. 지금부터 나에게 주어지는 시간은 경험으로 차곡차곡 쌓여 또 앞으로 다가올 칠십 세의 내 모습을 만들어 줄 것이다.

앞으로 하고 싶은 일과, 못해본 일과, 안 해본 일의 목록을 작성했다. 기대치가 높던 예전에 비하면 잔잔한 꿈들이 떠올랐다. 일기장에 생각이 날 때마다 적어 가면서, 시작할 때를 가늠해 봤다.

인생은 변수가 많다. 자장면을 먹으러 갔다가 갑자기 매운 짬뽕을 먹으며 씩씩거리는 것처럼 생각지도 못했던 즐거움이 내게 확 다가오는 그런 긍정의 변수. 내게 '축구'는 그렇게 확 다가왔다. 산을 즐기고 42.195㎞는 아니어도 단거리 마라톤을 뛰고 자전거를 타고 테니스를 치고, 수영도 했지만, 축구는 한 번도 생각해 본 적이 없는 스포츠였다. 둘째 딸의 축구사랑 덕분에 경기장을 몇 번 찾은 적은 있으나 내가 직접 공을 차는 일이 생길 줄은 정말 몰랐다.

그렇게 인생 선물처럼 축구가 내게 다가왔다. 이름하여 'FC더조이 플러스' 시니어 여성 축구단. 첫날, 빌려 입은 축구복에 처음 신어 보는 축구화까지 장착하고 운동장에 들어서 초록빛 인조잔디를 밟으며 몸풀기 운동을 했다. 금방 숨이 차서 헉헉거리고 온몸은 삐그덕거렸지만 즐거웠다. 초등학교 시절, 운동장을 가로지르며 친구들과 달리기 하던 생각이 나면서 서울의 파란 하늘도 이렇게 멋있었구나 싶었다.

뭔가 가슴이 탁 트이는 느낌과 함께 비 오듯 흐르는 땀방울이 귀하게 느껴졌다. 내 몸을 맘껏 움직이는 것은 또 얼마만의 일인지! 늘 강사의 지시에 따라 바른 자세를 만들기 위해 무작정 버티며 하던 필라테스 운동에서 벗어났다는 해방감도 즐거움 중 하나였다. 물론 감독님의 사랑 어린 잔소리를 들으며 스스로 교정해야 했지만, 그 또한 새로움이라 받아들이기가 즐거웠다.

무슨 일이든 처음에는 멋모르고 즐기다가 때가 오면 욕심이 생긴다. 어떻게 하면 조금 더 잘할 수 있을까? 마치 축구 감독인 양 훈수를 두는 남편에게 타박만 하던 내가 축구에 대한 궁금증을 물으니, 울 남편 목소리가 커지며 신나게 설명해 준다. 둘이 손흥민이 출전하는 경기를 보면서 공감대를 형성하며 즐기다 보니, "자기 축구하길 정말 잘했다!"라며 신나 하는 내 편이 있어 좋다.

유니폼을 입고 선수들이 하나둘씩 모여든다. 머리를 질끈 묶고 모자를 쓰고 선크림을 단단히 바르며 해맑은 웃음을 터뜨리는 그녀들이 멋지다. 일주일 동안 어디서 무엇이든 열심히 했을 그녀들이 하나의 목적을 위하여 만나 또 다른 인생의 이야기를 풀어내며 녹여낸다. 제각각 다르지만, 같은 시간대의 인생을 살면서 가끔은 공집합이었던 마음에 교집합의 결을 만들어 가며 서로를 지지한다. 나의 여집합들이 모여 서로가 공유할 수 있는 부분이 생긴다는 것은 살아가면서 받게 되는 선물이다. 축구는 혼자서 하는 운동이 아니기 때문이다. 공격수도 있고 수비수도 있고 골키퍼도 있고 응원하는 가족 관객들도 있고 서로가 합을 모아 공을 몰며 만드는 그 시간은 정말 멋진 인생의 한 장면이 되는 완벽한 시간이다. 물론 늘 이기는 경기는 없다. 질

줄도 알고 넘어지면 일어설 줄도 알고 부족함을 받아들일 수도 있는 넉넉함까지, 모든 것이 우리다.

지인들이 얼굴이 맑아졌다며 비결을 묻는다. 처음에는 축구라는 거친 운동을 하는 것에 걱정스럽게 반대표를 던졌던 분들도 지금은 잘하고 있냐며 응원의 메시지를 보내 준다. "오늘도 축구하러 가는 거야? 비 오는데!" 비가 내리면 오히려 더 즐거운 마음으로 축구장에 들어선다. 시원하게 쏟아지는 빗줄기를 맞으며 아이가 된 듯 뛰어다닌다. 비의 감촉과 비의 냄새와 빗소리가 싱그럽다. 그보다 더 싱그러운 그녀들의 웃음소리를 들으며 힘차게 축구공을 찬다. "여기!" "패스해야지!" "봐야지, 봐야지!" "올라와!" "슛!" 득점의 기회가 왔다가 사라지고 다시 기회를 만든다. 인생이다. 함께하며 만들어 가는 작품이다. "괜찮아?" "안 아파?" "아까 멋지던데!" 서로에게 엄지척을 만들어 주며 축구화를 벗는다.

몸이 기억한다는 건 멋진 일이다. 머리로 받아들인 지식이 몸이 반사적으로 움직이며 받아들인다. 연습이 우리에게 주는 선물이다. 연습이 우리에게 주는 성장이다. 이 얼마나 멋진 경험인지! 활동적이고 활력 있게 삶을 살아가는 "나는 시니어다!"

나는 고요한 항해를 계속했다

서숙자

    이웃이 어려움을 당할 때 선뜻 나서서 돕기는 쉽지 않다. 시간과 노력을 들여야 하는, 조금은 불이익을 감수해야 하고 나와는 무관한 일이라고 치부하기 때문이다.
    얼마 전 지하철 안에서 겪은 일을 떠올리면 마음이 개운치 않다. 우연히 맞은편 의자에 앉은 60대 초반쯤 되는 남자가 눈에 띄었다. 단정한 옷차림을 한 모습이 직장이나 가정에 성실한 사람 같았다. 그는 가방에서 서류 같은 걸 꺼내 훑어보더니 다시 가방에 넣었다. 의자 끝자리에 앉은 그는 가방을 무릎 위에 놓지 않고 바로 옆 출입구 바닥에 놓았다.
    다음 정류장 안내 방송이 나오자 사람들로 차 안이 혼잡했다. 차가 다시 출발하자 조용해졌고, 조금 전 봤던 검정색 가방이 다시 눈에 들어왔다. 그런데 가방 주인이 보이지 않았다. 주위 사람들도 알아챘는지 "저런, 가방을 그냥 두고 내렸네."라고 수런거렸다. 가방을 깜빡 잊었나 보다. 나도 가끔 건망증이 있어 물건을 선반이나 바닥에 따로 분리해 놓지 않는다. 그 남자도 당면한 어떤 생각에만 골몰한 것 같다.
    얼마나 안타까워하고 당황할까. 가방이 꽤 큰 걸 보면 중요한 서류나 소지품이 들었을 텐데…. 요즘은 그런 물건에 손대는 일도 어려운 일이다. 나는 고민하면서 목적지에 이르고 약속 시간도 빠듯해 그냥 하차했다. 분실물 수거하는 직원이 주인을 찾아주길 바랄 뿐이었다.

그리스 신화에 이카로스 이야기가 있다. 이 신화는 예술가들의 영감을 자극해서 화가 앙리 마티스도 '이카로스'라는 그림을 그렸다. 지옥 왕 미노스에 의해 아버지 다이달로스와 아들 이카로스는 함께 크레타섬의 미궁에 유폐된다. 아버지는 아들을 탈출시키기 위해 새의 깃털과 밀랍을 이용해 날개를 만들어 아들에게 달아준다. 그러나 섬을 빠져나온 이카로스는 태양에 너무 가깝게 솟아오르지 말라는 아버지의 충고를 무시하다가 밀랍 날개가 녹는 바람에 바다에 떨어져 죽고 만다.

북유럽 르네상스 대표 화가 피터 브뤼겔의 '이카로스의 추락'이라는 그림은 이 신화를 그린 것이다. 평화롭고 화창한 봄, 수평선 너머 태양이 빛나고 푸른 바다엔 호화로운 범선이 항해한다. 그림 앞쪽엔 싱그러운 나무 사이로 양들이 풀을 뜯고 양치기가 지팡이를 들고 서 있다. 빨간 윗옷을 입은 농부는 소를 몰며 밭을 고르게 쟁기질하고, 물가에선 낚시꾼이 찌를 던져 놓고 앉아 있다.

바다에 떨어져 허우적거리는 이카로스는 어디에 있을까. 낚시꾼 바로 코앞에서 얼굴과 몸은 이미 물속으로 빠져들어 가고, 두 다리만 수면 위로 올라와 버둥댄다.

농부, 양치기, 낚시꾼 중 누군가는 소년이 물에 빠지는 첨벙! 소리와 살려 달라는 애타는 소리를 들었을 테지만 못 본 척, 못 들은 척 하고 자기 할 일만 한다. 더구나 이를 목격했음 직한 여객선은 조금도 주저하지 않고 제 갈 길만 간다. 물에 빠진 소년은 아무도 거들떠보지 않는 비참한 존재가 된다.

브뤼겔은 이 그림에서 타인의 고통을 철저하게 무시하는 인간의 무관심의 세계를 표현한 것이다. 주위에 무슨 일이 벌어지든 상관없이 내 일만 열심히 하면 된다는 생각이다. 영국 시인 오든은 벨기에 왕립미술관에 전시된 이 그림 '이카로스의 추락'을 보고 영감을 얻어 다음과 같은 시를 쓴다. 「미술 박물관」이란 시다. 시인은 그림을 본 대로 써내려 가지만 역시 철저한 무관심의 세계를 표현한다.

> ……
> 예컨대 브뤼겔의 이카로스를 보자
> 어떻게 만물이 재난을 외면하고 유유자적하는가를
> 농부는 아마도 무언가 풍덩 떨어지는 소리를,
> 살려달라고 외치는 소리를 들었으련만
> 그에겐 그게 별 대수로운 변이 아니었다.
> 푸른 물결 속으로 사라지는 하얀 다리 위로
> 태양은 여전히 빛났고
> 한 아이가 하늘에서 떨어지는
> 놀라운 일을 분명히 보았을 호화선은
> 어딘가 제 갈 데가 있어 고요히 항해를 계속했다

지금도 재난과 사고는 현재진행형이다. 그 많은 사람들의 탄식과 눈물이 그때만 뉴스에 비치면 그뿐 곧 잊히고 만다. 산불과 홍수를 겪은 이재민 중 일부는 아직도 텐트 생활을 한다니 이 폭염에 얼마나 힘들까. 주름진 얼굴에 흘러내린 눈물을 훔치던 어르신의 모습을 잊을 수 없다.

검정색 가방을 그대로 두고 행선지로 향했던 나를 돌아본다. 선뜻 손 내밀지 못하고 마음뿐인 일이 어디 한두 가지랴. 그림 속의 농부, 양치기, 낚시꾼이나 다를 바 없다. 지나온 나의 삶이 물에 빠져 허우적거리는 소년을 보고도 나만의 고요한 항해를 계속해 온 것 같다.

거울 속에 비친 나의 삶

황덕수

　인생을 살아오면서, 거울 속에 비친 나의 삶을 바라보며 가장 크게 깨달은 것은, 사람의 삶은 결국 인연과 인복(人福) 위에 세워진다는 사실이었다. 젊은 시절에는 학업과 일터, 가정과 사회 속에서 쉼 없이 달려오며 눈앞의 성취에 몰두했다. 그러나 세월이 흐르고 뒤를 돌아보니, 나를 붙들어준 것은 돈이나 명예가 아니라 사람과의 만남이었다.
　사회생활을 하는 동안에도 나는 늘 감사한 마음을 잊지 않으려 했다. 억울한 일이 없었던 것은 아니다. 그러나 그럴 때마다 나는 다산 정약용 선생의 말을 떠올렸다. "원망은 화를 불러오고, 감사는 복을 불러온다." 이 말은 내 삶을 지탱하는 또 하나의 좌우명이 되었다. 작은 불평을 내려놓고 감사할 때, 사람과의 관계가 달라지고 마음이 가벼워졌다. 그 결과로 직장 동료들과의 인연도, 사회 속에서의 관계도 원만히 이어질 수 있었다. 좋은 벗, 좋은 스승, 좋은 가족을 만나는 것은 노력만으로 되는 일이 아니라, 하늘이 내려주신 복이라 할 수 있다. 그래서 나는 늘 인연을 귀히 여기고, 주어진 관계를 최선을 다해 가꾸며 살아왔다.
　하지만 인연과 인복이 그냥 찾아오는 것은 아니다. 그것을 담아낼 수 있는 그릇이 바로 성실한 삶이었다. 작은 약속 하나를 지키는 것, 맡은 일을 끝까지 책임지는 것, 그리고 보이지 않는 곳에서도 정직하게 살아가는 것은 모두 성실의 표현이다. 성실은 눈에 잘 띄지는 않지만, 시간이 지나면 반드시 그 사람의 삶을 빛나게 하는 보석과 같다. 난 강의와 봉사를 통해 수많은 사람을 만났지만, 진정으로 존경받는 이들의 공통점은 탁월한 능력이 아니라 흔들리지 않는 성실함이었다.

그 성실함을 유지하기 위해 필요한 것이 바로 자기관리이다. 나는 지금도 매일 새벽에 일어나 헬스를 한다. 몸은 세월을 거스를 수 없지만, 마음가짐과 습관은 스스로의 선택으로 단련할 수 있다. 몸이 약해지면 마음도 흔들리고, 마음이 게을러지면 삶 전체가 무너진다. 그래서 꾸준히 운동하며 체력을 다지고, 독서와 강의를 통해 정신을 날카롭게 세우며, 봉사를 통해 마음을 따뜻하게 다진다. 자기관리는 단순히 나를 위한 것이 아니라, 나와 관계 맺은 사람들에게 더 나은 모습을 보여주기 위한 준비이기도 하다.

인생 후반부에 가장 값진 것은 봉사라고 생각한다. 젊은 시절에는 가정을 일구고 생계를 유지하는 것이 최우선이었다면, 노년의 삶은 주어진 시간을 어떻게 나누고 쓰느냐에 따라 의미가 달라진다. 나는 평소 국악 동아리와 하모니카 연주를 통해 지역 주민들과 함께 어울리며, 도움이 필요한 이웃들에게 작은 손길을 내밀고 일요일은 교회 찬양대에서 하나님께 찬양 봉사한다. 봉사는 거창한 것이 아니다. 작은 미소, 따뜻한 말 한마디, 성심껏 준비한 재능 나눔 하나가 누군가의 마음을 밝히고 삶의 용기를 불어넣는다. 이 모든 것은 결국 가치 있는 노후를 위한 실천이라 생각하니 즐겁다.

사람은 누구나 늙는다. 그러나 단순히 늙어가는 것과 가치 있게 나이 드는 것은 다르다. 나는 노후를 단순히 쉬는 시간이 아니라, 살아온 경험을 나누고 세상을 조금이라도 밝히는 시간으로 여기고 싶다. 그것이 내 삶의 방향이자 실행 정신이다.

'메슬로우'가 말한 '인간의 5대 욕구'는 노후의 삶과도 크게 다르지 않다고 생각한다. 건강을 지켜 생리적 욕구를 충족하고, 자기관리를 통해 안전의 욕구를 지키며, 인연을 통해 사회적 욕구를 나누고, 성실한 삶으로 존경의 욕구를 얻으며, 마지막으로 봉사와 나눔 속에서 자아실현의 욕구를 완성해 가는 것이다. 결국, 욕구의 마지막 단계는 자기 자신만을 위한 것이 아니라, 남을 위해 쓰일 때 비로소 온전히 완성된다.

성경에서도 늘 '범사에 감사하라'는 말씀처럼, 나는 하루하루를 주어진 인연과 건강, 그리고 사명을 감사하며 살아가고자 한다. 아직도 배우고 익힐 것이 많다. 인연 속에서 지혜를 배우고, 봉사 속에서 기쁨을 얻으며, 성실 속에서 자신을 단련하고 있다. 그것이 곧 나의 노후를 가치 있게 만드는 정신이다.

인생의 가치는 외부에서 주어지는 것이 아니다. 스스로 마음가짐과 실행으로 만들어진다. 인연을 소중히 여기고, 인복을 감사히 받으며, 성실로 삶을 다지고, 자기관리를 통해 건강과 지혜를 지키며, 봉사로 이웃과 나누는 삶— 그 길 위에서 우리는 누구나 늙음을 넘어 빛나는 노후를 맞이할 수 있다.

나는 오늘도 그 길을 걷고 있다. 내일도 감사와 성실로 하루를 열고, 봉사와 나눔으로 하루를 채우며, 인생의 마지막 순간까지 가치 있는 노후를 살아가고자 한다. 이것이 내가 지켜온 실행 정신이며, 앞으로도 붙들고 갈 삶의 방향이다.

리 셋

양혜원

 출근했던 남편이 한 시간도 못 되어 집으로 왔다. 사무실에서 커피를 마시고 있는데 긴급 대피 안내방송에 허겁지겁 빠져나왔다 한다. 같은 건물의 직원이 코로나에 감염되었기 때문이다. 남편은 얼마나 다급했는지 간식으로 산 빵을 미처 챙길 새 없이 나왔다고 했다. 건물을 폐쇄해 2주간 재택근무를 하게 되었다. 나도 같이 2주간 외출을 하지 않기로 했다. 자다가 얼음물을 한 바가지 뒤집어쓴 기분이었다. 코로나가 기승을 부리던 3년 전 일이다.
 그동안 남편이 바빠 아침도 따로 먹고 점심은 도시락을 싸갔다. 야근이 많아 주말에나 겨우 함께 밥을 먹곤 했다. 하지만 2주간 하루 세끼를 꼬박해야 하는데. '무얼 먹고 사나?' 하는 걱정이 앞섰다. 다행히 코로나 덕분에 온라인 장보기가 우리 집에도 깊숙이 들어와 있었다. 남편은 온종일 집에서 '돌 밥*의 일상'을 보고 집안일이 끝도 없다는 걸 알게 되었다. 설거지를 한두 번씩 돕다 어느 날은 아침준비를 돕고자 했다. 고마운 마음에 나는 제일 쉬운 계란부침을 부탁했다.
 코로나로 내가 활동하는 도서관 토론도 온라인으로 결정되었다. 그동안 초등학생을 대상으로 토론을 했었다. 내 진행이 서툰 것인지 토론 수업 후에 늘 아쉬움이 남았다. 이번엔 잘 해보리라 했는데 웬걸 어른이었다. 선정된 책은 정세랑 작가의 신간 『리셋』이었다. 무엇이 리셋일까. 게다가 내가 가장 취약한 SF소설이다.

당황스럽지만 MZ 세대 인기작가라니 이 기회에 부딪혀보는 수밖에. 처음에 책 내용이 이해가 안 되어 수 없이 읽었다. 읽다 보니 이야기가 재미있고 구성의 디테일이 뛰어났다. 인기작가인 까닭을 실감했다. 겨우 책 내용은 파악했지만, 더 큰 산이 남아 있었다. '줌'으로 진행해야 했다. 줌이라니. 도대체 화상회의를 어떻게 하는 것인지. 생소한 변화에 두려움이 컸다. 거의 두 달에 걸쳐 줌에 관한 교육을 받았다. 음 소거하는 것과 화면 조종하는 방법과 줌 회의 에티켓을 배웠다. 그러다 버튼 하나만 잘못 눌러도 화면이 사라지니 초긴장이었다.

우여곡절 끝에 조금 익숙해졌으나 늘 실수할까 조마조마했다. 참으로 새로운 세상이 나에게 현실로 다가온 것이었다.

랜선 북 토론인 『리셋』은 어느 날 거대한 지렁이가 지구를 습격해 그동안 인간이 이루어 놓은 문명을 파괴하고, 인간이 멈추지 못한 과잉생산과 과잉소비가 사라지니 문명이 리셋되어 새로운 방향으로 나아가게 된다는 내용이었다. 다소 충격적인 이야기를 통해 지금 누리는 우리의 비정상적인 풍요가 지구를 망가뜨렸음을 일깨워주었다.

수없이 정독한 탓인지 처음 접하는 SF책에 흠뻑 빠졌다. 다행히 토론은 시간이 부족 할 만큼 이야깃거리가 풍성했다. 줌 수업을 통해 뜻밖에 맞닥뜨린 삶의 한고비를 넘은 것 같았다. 뿌듯함도 몰려왔다. 새로운 변화에 적응하느라 힘들고 실수도 많이 했지만 그리 나쁘지 않게 생각되었다. 나도 리셋이 된 것이었다.

자가격리 동안 남편은 계란부침을 맡았다. 가스 불 옆에서 행여 노른자가 터질세라 흰자도 동그란 모양을 만들기 위해 전전긍긍했다. 몇십 년 주부인 나로서는 '까짓 모양이 대수인가 빨리나 하지' 하며 속으로 투덜거렸다. 좁은 부엌에 같이 서 있으려니 그게 더 거슬렸다. 하지만 격려를 해야 남편도 계속할 테고 나도 편히 살 것 같아 꾹 참았다. 오히려 잘한다고 칭찬해주었다. 세월을 잘 만나 부엌하고 담을 쌓고 살던 남편이 계란부침의 세계에 눈을 뜬 것이다. 취미 생활을 즐기듯 급기야 계란부침 전용 작은 치수의 프라이팬을 사달라고 했다. 요즘 젊은 주부들이 외치는 '주방은 장비 빨이지'를 안 걸까 웃음이 나왔다. 푸하하. 원하면 다 사주겠다 마음먹었다. 더해서 내 부엌 자리도 탐을 내기를 바라면서.

나는 코로나로 인해 랜선으로 회의하는 것이 어색하지 않을 만큼, 온라인 장보기가 편해질 만큼 달라지고 있었다. 지구 문명을 망가뜨린 거대한 지렁이가 우리 집에 나타나지는 않았지만, 우리 집은 좋은 방향으로 리셋이 되고 있었다. 부부관계도 새롭게 바라보게 되었다. 나와 남편은 오랜 시간 관점이 다른 것으로 서로 버거워했다. 하지만 늘 그 끝에는 바꿀 수 없는 서로의 성격이 있었다.

지혜롭지 못한 걸 알지만, 내가 원하는 대로 변하길 간절히 바란 적이 많았다. '행복한 결혼 생활에서 중요한 것은 서로 얼마나 잘 맞는가보다 다른 점을 어떻게 극복해나가는 것이다'라고 톨스토이가 말했다. 말이야 쉽지 실제론 서로의 다른 점이 얼마나 견디기 힘들었는지 모른다.

코로나로 함께 지내며 서로를 더 깊이 알게 되는 시간이 되었다. 시간이 지나 돌아보니 인생의 나쁜 일도 꼭 나쁜 것만 있는 것이 아니었다. 코로나도 마찬가지였다. 우리 모두에게 코로나가 다소 독한 세월이었지만. 본의 아니게 사회적 거리 두기가 필요해 오롯이 둘이 2주간을 지내다 보니 마음의 거리 좁히기로 리셋 되고 있었다. 분주하고 번잡한 생활로 잊고 살았던 서로의 존재. 고요한 기쁨 속에 어둠과 혼돈을 밝히는 빛이 우리 자체였음을. 우리 가정의 출발점이 두 사람이었음을 일깨워주었다. 고마운 리셋이었다.

*돌아서면 밥 짓기

인생 협주곡
- 고난의 멜로디, 회복의 화음

서희정

아파보셨지요?

위중한 수술도 겪으셨나요?

정신적 한계점에서 무기력증이나 공황발작 증세를 경험하신 일은 없으신가요?

피아니스트로 육십오 년을 살아오면서 깨닫는 것은, 삶이란 내가 연주하는 저만의 협주곡이라는 것입니다. 지나간 수십 년, 여러 번의 수술을 겪었지요. 항암제와 많은 약을 삼켜가며 내 몸과 마음이 만들어내는 불협화음을 조율하며 살아왔습니다. 삶이 만드는 이야기를 오늘도 피아노에 앉아 연주합니다. 수백 수천 번 반복되는 것 같은 인생길은, 고독한 무대 뒤에서 수많은 시간 연습을 해야만 하는 연주자의 삶과 비슷하다고 생각하게 됩니다.

어린아이들은 순수하고 깨끗한 삶의 도화지에 서툴지만 멋진 자기만의 작품을 그려내지요. 나이를 불문하고 다른 사람의 그림을 보고 있을 때면 놀랍고 감동적일 때도 있지만 안타깝고 슬픈 감정이 들 때도 있지 않던가요?

저는 소리로 그림을 그리는 작가입니다. 매시간 연주할 때마다 다른 작품을 만들어내지요. 공연예술이라는 분야는 순간에 이루어지는 설치예술과 같아서 그 시간이 지나면 결과물을 고칠 수 없습니다.

몇 주 전 어느 콘서트에서 연주를 하다 붓을 놓쳤습니다. 내 기억의 저장고에 있었던 악보가 사라져 버린 것이지요. 순간 그 연주는 멈추어 버리는 듯했어요. 갑작스러운 메모리 슬립에 좀 당황하긴 했지만 차분하게 웃으며 일어나 양해를 구하고 악보라는 도구를 챙겨 무대로 돌아와서 다시 소리로 그리는 작품을 마쳤습니다.

예상치 못한 돌발상황, 내가 넘지 못하는 산에 부딪혀 이러지도 저러지도 못할 때, 차분하게 재미를 찾아 나가면서 나 자신과 싸우는 것을 포기하는 것. "괜찮아, 그럴 수 있지." 내 삶을 사랑할 수 있는 법을 안다면 모든 실수와 어려운 고비와도 기꺼이 악수하고 화해하여 다시 아름다운 멜로디를 써나갈 수 있음을 배워갑니다. 나를 치유해 주는 온전한 주체는 바로 나 자신이기에….

아우성이 들리나요? 그 소리가 불편하지는 않으세요? 계속되는 불협화음을 어쩔 수 없이 들어야 해서 귀를 막고 듣지 않기로 한 것은 아닌가요? 기꺼이 듣지 않고 즐겁게 소통하지 않으면 행복할 수 있을까요? 그러다가 몸과 마음이 지쳐 병마와 아픔으로 아우성칠 때, 여러분의 몸과 마음은 어떻게 반응하던가요?

피아노를 연주할 때 귀를 열고 내가 치는 음악을 듣는 연습을 합니다. 동영상 녹화과정을 거치면서 다른 사람의 귀가 되어 나의 연주를 듣고 나 자신 선생이 되어 틀리거나 마음에 안 드는 부분을 스스로 고쳐나갑니다. 이렇게 듣는 연습을 하며 걸어가는 인생의 길에서는 다른 관계에서도 조금 더 남의 의견에 귀를 쫑긋 세우게 되고, 또한 나 자신의 내면의 소리도 듣게 되어 잘못 생각한 것과 오해한 부분과도 화해하며 고칠 수 있게 되더군요.

지금 나는 조금 더 차분히 내 삶의 협주곡을 만들어 연주합니다. 틀리고 까먹고 실수하고 망쳐버린 나의 곡을 마음으로 보듬으며 사랑하는 법을 배우는 중이랍니다. 내 불완전함을 이해하고 조금씩 내가 만든 삶의 협주곡을 세상에 선보이고 있습니다. 시대의 명곡을 작곡하여 연주하는 첫 번째 주체는 나 자신이기에 어떤 곡을 쓰든지 그 곡은 각자의 최고의 명작이지 않을까 싶습니다.

고난의 멜로디와 치유의 화음으로 만드는 나의 피아노협주곡은 아직 완성되지 않았습니다. 어떨 때는 나 자신도 듣기 힘든 곡을 연주할 때도 있습니다. 그러나 나의 무대는 항상 앞으로 걸어가 청중 앞에 서야 하는 놀이터이기에 내 연주를 즐기며 아름다운 감동을 함께 나누는 장소가 되어야만 합니다. 그 놀이터에서 커다란 종이를 펼쳐 놓고 놀랍게 아름다운 색깔로 채워진 나만의 명작을 만드는 것이 내 존재 이유이므로….

푸시킨의 시구가 생각납니다.

삶이 그대를 속일지라도
슬퍼하거나 노여워하지 말라.
슬픈 날을 참고 견디면
즐거운 날이 오고야 말리니.

가족과 지인들이 오케스트라 단원이 되고 내가 지휘하고 연주하는 피아노협주곡, '고난의 멜로디, 치유의 화음'을 만들어나가는 저는 참 행복한 사람입니다. 65년의 삶이 만들어온 불협화음을 잘 듣고 조율해 아름답게 정돈된 '서희정 피아노협주곡 Opus. 65'를 올해 안에 연주해야 하니까요.

행복을 연주하는 그 연주 여행에 동행하지 않으시겠어요?

목화

이동숙

하늘이 예쁜 날이다. 뭉게구름이 탐스러운 목화송이 같다.

내 나이는 열한 살이었다. 목화밭에서 할머니와 목화를 땄다. 언니도 있었다. "목화에 툇검불이 들어가면 안 된다." 뒤에서 그치지 않는 할머니 말씀이다. 나는 조심조심 작은 손을 오므려 단번에 목화를 따야 했다. 천천히 따면 손이 흔들려 툇검불이 더 많이 묻는 것 같았다. 언니도 할머니 따라 잔소리를 한다.

"꼬마야! 툇검불이 들어가면 안돼!"

꼬마는 내가 태어났을 때 너무 작아서 할머니가 붙여준 애칭이다. 이름이 있는데도 동네에선 꼬마라고 불리었다. 어른이나 아이들 모두가 꼬마라고 부를 때마다 나는 울고 싶도록 싫었다. 하지만 할머니가 부르는 꼬마는 예외였다. 할머니의 꼬마라는 소리는 끝없는 사랑이었다.

할머니는 손녀 다섯을 두셨다. 언니가 초등학교 입학하면서부터 목화를 심기 시작하셨다. 손녀딸들 시집보낼 때 따뜻한 이불을 지어주실 생각이셨다. 그때는 보온이 제대로 안 되어 겨울 날씨는 참으로 추웠다. 결혼 예단에 목화솜 이불은 빠질 수 없는 귀중한 품목이었다.

목화밭 목화대궁 밑에는 쇠비름 풀들이 무성하였다. 바닥을 기어

퍼지는 쇠비름 풀은 끈질긴 생명력이 있었다. 그래서 할머니는 잠시라도 호미를 놓지 않으셨다. 호미와 흙은 할머니 일상의 전부셨다.

목화밭 둔덕에 까치집 지은 미루나무가 하나 서 있었는데 이 나무와 까치는 목화밭에 사는 할머니의 유일한 친구였다. 고요한 목화밭에 올리는 까치 소리는 가끔 들판의 적막을 깨트렸다. 미루나무 이파리에 팔락팔락 바람이 들면 할머니는 그늘에서 더위를 식혔다.

손녀딸들을 위해 8년을 내리 목화를 심으셨다. 해마다 피는 목화는 온 밭을 하얗게 메웠다. 흰 적삼에 갈색 몸빼를 입은 할머니는 언제나 흙냄새가 났다. 나는 그 흙냄새가 좋았다.

한 해 한 해 불어나는 솜 둥치를 보며 할머니는 행복해하셨다. 손녀들이 어서 자라 목화솜 두툼한 이불을 지어 시집보내는 날이 꿈이었다. 그리고 정성껏 목화를 가꾸셨다.

그러던 어느 해부터 목화는 다시 피지 않았다. 한 명의 손녀딸도 시집보내지 못했는데 할머니는 세상을 떠나시고 말았다. 그처럼 아끼던 목화밭을 두고 멀리 가셨다.

해마다 씨를 빼고 모아둔 목화솜은 열두 둥치나 되었다. 누런 종이 비료부대에 꼭꼭 눌러 담아 입구는 굵은 실로 꿰매 놓으셨다. 하나의 이불도 만들지 못한 열두 둥치 목화솜을 보며 나는 얼마나 많은 눈물을 흘렸는지 모른다.

그때 부모님과 동생들은 읍내에 살았다. 나와 언니는 시골에서 할머니와 있었다. 할머니는 우리 둘을 귀애하고 사랑하셨다. 할머니를 차지하려고 언니와 나는 싸우기도 많이 했다. 밤이면 셋이서 나란히 눕는다. 할머니를 가운데 두고 언니와 나는 양옆으로 누웠다. 할머니 얼굴이 서로 자기를 봐야 한다고 우기며 다투었다. 그럴 때면 할머니는 나도 언니도 아닌 천장의 가운데 꽃무늬 벽지만 보겠다고 하셨다. 그때서야 다툼은 끝이 났다.

여름밤 멍석에 앉아 하늘을 보면 수 없는 별이 반짝였다. 할머니 양쪽 가슴에 안겨 언니와 나는 별을 세다가 잠이 들곤 했다. 울타리 나팔꽃을 따 손가락에 끼워 주시던 할머니 모습도 잊을 수 없다. 나팔꽃이 시들어 손가락에서 떨어지면 나는 울었다. 할머니와 손잡고 걷던 수수밭 옆 강물도 눈에 비친다.

결혼할 때 할머니 꿈이셨던 목화솜으로 이불을 만들어 왔다. 이불을 펼 때면 따뜻한 할머니 목소리가 들린다."목화에 툇검불이 들어가면 안 된다." 지금 할머니는 안 계시지만 할머니 소망을 이루어 드린 생각에 안타까운 그리움을 삭혀본다.

오늘은 목화솜 같은 구름이 하늘을 덮는다. 몽실몽실 펴는 구름이 어릴 적 목화밭을 연상시켰다. 그리운 행복이다. 가만히 장롱문을 열었다. 목화솜 이불에서 흙냄새가 난다. 할머니다."꼬마야!" 꿈결에 들리는 듯 할머니 목소리는 솜바람되어 내 마음에 안긴다.

해당화

조 철 형

　해당화는 바닷가에서 피어나는 야생화다. 아침 이슬을 마시며 피어난다. 청초하기 이를 데 없다. 청자색 하늘과 쪽빛 바다, 태양의 정열을 담았는가 꽃잎은 청순한 소녀 입술 같다. 꽃은 꽃대로 열매는 열매대로 탐스럽다.
　해당화는 귀를 기울여 바위섬의 소라와 산호의 소식을 듣는다. 파도가 해당화를 보려고 숨차게 달려오지만 도착하기 전에 부서지니 지켜보던 갈매기는 애가 탄다.
　보랏빛 꽃은 화려하고 향기 또한 짙으니, 길손들이 발길을 멈추고 눈을 맞춘다. 그 향기와 싱그러움에 눈이 시원해져 오랫동안 바라보니 해당화는 그만 부끄러움을 느낀다. 꽃 중에 자기를 사랑하며, 그 사랑을 남에게 주는 꽃은 해당화다.
　해당화는 집념의 꽃이다. 하루하루가 일생에 남은 첫날이라 생각하며 정성을 다해 피어나는 꽃이다. 척박한 모래밭에서 뜨거운 태양 아래, 바닷바람을 맞으며 스스로 만든 자양분으로 피운 꽃이기에 더욱 고아하다.
　들꽃이 해당화 곁에 자라며, 고운 얼굴이 탐스러워 만지려다가 가시에 기겁한다. 울타리에 아름답게 피는 장미를 닮았지만, 해당화는 아침마다 이글거리는 바다의 일출을 가슴에 담고, 저녁이면 서산의 노을에 물든다.

중학교 1학년, 어머님 심부름으로 초여름에 송정 이모님 댁에 들렀다. 4촌 일곱 살 지영이가 해당화를 보러 가자고 손을 잡았다. 솔밭에 이르니 모랫길에 해당화가 피었다. 가꾸지도 않았는데 스스로 실하게 자란 그 꽃을 두메산골 소년은 처음으로 만났다. 지영이가 앵두 같은 열매를 따다가 손가락이 가시에 찔려 피가 났다. 손으로 지혈하고, 해당화 열매를 먹으니 새콤하고 달착지근했다.

단오절이면 해당화 곁의 무성한 잡초를 뽑아 말리는데, 솔바람이 불면 풋풋한 풀 냄새가 송홧가루 냄새와 섞여 오월 하늘에 퍼졌다. 해당화는 눈을 살포시 감고 그 향기를 즐겼다. 바닷바람에 덕장에서 말리는 오징어 냄새까지 온통 냄새의 향연이다.

해당화가 보고 싶으면, 송정 솔밭으로 가서 푸른 바다의 갈매기를 보며 청운의 꿈을 품었다. 그러니 해당화는 나에게 꿈을 키워준 꽃이다. 하지만 해당화가 간과 비장, 당뇨에 효험이 있다고 하여 사람들이 송두리째 캐갔다. 군락을 이루었던 야생화 해당화는 사라졌다. 나중에 개량종으로 해당화 길을 조성했으나 야생화의 짙은 향기는 맡을 수 없었다.

훗날 영종도 을왕리 해수욕장으로 가다 보니 해안 도로에 미화용 해당화가 장관이었다. 어디서나 볼 수 없는 귀한 꽃을 원 없이 볼 수 있었다. 영정도 북로 왕산해수욕장 입구에 해당화가 군락을 이루어 짙은 향기를 풍긴다. 마치 해당화 섬과 같은 영종도에서 비행기들이 해당화의 꿈을 싣고 날아올랐다.
 오월의 연녹색이 태양의 열기로 짙어갈 때 해당화 향기 또한 더욱 진해만 간다. 그 향기에 취해 나도 모르게 총각 시절로 돌아가 섬마을 노래를 흥얼거린다.
 "해당화 피고 지는 섬마을에 철새처럼 찾아온 총각 선생님~"

밥상의 추억

오규환

한때 '삼식이'라는 말이 유행했다. '일식님, 이식씨, 삼식이'라며 등급을 나눠 불렀다. 아직도 회자하는 이 말은 남자의 가슴을 쓰리게 한다. 남자란 모름지기 아침 일찍 집을 나서고 저녁이 되어서 돌아와야 대접받는다. 최소한 점심 한 끼쯤은 스스로 해결해야 하는 묵시적 규범이 있다.

남자는 삼식이로 전락하지 않으려 애쓴다. 힘이 있는 한 가장의 역할을 놓지 않으려 한다. 희망 사항일지라도 사회활동을 계속하며 인정받으려 한다. 자식들 결혼시키고, 집안 어른 봉양했던 기억을 훈장으로 여기며 살아간다. 우리는 그렇게 수많은 인생 밥상과 마주했다. 그 밥에 얽힌 이야기를 풀어본다.

학창 시절, 도시락은 그 집안의 형편을 가늠하는 척도였다. 도시락 반찬이 변변찮으면 기가 죽고, 그럴듯하면 기가 살았다. 학교 급식이 없고, 간식도 귀하던 시절, 학생들은 옹기종기 모여 도시락 까먹는 재미로 등교했다. 책보다 도시락이 더 중요해 가방 한가운데 자리 잡곤 했다.

성인이 되어 사회에 첫발을 내디디며 다양한 음식 문화를 접한다.

나는 군이라는 특수한 조직에서 첫걸음을 떼 그 풍경이 낯설었다. 야전부대는 지휘관과 참모들이 작전 회의하듯 함께 식사한다. 눈치껏 부대 분위기를 잘 살펴야 한다. 절제된 분위기가 익숙해지면 그만큼 제복이 편해졌다는 방증이다.

정부 부처에서의 점심시간은 부서 간 협업을 조율하고, 정보를 교환하며, 인적 네트워크를 다지는 시간이다. 출입 기자들에게 정부 정책을 설명하는 기회이기도 하다. 국회 대정부질문이나 소관 상임위가 열리면 국회 식당에서 점심 한 끼를 때우며 긴장된 시간을 보내기도 한다. 가끔은 주변 맛집을 찾아다니며 소소한 일상의 여유를 누리기도 한다.

직장에서는 점심시간도 업무의 연장이다. 회사의 홍보 기회가 되고, 고객과의 관계를 돈독히 하는 마케팅 시간이기도 하다. 언론사에 몸 담았던 시절, 구내식당에서 혼자 조용히 밥을 먹는 사원은 무능하다는 시선을 받기 일쑤였다. 누구는 광고주를 만나고, 또 누군가는 취재원을 만나 특종을 캐내기 위해 분주한데, 혼자 조용히 밥 먹는 모습이 예쁘게 보일 리가 없다. 회사에 따라 다르겠지만, 외식은 업무 능력을 대변하는 가늠자였다.

사회생활을 하다 보면 "밥 한번 먹자"는 말을 자주 듣는다. 하지만 실제로 식사하자는 게 아니라 단순한 인사말일 때가 많다. 골프매니아가 "언제 공 한번 치자"는 말처럼 특별한 의미 없이 건네는 말일 수 있다. 직설적인 화법에 익숙한 사람에게는 낯선 풍경일 것이다.

그러나 밥 한번 먹자는 말은 가볍게 지나칠 인사말이 아니다. 여기엔 음식을 넘어 삶을 나누자는 함의가 담겨있다. 음식을 나누면서 속내를 털어놓고 인식을 공유하며, 친목을 다지는 관계의 첫걸음이 되기 때문이다. 밥 한번 먹는 건 단순한 회합이 아니라 어떤 가치로서 의미화가 된다.

직장에선 밥을 잘 사는 상사가 단연 최고다. 인품을 칭송하며 직원들이 졸졸 따른다. 상사도 아예 본인이 밥값을 내려니 마음먹는다. 법인카드인지 모르지만 당연시한다. 나 역시 위보다 아래 직원에게 더 공을 들였다. 아직도 갑질 얘기가 분분하지만, 점점 윗사람 노릇하기가 쉽지 않은 추세다.

사회를 풍자한 솔깃한 일화가 있다. 선생님, 경찰관, 기자 셋이 모여 식사했다면 누가 밥값을 냈겠는가? 모임의 성격에 따라 다르겠지만 경찰관이 냈다고 전한다. 우스갯소리로 받아넘기기엔 미묘한 단면을 보는 듯 시사하는 바가 크다. 보이지 않는 애매한 질서가 사람을 옭아맨다.

현직에서 물러나면 동호회, 사회봉사, 평생교육 등을 통해 새로운 인연을 만나고 식사 모임도 결성한다. 자연스레 색다른 경험으로 보람을 느끼기도 하고 낯설어지기도 한다. 시간이 좀 더 흐르고 사회활동이 시들해지면, 평생지기들과 시장통에서 국밥 한 그릇으로 점심을 때운다.

형편이 넉넉지 않은 노인들은 복지관에서 한 끼를 해결한다. 복지관은 하루 정해진 인원만큼 평일 점심을 제공한다. 공휴일엔 점심을 주지 않아 연휴도 반가워하지 않는다. 식권을 받으려고 아침 일찍부터 줄을 선 모습이 진풍경이다. 삼식이를 벗어나려는 긴 행렬이 눈물겹다.

세상 욕심과 함께 달려온 인생길, 식욕이 맨 앞줄에서 달린다. 태어나자마자 어미 젖을 빨며 생을 시작하고, 곡기를 끊으며 생을 마친다. 음식은 끼니를 넘어 생활 전반을 지배한다. 무엇을 먹느냐는 건강의 문제이고, 누구와 먹느냐는 사회성의 발로이며, 어디서 먹느냐는 문화와 가치관을 대변한다. 밥상은 단순한 식사가 아니라 인생 그 자체다.

공동체는 밥으로 시작한다. 공동체의 최소 단위는 가족이다. 밥에서 정이 난다고 하여 식구가 아닌가. 어릴 적, 어머니는 냉장고도 없는 재래식 부엌에서 어떻게 그 많은 식솔의 끼니를 챙겼는지 모르겠다. 어머니 음식은 추억이나 그리움으로 저장된다. 어머니표 음식을 먹으며 몸도 마음도 서서히 발효되어 간다. 음식의 맛은 혀끝에 있는 것이 아니라 마음에 있다.

인생 밥상을 떠올리며 지난한 삶을 되돌아본다. 지금 여기에서 그때 거기로 영욕의 시간여행을 떠난다. 삶의 최소 단위가 숟가락이라는데 그걸 놓지 않으려 애써온 날들이 새롭다. 일상의 무게를 묵묵히 견디며 정성스레 밥상을 차려준 손길들에 감사와 경의를 표한다.

한복

김은성

한복의 역사는 고구려, 백제, 신라의 삼국시대로부터 시작되었다. 처음 한복의 흔적을 발견한 것은 벽화에서였다고 한다. 고구려 벽화 인물들이 이 옷을 입고 말을 타고 산을 달리면서 호랑이를 잡는 데서도 느낄 수 있다고 한다. 한복을 입으려고 추수감사절을 손꼽아 기다리는 친구 권사가 있다. 추수감사절에는 목사님 장로님도 한복 위에 두루마기를 입고 그 해 농사지은 알곡들을 쌓아놓고 예배를 드린다. 여신도들도 예쁜 한복으로 치장하고서 과일바구니를 안고 들어와 강대상에 올린다.

평소에는 한복을 입고 다니기가 거추장스럽다. 가정에 경사가 없는데도 고운 한복을 입으면 쑥스럽다. 언제부터인지 우리 전통의상은 예복으로 잠깐 입고 사진 찍으면 벗고서 일상복으로 갈아입곤 한다. 나도 젊었을 때 교회에서 한복 입을 일이 많아서 진주에서 본견인 명주를 단체로 주문하여 여러 가지 색으로 많이도 해 입었다. 옷을 만들지 않고 비단을 그대로 두었으면 현재 유행인 옷을 해 입을 수도 있는데 옛날 옷이 되었다. 천이 아까워 장롱 속에 보관하고 있다.

이젠 나이가 들고 삼 남매도 결혼시켰으니 한복 입을 날이 없다.

해서, 며칠 전에는 남편 한복 두루마기와 내 한복을 몽땅 세탁소에 맡겼다. 동정을 깨끗이 달아서 한두 번 입을 일 있으면 입다가 필요한 사람한테 주려고 한다. 남자 저고리는 거의 변화가 없지만 여자 저고리는 신분의 높고 낮음, 유행을 표현하는 데 민감하다.

친구는 다리 수술하느라고 입원해 있을 때 큰 며느리가 병원에 와서 치수를 재어가더니, 한복을 손으로 한 땀 한 땀 바느질해 왔다고 했다. 옷감은 양단이고 저고리는 옥색에 하얀 끝동을 달고 치마는 팥죽색이라고 한다. 친구의 며느리는 부잣집 딸이라 미국에서 뉴욕 공과대학 컴퓨터 공학 석사까지 받았다고 했다. 그런데 어떻게 한복을 만들 줄 아냐고 했더니 학원에 가서 배웠다고 하더란다. 시아버지 한복도 꿰매고 있는 중이란다. 나는 감동했다. 친구도 침이 마르도록 며느리 칭찬을 한다. 그 며느리는 시어머니와 전화할 때도 "멋있는 아들 낳아 잘 키워서 저한테 보내주셔서 감사합니다."라고 하더란다. 시어머니가 다리 수술하고 집에 와 있을 때도 우족이 좋다고 끓여서 대전에서 서울까지 대중교통을 이용해 가져왔다고 하였다.

둘째 며느리도 역시 효부라고 했다. 신혼여행 갔다 오고부터 시어머니가 믿는 하나님을 믿는다며 교회에 열심히 다니고, 새벽기도 행사가 있을 때면 일산에서 서울까지 빠지지 않고 출석했다고 한다. 성경에 나오는 롯 같은 현대판 며느리들이다. 그 친구가 어른을 잘 섬기고 모범적으로 살아왔기 때문에 그런 복을 받는 것인지, 그 한복을 벽에 걸어놓고 매일 같이 바라보며 추수감사절이 빨리 돌아오기를 기다린다. 한복을 입고 사진 찍어서 며느리에게 보낸다고 했다.

우리들 어릴 적 명절이 다가오면 어머니가 만들어주신 때때옷 입으려고 하루하루 손꼽아 기다리던 때와 같다. 명절에는 할머니 어머니들이 호롱불 밑에서 손바느질해서 어른과 아이들에게 입혀주었다. 작아진 옷은 뜯어 빨아서 물들이고 손질해서 다시 꿰매주면 새 옷 같았다. 겨울 한복 저고리에 하얀 목화솜을 넣어주면 폭신하니 따뜻했었다. 현재는 기성복 한복도 수두룩하다.

그래도 어릴 적 어머니가 만들어주신 색동저고리 입고 널뛰던 그때가 그립다. 되돌릴 수 없는 그때가….

연이의 선물

손수자

선물, 새삼스레 선물의 사전적 의미를 되새긴다. 선물은 '남에게 인사나 정을 나타내는 뜻으로 물건을 줌'으로 되어 있다. 내가 이 뜻을 모를 리 있었겠는가. 한 친구로부터 조끼를 받아 입고 고개를 갸우뚱거린다.

오랜만에 서울에 사는 초등학교 동창생 네 명이 속초에 왔다. 1박 2일 여정의 벼르고 별러서 온 여행이라고 한다. 설악동에 있는 동창 수녀님과 양양에 사는 나도 모처럼 시간을 내어 그들을 맞이했다. 초등학교 개교 60주년 행사 때 만난 후 여러 해 만에 만나는 모임이다. 내가 그들을 속초 아바이마을의 어느 음식점으로 안내했다. 이 음식점은 6.25 전쟁 때 북한에서 피난 온 실향민들이 형성했다는 아바이마을에서 순댓국과 오징어순대로 이름 날리는 곳이다. 오랜만에 만나니 서로의 안부 인사가 길었다. 그 몇 년 사이에 남편과 사별한 친구가 둘이나 되었다.

각자의 식성대로 음식을 주문하고 화기애애한 분위기에 젖었는데 내가 외투를 벗어 의자에 걸치자 맞은편에 앉은 친구 연이가 나를 유심히 바라보더니 자기 조끼를 벗어 내게 가져와 입으라고 했다. 나도 조끼를 입고 있었는데 내 조끼는 검정 누빔에 갈색 테두리로 포인트를 살린 것이고 친구의 조끼는 빨강과 검정이 교차한 큰 체크무늬였다.

사양하는 나에게 내 조끼를 벗기다시피 하면서 명품은 아니지만, 싸구려 옷은 아니라며 오늘 두 번째 입고 온 옷이라면서 그 화려한 자기 조끼를 입혔다. 뜬금없는 상황에 웃기만 하는 친구, 화사해서 좋다며 손뼉 치는 친구, 나처럼 당혹한 표정인 친구 등 분위기가 어수선했다.

식사 중인 옆 테이블 손님을 의식해서 나는 그 친구가 하는 대로 순순히 응할 수밖에 없었다. 내 취향에 맞지 않는 옷이라서 어색했는데 자기의 조끼를 내게 입히고 마주 앉은 연이의 표정이 매우 흡족해 보였다. 자기는 여벌로 가져온 게 있으니 염려 말라고 미리 말문을 막았다.

오늘 나들이에 그 친구가 준 조끼를 입었다. 검정 폴라 티셔츠에 빨강, 검정의 강렬한 색감이 조화를 이룬 조끼가 그런대로 어울린다. 거울에 비친 내 모습이 몇 년은 젊어 보였다. 아니 젊다기보다 발랄하다는 표현이 맞겠다. 파크골프 라운딩에 아주 잘 어울리는 차림이다. 그 위에 감색 반코트를 입고 집을 나섰다. 이 조끼를 굳이 사양했던 나를 꼼짝할 수 없게 했던 친구의 말이 떠오른다. "네가 이 옷 입을 때마다 기도해 줘!"라고 귓가에 스치듯 한 말이 생생하다.

그렇다면 이 조끼는 선물이 아니라 뇌물? 이치를 따지는 내 성격이 또 발동을 걸다가 피식 웃으며 연이의 마음을 헤아린다. 나는 누구를 위한 중보기도를 드릴 만큼 신심이 깊지 못한데 남을 위하여 기도할 자격이나 되는지…. 신앙 생활한 지는 오래되었다지만, 신실한 신자가 못 되는 것을 깨닫곤 한다. 교회 안에서는 아주 선한 신자이나 교회 밖을 나오면 불신자인 선한 이웃보다 못할 때가 한두 번이던가. 겉보기의 나와 내면의 나, 머리카락 한 올까지 헤아리신다는 높으신 그분 뵙기가 부끄럽기 그지없는 삶이다.

오늘의 일상인 파크골프장으로 향했다. 친구가 입혀주었던 화사한 조끼 때문일까. 오늘의 파크골프는 유난히 잘 되었다. 공이 빗나가서 OB 라인을 넘어 옆 코스로 넘어간 공을 주워오기 일쑤였는데 오늘은 공이 예측한 곳으로 잘 날아갔다. 공교롭게도 F(남대천) 코스 4번 Par3홀에서는 홀인원을 하여 환호성을 지르기도 했다. 내 실력으로 이룰 수 없는 기적 같은 일이 벌어진 것이다. 연이가 준 조끼 때문이었을지도….

연이는 어린 시절 어려운 환경에서 자랐다. 초등학교를 졸업 후 공장에 다니고 미용 기술을 배우기도 했다. 웃으면 양 볼의 보조개가 쏙 들어가는 귀여운 얼굴이었다. 내가 강릉에서 중·고등학교를 다니는 동안 연이는 서울로 가서 생활전선에 뛰어들었다.

미용실에서 일했고, 봉제공장에서도 일했으며, 최근까지는 동생이 운영하는 양장점을 겸한 옷 수선십에서 일손을 도왔다. 남편이 오랜 투병 끝에 지난해에 돌아가셨는데 힘든 병치레 중에서도 파월 장병 맹호부대원이었던 남편과 펜팔로 사랑을 쌓았던 풋풋한 아름다운 추억으로 견디었다고 했다. 불교신자였던 그녀가 어머니의 권유로 기독교로 개종한 후, 독실한 신앙인의 본보기로 사는 친구다. 연이는 화를 내도 웃는 표정인지라 그녀가 화내는 일을 본 적이 없다.

연이가 준 조끼를 벗어 내 조끼 옆에 나란히 걸었다. 이름 있는 골프 옷가게에서 산 내 조끼가 한결 고급스럽다. 사람들이 명품을 선호하는 이유일 것이다. 명품가방, 명품신발, 명품 옷 한 벌 없는 내가 그날은 어쩌다 예산을 초과해서 값비싼 조끼를 샀다.

조끼는 다양한 변화를 주며 분위기를 연출할 수 있는 옷이어서 아마 두 눈 질끈 감고 지출했을 것이다. 그 옷을 나는 왜 연이에게 주지 못했을까? 연이가 내게 준 옷이 그녀에겐 명품일 수 있을 것이었다. 모임의 총무일을 맡아 그날의 점심값을 회비로 지불한다기에 모처럼 내 고장에 온 친구들에게 순댓국 한 그릇 대접하는 게 무슨 대수이랴! 싶어 내가 계산했다. 서로 밥값 내겠다고 옥신각신하다가 내가 이겼다고 여겼는데 그게 아니었다.

나는 왜 연이에게 내 조끼를 주지 못했을까. 나는 재빠르게 계산기를 두들겼다. 내 조끼를 주기 아까웠다. 그녀의 마음처럼 서로 바꾸어 입었으면 얼마나 좋았을까. 후회스럽다.

명품으로 몸을 둘러친다고 사람까지 명품일 수 없다는 것을 새삼 깨닫는다. 명품에 상응하는 인품과 품격 그리고 거기에 걸맞은 외모까지 갖추었을 때 명품의 가치를 발할 것이다.

친구 연이야말로 명품으로 몸을 감싸지 않아도 그 심성은 명품임에 틀림이 없다. 그 조끼를 볼 때마다 연이의 선한 얼굴을 떠올리며 갸우뚱한다. 그녀는 왜 나에게 기도를 부탁했을까?

창작수필문인회 이모저모

윤동주, 80년의 울림

시인의 발자취를 따라 떠난 한국-중국-일본 기행

홍미숙 지음

시로 숨 쉬고, 별로 걸어간 청춘의 흔적을 따라가다
"80년을 지나 도착한 울림, 윤동주를 다시 만나다."

시대를 건너온 문장이 지금 이 순간에도 가슴을 두드리는 이유는 무엇일까. 『윤동주, 80년의 울림』은 바로 그 물음에서 시작된 책이다. 저자는 윤동주 시인이 걸었던 길을 따라 한국, 중국, 일본의 여러 장소를 직접 밟으며, 시인의 흔적과 시대의 기억을 다시금 아로새긴다. 연희전문학교에서의 청춘과 용정의 유년, 도쿄에서의 고뇌를 넘어 후쿠오카 형무소에 이르기까지. 윤동주가 머물렀던 공간마다 그가 껴안았던 침묵과 시의 맥락이 녹아 있다.

이 여정은 단순한 문학 답사를 넘어 시와 삶을 다시 읽는 사유의 시간이기도 하다. 저자는 각 장소에서 마주한 풍경과 기록, 감정을 차분히 풀어내며, 윤동주의 삶을 과거의 서사가 아닌 현재의 울림으로 되살린다. 시인의 이름이 곧 '시'이며 '청춘'과 '양심', '순결한 저항'이라는 사실은 그의 시가 지금도 유효하다는 사실을 다시금 환기시킨다.

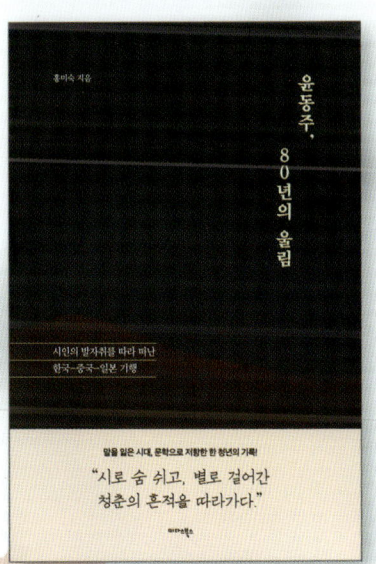

『윤동주, 80년의 울림』은 시처럼 담담하고, 기억처럼 깊다. 시인이 건넨 조용한 진심은 오늘의 독자에게도 또렷이 닿는다. 이 책은 그 울림을 기억하며, 내 삶에도 시의 언어 하나를 남기고 싶은 이들에게 바치는 문학적 헌사다.

홍미숙 지음 | 값 20,000원

미다북스 | 서울시 마포구 양화로 133 서교타워 711호

이명지의 나를 사로잡은 문장

그리고 나를 읽었다

세상의 원심력에 나풀거리지 않는 단단한 철심 하나가 박혀 버린 것 같다. 그를 사로잡은 문장들이 그의 안쪽을 서성이는 동안 존재의 심연을 예리하게 벼려냈는지 마중물 같은 문장들을 '나'라는 원물에 섞어 버무려내는 생의 진경(珍景)들이 깊고 따스하고 맛깔스럽다. 행간의 쉼표에 올라앉아 단물 스민 문장들을 떠올리다 보니 "I see you!" 하고 고백하고 싶어졌다. ─**최민자** 수필가

그의 매혹적인 문장에 갇혀 산 지 몇 년이다. 이미 도발적인 수필『육십, 뜨거워도 괜찮아』,『낮술』로 나를 당혹하게 했다. 그런 지 얼마 지나지 않았는데『그리고 나를 읽었다』로 또 한 번 나를 당혹하게 한다. 그 사람의 문장을 읽었을 때 그 사람이 만져지는 문장이 좋은 문장이다. 이명지의 문장은 이명지의 일상과 사유와 고백과 자유가 만져지는 잘 익은 바다감 있는 문장이다. ─**공광규** 시인

「나를 사로잡은 문장」이란 제목을 지을 때부터 에필로그를 쓸 때까지 첫 번째 독자로 함께했다. 포르투갈의 카보다로카, 그리고 크로아티아의 보디체에서 그녀가 원고를 낭독했고 나는 의자에 기대어 듣다가 함께 목이 메어 몇 번이나 숨을 골라야 했다. 우리는 언어로 공감하는 오르가슴을 몇 번이고 즐겼다. ─**박미경** 수필가

이 명 지 李明枝

경북 영천에서 태어나 동국대학교 문예대학원 문창과(문학석사)를 졸업했다. 1993년 《창작수필》로 등단하여 다년간 《국민일보》'여의도 에세이', 《디지틀조선일보》'힐링 에세이', 《데일리한국》'나를 사로잡은 문장'을 연재하며 독자층을 넓혀왔다. 신문기자를 시작으로 발행인, 방송진행자를 거친 언론 생활 20년, 대학 강단에서 10년을 끝으로 40년 서울 생활을 접고 양평 '수풍재'에서 읽고 쓰는 일, 더러 가르치는 일을 하고 있다.
한국산문문학상(2024), 조연현문학상(2023), 동국문학상(2019), 창작수필문학상(2002)을 수상했다.
저서로 수필집『중년으로 살아내기』,『헤이, 하고 네가 나를 부를 때』,『육십, 뜨거워도 괜찮아』, 그림 수필집『낮술』, 논문집『전혜린 수필 연구』가 있다.
E-mail: mjlee8978@hanmail.net

TEL 031-907-3010   e-mail yeonamseoga@naver.com   연암서가

노을은 아름답다. 동틀 무렵의 아침노을도, 해 뉘엿뉘엿 저무는 저녁노을도 함께 신비스럽다. 어느새 황혼에 이른 金貞義님이 두 번째 시집으로 <노을꽃>을 피워냈다. 시의 갈피갈피 사유가 깃든 황혼의 노래다.

 세월은 몸을 할퀴어도 마음까지 훔치진 못하는지, 옛 제자들의 스승의 날 초대에 사무엘 울만의 '청춘(Youth)'을 낭송하며 되레 그들의 용기를 북돋운다는 김정의 시인. 그렇다. '영감이 끊어져 정신이 싸늘한 냉소의 눈에 덮이고/비탄의 얼음에 갇힐 때 스물이라도 인간은 늙는다/머리를 높이 쳐들고 희망의 물결을 붙잡는 한/여든이라도 인간은 청춘으로 남는다.' '청춘'의 시구절이다.

-윤기현 교수의 발문 중에서

金貞義 시집

김정의 金貞義

- 이리여고, 전북대학교 문리과 대학 영어영문학과 졸업
- 익산중학교 교사 역임, KBS 라디오 방송 모니터
- <창작수필>에서 수필, <문학시대>로 시 등단
- 수필집: <햇빛 노래하는 풀꽃>, <노을빛에 익어 가는 열매>
- 6인 공저: <꿈꾸는 역마살>, <내가 지나가는 소리>
- 시집: <보이지 않는 끈>, <노을꽃>
- 수상: 창작수필 문학상, 관악문학상 수상, 인헌 강감찬 백일장 우수상
- 소속: 한국문인협회, 창작수필문인회, 관악문인협회, 수수문학회

해드림출판사 | 본사: 서울시 영등포구 경인로82길 3-4 센터플러스빌딩 1004호 | 02-2612-5552
순천지사: 전남 순천시 우석로 200 2층 | 061-745-0926
jlee5059@hanmail.net

내 가슴에 별을 담으며

신윤선 수필집

바느질로 밤샘은 하지 말라던 어머니의 깊은 목소리.
"큰애야 반짇고리 가지고 오렴"
바느질 대신 먼저 가신 아버지 추억을 깁고 계신다.
구겨지고 해졌을 당신 가슴을 한 땀 한 땀 예쁘게도 바느질한다.

— 「반짇고리」 중에서

신윤선 지음 | 값 22,000원

沼亭 신윤선(辛侖宣)

- 서울출생
- 『창작수필』 등단
- (사)창작수필문인회 회장
- (사)창작수필문인회 재무국장, 사무총장역임
- 창작수필문인회 동인문학상 수상
- 한국문인협회 회원
- 시화산방(柿花山房) 회원
- (사)한국꽃문화협회 이사장 역임
- 영록중앙회 회장
- 한국전통민속꽃예술 명장
- 한국전통민속꽃예술 연구원장
- 수필집:
  『꽃 한송이 그 향기에도 행복했다』
  『내 가슴에 별을 담으며』

도서출판 SAY | 하남시 미사대로 510, 한강미사아이에스비즈타워 510호 ☎ 031-791-1522, 031-791-1521(F)

박연화 수필집

버드나무 움트다

버드나무 움트다 | 값 14,000원

박연화

- 호: 曉峰
- 한국문인협회 회원
- 『창작수필』로 등단
- 수필집 : 『풀 깎는 날의 오후』, 『봄빛 가득한 날에』,
  『매화나무 그늘 아래』, 『봄, 여울목을 거닐다』,
  『가을에 묻어나는 아취』, 『버드나무 움트다』

사탕처럼, 슬프다

이진영 시집

이진영 지음 | 값 15,000원

사탕처럼, 슬프다
슬픔을 핥는 듯한 감각으로
이별의 여운과 삶의 단맛, 쓸쓸함을
섬세하게 담아낸다.
언어의 감각적 힘을 믿는 독자라면,
이 글의 여운은 마치 입안에서
천천히 녹는 달착지근한 슬픔처럼
오래 남을 것이다.
슬픔을 미워하지 마라
아픔 속에서 피어난 시
슬픔처럼 깊다.
시인의 언어는
상처 위에 피어나는 꽃,
눈부신 위로다.
슬픔 없는 세상엔
꽃도 피지 않는다

이진영

- 서울에서 출생하여 「창작수필」 수필, 「문학시대」 시로 등단했다.
- 군포시주최 '전국전통문화 작품전' 대상 수상,
- 대한민국장애인문학상 산문부 최우수상,
- 대한민국장애인문학상 운문부 우수상을 수상했다.
- 수필과 동화, 시를 쓰고, 시를 춤추게 하는 낭송을 하면서, 그리고 그림을 그리면서 힘든 세상 여행길 아름답게 가고 있다.
- 수필집 「내 안의 용연향」, 「나도 춤추고 싶다」, 「하늘에 걸린 발자국」, 「종이피아노」, 「10초」, 「그땐 그랬지」
- 동화집 「초록우산의 비밀」
- 시집 「우주정거장 별다방」, 「내 슬픔도 먼지였다」, 「꽃들에게 안부를 묻다」, 「사탕처럼, 슬프다」가 있다.

해드림 | 서울 영등포구 경인로82길 3-4 센터플러스빌딩 1004호

남복희 수필집

당신의 새벽

- 전남 강진 출생
- 중등교사 정년퇴임
- 홍조근정훈장
- 창작수필, 시조문학, 문학시대(시) 등단 및 문단활동
- 수수문학회장 역임
- (사)창작수필문인회 회장 역임
- 한국문인협회, 관악문협 회원
- 계간문예작가회 이사
- 시조문학작품상, 수수문학 작가상 수상
- 수필집: 『꿈은 기다림이다』, 『꿈, 연두로 그리다』, 『당신의 새벽』
- 시조집: 『푸른 꿈은 익어가고』
- 시 집: 『우리 집에 영화관 있어요』

꿈은 발견이다. 햇살 무늬로 오고 호박색 그리움으로, 푸른빛으로 온다. 눈 오는 날 맑은 공기로 오고 검은빛과 흰빛이 어울리는 입 다문 동상 등으로 이루고 싶은 작품을 보여준다. 그리움의 원형을 찾고 있는 나에게 내일 새벽은 무슨 빛으로 나타날까. 잡힐 듯 보여주는 다채로움이 기다려지는 초가을이다. 새벽은 나를 응원한다.

03073 서울·종로구 성균관로 5길 39-16
☎ 02-765-5663, 010-4265-5663

값 1,3000

수필문학사 수필선집 552

오경자 수필집

눈먼 고기

도서출판 교음사 발행   값 15,000원   ISBN 978-89-7814-059-1

삶과 시대의 기록으로 남기고 싶어

수필이라는 글을 써 온 지 딱 50년이 지났다. 재주가 비천하다 보니 글쓰기 반세기 잔치 같은 것은 엄두도 못 내고 지나 보냈다. 숨을 쉬는 동안은 끝날 것 같지 않은 수필 쓰기는 여전히 계속하다 보니 작품들이 쳐다보며 왜 머리를 올려주지 않느냐고 보챈다.

어줍잖은 주인을 만나 빛을 못 보고 있는 것 같아 미안하기도 하고 어차피 세상을 향해 쏟아 낸 상념들이라면 한 권 책으로 엮어냄이 도리인 것 같아 또 용단을 내렸다. 혼자 보기가 아까워 내보일 수밖에 없는 수작이니 꼭 읽어주시라고 자신있게 말하지 못하는 작품들을 염치 좋게 또 엮어내느냐고 흰 눈으로 보실 분이 계시겠지만 시대의 증언으로 남기고자 한다.

수필은 시대를 말할 수밖에 없는 속성을 지니고 있는 데다 서정성 만이 아니라 삶의 진수를 건져 올려야 한다는 점에 방점을 찍는 나 자신의 태도가 반영된 글들이 많다.

– 「책머리에」 중에서

· 전주여고, 고려대 법과대학 법학과 졸업, 이화여대 교육대학원 졸업, 경제통신사 기자(전)
· 장안전문대학 겸임교수(전), 한국여성단체협의회 사무처장(전)
· 월간 『수필문학』 천료 등단,
· 한국문인협회 이사(감사역임) 국제PEN한국본부 이사장 권한대행(전)
· 한국수필문학가협회 고문, 고려대학교 미래교육원 수필창작 지도교수

조한금 수필집

보랏빛 함성

조한금의 삶 자체가 만고의 박경리 토지를 아우르고도 남는 대하드라마인 까닭에 있다. 어쭙잖게 남의 것 빌리거나 보탤 까닭이 없으니 아예 견강부회 않는 오연(傲然)한 우직성. 그것이 조한금體의 특색이며 본질이고 아버지의 스파르타식 협박성 透理로 태어난 달(月)인 것이다.
황진이 무덤에 시를 바친 임계처럼 조한금이 정산(井山) 앞에 호곡하는 모습이 처연하다.… 묻혀져 가는 고분군에서라도 지역발전의 시너지 효과를 꿈꾸느라 어둡도록 끙끙대는 애민정신, 저 살기 바쁜 이 시대에 참 귀히 여겨진다.

― 정영숙, 「발문」에서

조한금 수필집 | 값 15,000원

조한금

- 전남 완도 출생
- 삼양사창립 60주년 문예작품공모 수필부문 최우수상
- 한국 천주교 200주년기념 가톨릭문예작품공모 신앙수기 우수상
- 창작수필 신인상 등단
- (주) 바네스 대표이사
- 창작수필문인회 회장 역임
- 한국 여성 경제인의 날 국무총리상 수상
- 현 창작수필문인회 고문
- 한국문인협회, 한국가톨릭문인회 회원
- 수필문학 이사, 장수 가야다도회 고문
- JS터 사랑공동체 고문
- 저서: 『눈으로 가고 발로 보고』, 『멋지게 배팅하라』, 『초록심장』, 『보랏빛 함성』 외 다수

문경출판 | 대전광역시 동구 태전로 70-9(삼성로) ☎ 042-221-9668, 254-9668

그대, 노래되어 오신 날

조한금 수필선집

조한금은 문단에 입문하면서 수필이란 장르의 개념을 정확히 인지하고 자기만의 영토를 꾸준히 개척한 작가로 평가할 수 있다. 현대수필의 한 전형典型으로 가능성을 제시한다. 이번 수필선집은 작가의 문단 생활 결산서와 같다. 중요한 것은 수필의 윤리와 삶의 윤리가 함께하는 것이다. 작가가 수필을 대하는 태도는 한마디로 당당함과 솔직함이다. 삶과 수필 사이를 서성이거나 주저하는 모습이 없다. 그만큼 주어진 생을 치열하게, 충만하게 살아왔다는 증거가 아닐까. 이 선집에는 80년 인생살이와 30여 년의 문단 생활에서 거둔 지극한 삶의 풍경과 수필에 대한 뜨거운 진정성이 녹아 있다. 남성적 당당함과 여성적 포용력과 사회적 상상력이 교직하는 조한금의 수필은 강건하고 우아하고 순정하다. 그래서 조한금 수필은 현대 수필사에서 특별한 지위를 점유한다고 평가할 수 있다. 조한금이 평생을 가꾼 수필의 정원에는 인간애와 예술의 향기가 흐른다. 자신만의 문학적 성채城砦를 열정적으로 일구어 온 작가에게 뜨거운 갈채를 보낸다.

―이운경(문학평론가)

조한금(카타리나)

완도에서 태어났다. 숭실대 중소기업 대학원에서 WAMP 과정 수료. 정심회 주최 제1회 호남지역 주부 숙녀 백일장 장원(1970) 목포 MBC 개국 5주년 기념 초등교 모자 글짓기대회 어머니부 장원(1973). 한국 천주교 200주년 기념 신앙 수기 우수상(1984). 삼양사 창립 60주년 기념 문예 작품공모 최우수상(1984). 〈창작수필〉 신인상으로 문단에 등단(1993). 창작수필 문학상 수상(2011) 5.18민주화운동 당시 일기장이 남편 최건의 취재 수첩과 함께 유네스코 세계기록유산에 등재(2011). 수필미학 문학상 수상(2023). 가톨릭 문인협회 제1회 작품상 수상(2025).
현 창작수필 문인회 고문. 수필미학 이사. 한국가톨릭 문인협회원. 한국 문인협회원. 장수신문 독자 운영위원, 칼럼리스트.
저서 『눈으로 가고 발로 보고(2000)』 『멋지게 베팅하라(2007)』 『초록 심장(2020)』 『보랏빛 함성(2023)』 수필미학 문학상 선집 『바람개비꽃(2024)』 수필선집 『그대, 노래 되어 오신 날』 있다.
E-mail : banescho@hanmail.net

그대, 노래되어 오신 날 | 조한금 | 문경출판사 | 424쪽 | 2025년 6월 15일 발간 | 값 20,000원
주소 (34623) 대전시 동구 태전로 70-9 (삼성동) 전화 042-254-9668, 221-9668~9 팩스 042-256-6096